各国国家安全机构比较研究

COMPARATIVE GOVERNMENT SECURITY DEPARTMENTS

朱建新 ◎ 王晓东 著

时事出版社

目　录

前　言

国防与安全机构是国家机构的基本构成，是国家权力安排的重要组织表现，也是人民安全需求的主要凭借。如亚里士多德在《政治学》中所说："政体可以说是一个城邦的职能组织，由以确定最高统治机构和政权的安排，也由以订立城邦及其全体分子所企求的目的。"

本书采取比较研究的方法，介绍各国国防与安全机构的基本情况和近期机构变化动向，比较各国各机构的异同，从而引起对我国相关机构改革的思考。自古以来，政治学思考的一个核心问题是什么样的国家形式是最好的。这是比较政治学研究的基本动力。寻求答案的历史过程是漫长的。具体到一个研究工作者来说，同样需要漫长的工作过程。意大利比较法学家M·卡佩莱蒂（M·Cappelletti）将比较研究方法分为六个步骤或阶段：第一步是在比较的两个或两个以上对象中找出共同遇到的问题或需要，也即找出"共同的起点"。

没有共同的起点的比较是没有意义的。第二步是研究各对象对共同问题或需要所采取的解决办法，即有关规范、程序、制度和设计的不同模式。第三步是对不同国家所采取的解决方法异同的理由进行研究。第四步是进一步研究这些异同及其产生原因的可能趋势。第五步是对各种解决办法进行评价。评价不能依靠好坏、正误这类抽象、绝对的标准，而应该根据特定解决方法是否符合共同问题或需要这样一种客观标准。第六步根据既定的社会存在和需要，既定解决办法的实际影响以及某些领域的发展趋势，以合理地预测未来发展。本书在各国国防与安全机构比较中，努力循着这样的步骤一步步完成。

国家机构设置是一个应用性领域，其中的相关概念，如国防与安全、国防机构与安全机构等，界定和区分主要来自实践，而不是由学者先行定义然后实施应用。各国的观念和做法由其政治实践者倡导和决定，并不遵循学术界定。例如：有的国家设置国家安全委员会，包括国防和国内安全事务；有的国家则既设安全委员会，又设国防委员会，各司其职。本书根据各国的实际情况做机构分类介绍和比较分析，涉及到概念的冲突矛盾，有时仅是学术上的，并不是实践中严重存在的。

比较研究的基础是获得尽可能详尽的比较对象的资料。而这一过程是无止尽的。此外，在大量的资讯中，扼要理出让读者读来清晰的内容，也是比较研究的一个要求。详尽与扼要是两维坐标，本书作为初步研究，兼顾两者而偏重简明的介绍和分析。此外，在现有的资料中，有一些是几年、几十年前的，依然引用是基于这样的考虑：国家机构的比较研究既重现实比较，也不排除曾经有过的不同存在对今天的比较意义。

第一章

各国国家安全委员会（或类似机构）比较

作为国家安全事务的最高决策、协调机构，许多国家设置国家安全委员会（会议），也有的国家设置国防委员会、军事委员会或其他类似机构。对这些机构的比较，是当代国际政治比较的重要内容，引起各国政治家和学者的广泛注意。比较工作分为两个步骤，即国别情况搜集和在此基础上的比较分析。

第一节　国别情况概述

一、美国国家安全委员会

根据1947年《国家安全法》和1949年《国家安全法（修正

案)》而建立，此后一直支配着美国的国家安全决策。国家安全委员会是直属总统办公室的一个内阁级机构，是国家安全问题的最高决策咨询机构，也是美国对外政策的主要协调机构，协调国务院、国防部和中央情报局等的政策。有关国家安全的重大问题，由国家安全委员会进行讨论，最后由总统作出决定。

该委员会法定成员包括总统（任委员会主席）、副总统、国务卿和国防部长，参谋长联席会议主席和中央情报局局长（2004年改为新设立的国家情报局局长）为法定军事和情报顾问。2001年，《美国国家安全委员会机构总统指令》明确：财政部长为正式成员，总统办公厅主任和总统经济政策助理应邀出席所有国家安全委员会会议。总统法律顾问、总统美国驻联合国代表、总统国家安全委员会助理（国家安全顾问）也应邀参加所有的国家安全委员会会议。此外，根据相关议题，其他高层官员也可以应邀参加有关的国家安全委员会的会议。国家安全委员会日常工作由总统国家安全事务助理主持。总统国家安全事务助理由总统任命，不须经国会批准。

美国国家安全委员会自成立至今经历多次改革，其内部机构的设置几乎没有固定的模式，而是随着国际、国内安全形势的变化而调整变化。这种变化与时任总统的管理作风和个人关系有关。国家安全委员会建立初期，主要帮助总统制定重大政策。艾森豪威尔使其机构化，设立了总统国家安全事务助理一职，确立了一套政策文件起草程序，并每周主持召开一次会议，由他的内阁部长和高级顾问对这些文件进行讨论。20世纪70年代初，美国国家安全委员会工作人员已经发展到40多名独立的官员，在全球设有各种办公室，并拥有负责军备控制和国际经济交往等问题的专家。福特则使其规范化。老布什上台后又使国家安全委员会实现了专职化，巩固了里根任期最后两年所进行的改革。克林顿扩大了国家安全委员会的规模。小布什对国家安全委员会进行了实质性的结构调整。今天，它已经变得不太像一个顾问班子，而更像一个职能机构，拥有新闻、法律、通信和讲稿起草办公室，与传媒、国会、美国公众和外国政府不断发生联系，权限大大超过了当初设计的预想。国家安全事务助理成了处理国家安全事务的重要人物。近60年来，11届总统一直寻求利用国家安全委员会机制来统一协调外交和国防政策，以维护美国的国家安全。

日常情况下国家安全委员会采取分级会议的形式就国家安全的重大问题形成决策。具体分为：由总统亲自主持的最高级国家安全会议，由国家安全事务助理主持的部长级、由国家安全事务副助理主持的副部长级安全会议。一旦危机发生，则根据危机的性质和事态的发展，再成立规模比较小的“危机决策特别小组”，选定相关的部门官员作为其成员，在总统的直接主持下指挥危机管理行动。“危机决策特别小组”具有规模小、层次高、反应快、保密性强的特点。

国家安全委员会部长级委员会，成立于1989年，为各部门高层领导讨论有关国家安全问题而设立。由总统国家安全事务助理主持，成员包括国务卿、财政部长、国防部长和总统办公厅主任。总统办公厅副主任和总统国家安全事务副顾问参加部长级委员会的所有会议。根据讨论议题，相关高层官员应邀参加部长级委员会会议。主要负责审查、协调和监督国家安全政策及其执行情况。

国家安全委员会副部长级委员会，为国家安全委员会的机构间工作组规定工作内容，并进行审查；对提交国家安全委员会部长级委员会或国家安全委员会的议题进行分工，形成决议案。副部长级委员会由总统国家安全事务副助理主持，成员包括副国务卿或财政部国际事务副部长、国防部第一副部长或政策副部长、司法部第一副部长、管理和预算办公室副主任、总统国家安全事务副顾问和总统国际经济事务副助理。根据讨论议题，相关高层官员应邀参加副部长级委员会的会议。

国家安全委员会设置职能性和区域性两种协调委员会。这两个委员会的主要任务是分别就世界各地区和某个社会领域的国家安全政策的制定和贯彻提出建议。目前，地区性政策协调委员会共有6个：欧洲与欧亚大陆、西半球、东亚、南亚、近东与北非以及非洲等地区委员会，各委员会由国务卿指定的一名副部长或部长助理级官员主持。职能性政策协调委员会共有11个，分别由一名副部长或部长助理级官员主持：民主、人权和国际行动由总统国家安全事务助理主持；国际开发与人道主义援助由国务卿主持；全球环境由总统国家安全事务助理和总统经济政策助理主持，国际金融由财政部长主持，跨国经济问题由总统经济政策助理主持；反恐与国家应急准备由总统国家安全事务助理主持；扩散、防扩散与本土防御由总统国家安全事务助理主持；情报与反间由总统国家安全事务助理主持；文件准入与信息安全由总统国家安全事务助理主持。

白宫情况室是在1961年古巴导弹危机后建立的国家安全委员会情报汇总与分析中心，其任务是对全球安全形势进行全天候监视和预警，为总统、国家安全事务助理和国家安全委员会其他成员及时提供情报和信息保障。一旦发生危机事件，国家安全委员会将派人进驻白宫情况室，以缩短情报传递时间。白宫情况室的另一项特殊任务是负责总统与外国元首的热线联系。它在国际危机事态的处理中发挥着积极重要的作用。

国家安全委员会是总统与其高级国家安全顾问和内阁官员讨论国家安全和外交政策问题的主要场所，是美国总统在国家安全方面的最高咨询机构和办事机构，是美国政府管理情报系统、制定对外政策、进行危机管理和危机应对的权威机构，也是美国政治与军事的神经网络中枢。从杜鲁门总统建立国家安全委员会以来，国家安全委员会对美国的国家安全战略、外交政策的制定和执行方面具有重大而深刻的影响。国家安全委员会发挥着美国政府任何单一部门都不能发挥的作用，它负责把国家安全政策的不同方面“统一”起来，向总统提出对策建议，协助总统制定、审查并协调国家安全有关的内政、外交和军事政策。

二、俄罗斯联邦安全会议

1992年成立。根据《俄罗斯宪法》、《俄罗斯联邦安全法》，《俄罗斯安全会议条例》和《俄罗斯安全会议机构条例》规定，它“负责准备俄罗斯联邦总统有关保障个人、社会、国家的重要利益免受内外威胁的决定、在保障安全领导推行统一的国家政策”，是“保障俄罗斯联邦总统履行自己保护人和公民的权利与自由，保卫俄罗斯联邦主权、独立和领土完整的宪法权限的宪法性机构”，是“在俄罗斯联邦总统领导下发挥作用的保障国家安全的整个国家机制的核心”。

安全会议的基本任务：确定个人、社会和国家的根本利益，明确对这些根本利益构成的内外威胁，制定安全保障战略和安全保障规划，就内外安全政策问题为总统准备决定草案，为预防和消除政治、经济、军事、生态等安全隐患做出决定，改革和建立国家安全机构以完善安全保障体系。俄罗斯联邦安全会议职能涵盖了从国家安全情报的收集与分析、对危机的预测、制定应对危机的预案，到形成实际决策、协调行动、决策效果评估等危机管理决策过程的全部环节。安全会议有 6 项职能：审议安全保障领域的政策问题和法律草案；准备总统关于安全保障问题的决定和命令草案；组织制定安全保障战略和联邦目标规划；评价和分析国内外军事和恐怖威胁等信息；监督安全保障战略的执行；解决个人、社会和国家安全保障领域的其他问题。

俄罗斯安全会议主席由总统担任，副主席为政府总理。安全会议的事务性工作由安全会议秘书负责，安全会议秘书由总统直接任命并根据总统的指示和要求管理所有强力部门，在国家安全事务方面协调政府各部门的工作。安全会议的常委和委员由总统根据安全会议秘书的建议任命。目前总统、总理、安全会议秘书、外交部长、国防部长和联邦安全总局局长为安全会议常委，国家杜马主席、联邦委员会主席、总统办公厅主任、俄罗斯武装力量总参谋长、对外情报局长、内务部长、联邦边防局长、司法部长、紧急情况部长、总统联邦通讯与信息局长、总统驻联邦区全权代表和俄罗斯科学院院长为安全会议委员。

总统亲自主持每月一次的安全会议，检查安全工作存在的问题，讨论当前最重要的安全问题，提出解决方案。必要时举行非例行会议。安全会议主席根据安全会议秘书的建议确定会议议程和会议审议问题的次序。安全会议的重要决定以总统令的形式发布，普通决定以备忘录的形式发布。

俄联邦安全会议由安全会议机关、跨部门委员会和科学委员会三大平行机构组成。安全会议机关是总统办公厅的独立分支机构，其主要职能是为安全会议的工作提供技术与信息分析保障，负责安全会议日常工作。特别是会议机关中的国家社会安全局、国际安全局、经济与社会安全局以及北高加索地区安全问题机构是相关领域危机管理的重要责任机构。俄安全会议常设 12 个跨部门委员会，由政府各相关部门、一些重要的研究机构组成，分别研究制定有关宪法安全、军事安全、社会安全、国防工业安全、经济安全、边界安全、信息安全、国际安全、生态安全、卫生安全、军事动员等问题的方针政策，为总统决策提出建议。跨部门委员会每季度至少举行一次会议，必要时可以举行非例行会议。除此之外，安全会议还针对某些危机事态设立一些临时跨部门委员会，如 1998 年的“车臣共和国发展与北高加索地区局势正常化问题临时部门委员会”，在调解车臣冲突、化解北高加索地区危机方面发挥了重要作用。同时，俄罗斯为了加强安全会议活动的科学基础，根据 1993 年 11 月 1 日和 1994 年 1 月 31 日的总统令，成立了常设性国家安全会议科学委员会，主要就综合性安全问题进行系统研究与阐述。

安全会议在俄罗斯国家安全机构运作程序中发挥着关键性作用。首先，它是连接最高决策者和具体国家安全官僚部门的中枢性机构。总统有关国家安全战略和政策方针的指示基本上要经由安全会议向具体官僚部门传达。其次，安全会议是国家安全战略和政策方针的决策咨询机构。有关国家安全战略和政策方针的战略性决策基本上都是在安全会议的会议上讨论并形成的。其三，它还是国家安全事务的协调、监督机构，负责协调各安全部门意见与立场，负责监督联邦执行权力机关和联邦主体执行权力机关对国家安全战略和政策方针的执行情况。

三、英国内阁有关安全事务的委员会

内阁委员会是英国内阁重要的、不可忽略的内部组织，其工作范围越来越大。原来由全体会议处理的事务更多地交由一个或几个内阁成员领导的委员会处理是英国政治的一个倾向。内阁委员会主要负责处理内阁经常性或临时性事务。如准备内阁讨论事项的草案，协调几个部共同性事务，经内阁授权决定某些问题等。内阁委员会分为常设委员会和临时委员会。常设委员会分管防务、经济制裁、内政、社会公益服务以及立法等工作，涉及的政策范围广泛。临时委员会也很重要，如内阁秘书主持的备战委员会就曾被用来负责在北约和华约之间发生战争时筹划动员工作。临时委员会解决一些特别的问题，问题解决后通常被撤销。

对于英国的内阁委员会制度，英国社会许多人存有疑虑，担心内阁委员会是否会取代了内阁会议，以及内阁委员会中的非经选举产生的成员的法律地位。内阁不亲自决策，而交给个别委员会去处理重大事务，还有没有民主可言。值得注意的两个问题：一是这些委员会改变了中央行政机关的决策过程。由于内阁委员会的组织、成员、职权等都是由首相决定的，实际上削弱了内阁委员的地位，加强了首相地位。正是这种方式导致了英国历史上一些非常重要的问题是在内阁完全不知情的情况下由首相通过委员会解决的，如艾德礼政府关于制造原子弹的决定和艾登政府关于侵略苏伊士的决定就是如此。可以说，由首相控制的内阁委员会以及“核心内阁”的存在，正在加速“内阁政府”的崩溃。二是为承担日趋繁重、复杂的工作，许多委员会不同程度地吸收了非经选举产生的成员如文官、专家等，其在政治决策中的影响不可避免地与传统的文官中立原则产生了矛盾。

与国家安全事务直接相关的内阁委员会有：

1. 国防与海外政策委员会

英国国家安全的最高决策机构，直接对议会负责。委员会由首相任主席，成员有副首相、外交大臣、财政大臣、内务大臣、英联邦事务大臣和国防大臣。必要时，可请国防参谋长和各军种参谋长列席会议。

2. 内阁安全委员会

主要负责安全、保密工作的最高领导机构。其成员由首相和外交、国防、内政、财政大臣组成，主要职责是领导和协调国家的安全、保密工作。下设3个委员会：一是人员安全委员会，负责监督政府部门及检查各系统的泄密问题；二是安全政策及手段委员会，负责制定安全保密政策和确定保密手段，同时监督内政部属下执行反间谍任务的秘密保安局和警察特工处的活动。三是电子安全委员会，负责电子计算机及信息网络方面的保密问题。

四、法国国防委员会及其他安全决策咨询机构

法国宪法规定，总统为武装力量最高统帅。总统直属的国家安全机构有：国防委员会、限制性国防委员会和高级国防会议。三个机构的共同办事机构是国防总秘书厅。

1. 国防委员会

负责具体防务问题的决策，总统任主席，成员有总理、外交部长、国防部长、内政部长及财政部长等。共和国总统可以要求其他部长或者有关人员出席会议，国防总秘书厅厅长、三军参谋长、各军种参谋长、武器装备部长、总统府秘书长和总统特别参谋长通常列席。委员会的办事机构是国防总秘书厅，隶属总理。1964 年的法令规定，战略航空兵的任务、编制和交战条件由国防委员会决定。

2. 限制性国防委员会

负责军事问题决策，总统任主席，成员包括总理和总理指定的人员，三军参谋长和各军种参谋长一般均参加会议。军事行动应达成的目标、达成目标的计划、军队的部署、保障军队补给的措施等，都是该委员会决定的内容。总统授权总理召集会议并指定与会人员。

3. 高级国防会议

为国防决策咨询机构，负责防务问题的研究，总统任主席，

成员有总理、三军参谋长、各军种参谋长及部际情报委员会负责人等，还包括指定的部分将级军官和高级官员。由于高级国防会议的职能只限于“研究”，同时也由于参加会议的人员较多，实际上该委员会所起的作用并不大。

4. 国防总秘书厅

成立于1962年。主要任务是：负责国防委员会、限制性国防委员会和高级国防会议的事务工作，研究、协调和指导全国防务和安全领域的工作，筹备和管理部际情报委员会会议及日常工作；负责协调从事防务问题研究和情报工作的各机构的活动；就重大国防问题和国际重大战略动态向总统及其领导下的国防决策机关提供咨询和对策；参加准备和召开涉及防务问题的国际谈判或国际会议，掌握谈判结果；负责起草决议案，发布决议，了解决议执行情况；负责对国防保密措施提出建议，发布规定和监督执行。此外，该厅还受命控制国内各领域的尖端课题实验室，审查外国学生、学者申请实习和所做实验的项目名单，中东、南美、俄罗斯和独联体国家、东欧以及中国、日本等国相关人员的活动情况是其关注的重点。其内部刊物《每日要闻》主要对国际热点问题进行全面分析，向国家和军事领导人提供最新形势分析报告。

该厅下设5个局：国家防护和安全局，负责公共部门通信安全及保护法国本土居民安全；国际和战略事务局，为总理和国家决策层撰写重大事件的综合报告，汇总、分析和评估对外安全总局、领土监护局及驻外机构提供的秘密情报，其附属机构部际翻译中心负责为有关部委和国家情报计划起草小组翻译国际冲突地区的政治、地缘政治战略和技术资料；敏感物资技术与转让局，主要保障国防科技部门的安全，协调国防科技情报的搜集与使用，防止本国敏感科技情报被它国情报部门窃取，审议国际科学和技术合作计划；通信系统安全中心局，负责政府有关情报系统安全方面政策的表述，按规定发放通信系统安全许可证、同意书，对行政和公共部门通信系统安全可能受到的威胁等问题提出评估、预警和打击，提供科学的技术参考及鉴定，并参与欧盟和北约的相关工作；行政总局，主管人事、财政和武装等事务。

五、德国联邦安全委员会

联邦德国中央政府机构的设置包括内阁机构、联邦总理办事机构和联邦政府各部三种类型。内阁委员会属于内阁机构。联邦总理通过“内阁委员会”实现对联邦各部的领导。与联邦议院对口，联邦政府设置了各个专门问题委员会，主要有：中期财政计划委员会、经济委员会、联邦安全委员会等。在各内阁委员会中，最重要的是联邦安全委员会，主要负责研究德国安全情报机构提交的报告，处理关系国家安全的重大问题，协调联邦情报局、军事情报局和宪法保卫局三个情报机构的工作。它虽不是决策机构，但有“核心内阁”之称，是总理协调和顾问机构。

联邦安全委员会由联邦总理、外交部长、内政部长、国防部长、财政部长和经济部长组成，主席由联邦总理担任。1998年又接收经济合作与发展部长为正式成员。联邦国防军总监察长（相当于总参谋长）列席该委员会会议。还可以根据议题需要吸收其他部长参加。会议的日常工作由联邦国防部长主持，负责协调政府各部门的意见，做出决策，或者为联邦总理和联邦政府的“政治决定”进行准备。不属于基本法规定的事宜或者按联邦法规定不由联邦政府决定的事宜，均由该委员会做出最后决定。1998年红绿联盟大选获胜，其联合执政协议指出：“新的联邦政府恢复联邦安全委员会作为协调德国安全政策的本来角色，并为其创造条件。”联邦安全委员会是最重要的内阁委员会，不受任何监督，包括议会的监督。一般情况下，重大安全问题先在委员会讨论，取得一致意见后，再拿到内阁会议上讨论并形成决议。联邦安全委员会不定期举行会议，开会的时间、会议的议题、表决的情况等都严格保密。联邦安全委员会责成联邦总理府国务秘书负责协调德国安全情报机构的工作。

六、日本内阁安全保障会议

安全保障会议的前身是国防会议。原国防会议是内阁审议国防方针、军备计划等重要事宜的机关。1986年5月，日本国会批准了《安全保障会议设置法》，同年7月正式成立安全保障会议，同时撤销国防会议。1999年7月和2003年6月，日本国会分别通过了对《安全保障会议设置法》的修订案。安全保障会议是有关国家安全问题的最高审议机关，也是首相的咨询机构。主要成员有：内阁总理大臣、总务大臣、外务大臣、财务大臣、经济产业大臣、国土交通大臣、内阁官房长官、国家公安委员会委员长和防卫厅长官。内阁总理大臣任会议主席，总理会务，确定议事事项。当总理大臣遭意外事故或空缺时，按内阁法规定由副总理大臣代行会议主席之职。此外，在内阁总理大臣认为确有必要时，可让有关国务大臣、参谋长联席会议主席及其他有关人员列席会议，陈述意见。

安全保障会议的主要职能：一是审议有关国家安全问题的重要事项，如国防基本方针、防卫计划大纲、作战行动及内阁总理大臣认为必要的其他有关事项；二是审议重大紧急事态对策，当发生可能对国家安全造成重大影响、若按正常体制采取对策有困难时，内阁总理大臣应就其重大紧急事态对策向会议进行咨询。必要时，安全保障会议还可就国防重要事项和重大紧急事态对策主动向总理大臣陈述意见。

按法律规定，内阁会议是国家安全重大事项的决策机构，安全保障会议只是内阁总理大臣的咨询机构。但由于内阁总理大臣是安全保障会议的主席，其他会议成员均为内阁重要成员，因此凡经安全保障会议审议后提交内阁的方案，几乎被内阁会议原样采纳。因此，国家安全保障会议实际上起了有关国家安全问题最高决策机构的作用。此外，将安全保障会议设在内阁而不设在防卫省，其目的也是为了从更高、更全面的立场审议国家安全方面的方针政策，贯彻文官治军和政治指导军事的原则，加强政府对军事力量的控制。

安全保障会议原在内阁官房下设安全保障室，负责具体处理安全保障会议的日常事务工作，主要包括有关防卫的事务、恐怖事件、劫机事件，以及与国防有关的其他紧急事态。1998 年4 月9日，原内阁安全保障室撤销，成立内阁安全保障·危机管理室，加强了处理危机的职能。2001 年 1 月 6 日，又撤销了内阁安全保障·危机管理室，在内阁官房中设立专职的内阁官房副长官助理，主要从事与安全保障和危机处理有关的事务工作。2003 年 6 月 13 日，在安全保障会议下设置了“事态应付专门委员会”，由内阁官房长官担任委员长，其日常事务由内阁官房副长官助理负责。

七、韩国国家安全保障会议

韩国第三共和国宪法（1962 年 12 月 26 日）第 87 条规定设置国家安全保障会议。国家安全保障会议由总统、总理、统一部部长、外交通商部部长、国防部部长及国家情报院院长和总统指定的少数人员组成，议长由总统担任。安全保障会议的主要任务是搜集安全保障政策所需要的资料，研究制定预防政策，并就有关国家安全保障方面的外交政策、军事政策和国内政策接受总统的咨询。会议由议长召集并主持，也可由国务总理代行职务；参谋长联席会议主席可参加会议发言；在必要的情况下，议长可允许其他有关部门的长官及其他相关人员出席会议并发表意见；国家情报院长在搜集、评价与国家安全保障会议相关的情报后向会议做出报告并接受审议。

八、印度国家安全委员会

1990 年，印度成立了国家安全委员会，作为内阁专业性国家安全咨询机构。1998年11月，印度对国家安全委员会进行了重组，由总理任主席，其核心成员包括国防部长、外交部长、财政部长、内务部长和计划委员会副主席，总理首席秘书为国家安全委员会顾问，其余政府部长也应邀参加国家安全委员会会议。国家安全委员会的任务是在总理的领导下，制定长期军事战略和国家安全战略，处理印度所面临的重大军事、政治和经济问题。该委员会下设重要机构有：

1. 国家安全顾问理事会

主要由已退休、退役的政界、军界要人，以及内外安全、战略分析、外交事务、国防、科技、经济等诸多领域的专家组成。理事会向国家安全委员会提供前瞻性的决策分析，并提出相应的政策建议。同时，该理事会还经常应国家安全委员会的要求，对具体的个案进行剖析，专门研究应对的方式方法和政策建议。该理事会经常聚会，按时局发展的需要而定，可多可少，但每月至少一次。

2. 战略决策小组

主要成员有内阁秘书、三军总参谋长、外交秘书、内政秘书、国防秘书、国防生产秘书、财政秘书、国家税收秘书、印度储备银行行长、印度情报局局长、研究分析处主任、原子能委员会秘书、空间开发委员会秘书以及联合情报委员会主席，其主要任务是评议印度的国防战略，协调各部门工作，组织国防调研等。

九、巴基斯坦国家安全委员会、内阁防务委员会及防务理事会

1. 国家安全委员会

1999年10月12日，参联会主席兼陆军参谋长穆沙拉夫接管政权，自任首席执行官，成立国家安全委员会和内阁治理国家。国家安全委员会由巴首席执行官为首，包括海军参谋长、空军参谋长以及法律、财政、外交和国内事务的专家，负责国家的一切事务。内阁处在国安会领导之下；国安会附设提供经常性建议的专家智囊团。2001年7月4日，巴基斯坦总统兼首席执行官穆沙拉夫宣布改组国家安全委员会，委员会主席不再由首席执行官担任，而改为由总统担任。重组后的国家安全委员会成员包括：总统、首席执行官、参谋长联席委员会主席、各兵种参谋长、四个省的省长以及总统根据需要任命的其他人。总统根据需要召集国家安全委员会会议。委员会的职责包括审议和讨论有关国家安全、主权、巴基斯坦团结等问题。总统根据审议结果做出相关决定并付诸实施。2002年8月修改宪法时曾把建立国家安全委员会写入宪法，但一直遭到反对党的坚决抵制。2003年底再次修宪时有关建立国家安全委员会的条文被删除，但根据执政联盟和反对党达成的协议，议会可通过法案成立这一委员会。2004年4月14日，巴基斯坦参议院批准建立国家安全委员会。根据通过的法案，巴基斯坦建立一个由总统领导，总理、各省首席部长、军方高级官员和反对党领导人参加的国家安全委员会。巴基斯坦新闻部长拉希德在国民议会通过这一法案后表示，国家安全委员会可扮演一个咨询性机构的作用，为巴基斯坦政府的内政外交提供

参考性意见，但不会直接干涉政府事务。但反对党称，这个由巴基斯坦总统穆沙拉夫负责的委员会将会介入国家事务，凌驾于民事领导人之上，并将强化军方在政治决策中的作用。

2. 内阁防务委员会

内阁防务委员会是巴基斯坦国防的最高决策机构，其主席由总统担任，成员为国防部长、国防生产部长、财政部长、外交部长、内务部长和交通部长。参联会主席、三军参谋长和内阁秘书为列席成员。委员会秘书由国防秘书担任。内阁防务委员会的职能是，制定和解释防务政策与战略；协调对国防可能产生影响的外交、政治、经济和军事方面的方针和政策；决定武装力量的规模、结构及作用；评估国家的战略水平与状态。

3. 防务理事会

防务理事会是巴高层防务组织中的第二层机构，主席由国防部长担任，成员有国防生产部长、财政部长、外交部长、参联会主席、三军参谋长、外交部秘书、财政部秘书和国防生产部秘书。防务理事会秘书由国防部秘书担任。防务理事会召开的次数较内阁防务委员会多，其主要职能是，监督防务政策方面的各项问题，并处理一些与国防有关的重要的日常事务。它实际上是一个在防务问题上呈内阁防务委员会之前的把关机构，同时也是政府与军队之间的主要联系纽带。

十、以色列安全内阁、国家安全委员会与国防委员会

安全内阁由总理、国防部长、外交部长等组成。每逢重大危

机事件发生，安全内阁均在总理主持下召开紧急会议，讨论通过应急策略。由安全内阁做出的决定具有最高权威性，必须坚决执行。战时，成立以总理为首的战时内阁，全权处理与战争有关的重大事宜，成员由总理确定，一般包括国防、外交、财政、交通和邮电部长，以协调政府各部门之间的活动。

国家安全委员会成立于1995年3月，是处理国家安全事务的最高决策咨询机构，隶属总理办公室，由安全内阁成员、总参谋长、总理顾问及情报机构首脑等组成。该委员会的职能是：为总理和内阁提供国家安全事务咨询，协调并监督国家安全政策的执行，制定国家安全发展计划以及就安全事务进行国际合作与交流等。其在国家安全管理中的主要作用是：负责汇总国家安全信息，对可能发生的危机做出评估和预测。在危机状态下，国家安全委员会负责协调并监督与国家安全事务有关的部委进行统一行动，并执行总理的命令。

国防委员会成立于1973年，是以色列最高军事决策机构，由总统、总理以及国防、外交等部的部长、总参谋长和若干特别顾问组成。总理担任国防委员会主席兼武装部队最高统帅。有关国防的一切重大问题，包括建军方针、作战计划、编制体制、武器装备的生产和采购以及和国外签订军事协定等，均由国防委员讨论决定。内政部所属的各类警察部队也受国防委员会的领导，担负一定的国防任务。由国家情报总局（摩萨德）和治安总局（辛贝特）组成的国家情报系统为国防委员会的决策提供情报支持。

十一、澳大利亚最高安全委员会

澳大利亚政府于第一次世界大战前即开始采取在内阁之下设常设或临时委员会的制度，适当集中各部专家，就有关问题或政策进行研讨、提出方案或建议，交内阁会议审议或批准。与国家安全直接相关的委员会是：外交与国防委员会，负责国际关系、国防、情报与安全等方面的事务；情报与安全委员会，主要负责国家情报的统一领导与协调；最高安全委员会，为总理提供反恐饰、国防和安全政策建议。2003 年任命澳大利亚特种部队最高司令杜肯·刘易斯为政府最高安全委员会负责人。他的任职表明澳大利亚政府高度重视当前反恐形势，这是澳大利亚历史上首位军方高级官员掌管政府的关键部门。

十二、其他国家安全委员会或类似机构简况

乌拉圭 1973 年 2 月成立国家安全委员会，由 9 名成员组成，总统任主席，成员包括国防部长、内政部长和外交部长，以及陆海空三军司令。总统兼任武装部队总司令，但实权由国家安全委员会控制。另一个早期的安全委员会是委内瑞拉国家安全和防务委员会，它是军事战略咨询机构，由总统亲自领导，内政、外交、国防、财政等部长和武装部队总监、联合参谋长等组成。

伊朗根据 1989 年 4 月修改的宪法，建立最高国家安全委员会，取代原来的最高国防委员会，由总统、内政部长、外交部

长、新闻部长和武装部队总参谋长、伊斯兰革命卫队司令和总统指定的两名代表组成。

波兰1991年2月13日将原国防委员会更名为国家安全委员会，总统担任主席，总理任第一副主席，外交部长和国防部长任副主席，宗旨是保卫国家和民族的主权。

荷兰政府2004年5月21日组建国家安全委员会，专门负责处理反恐相关事宜。这个委员会由首相、2位副首相以及4位内阁大臣组成，司法大臣任委员会的协调员。该委员会每月碰头一次，讨论有关反恐活动、情报以及安全措施等内容。荷兰议会就打击恐怖主义问题进行专门讨论，从而促使了这个委员会的成立。

2005年10月，前沙特国王阿卜杜拉发布御令，组建国家安全委员会。国王和王储分别担任主席、副主席，委员会秘书长（部长级）由沙特前驻美大使班达尔亲王担任，委员会的主要任务是处理各种应急事件和制定国家对内对外的各种大政方针。

埃及议会下设18个常设委员会，与国家安全事务直接相关的委员会是国防和国家安全委员会，设主席1名、副主席2名和秘书1名。

南非国家安全委员会是南非国家安全的最高决策机构。该委员会由总统任主席，副总统任副主席，成员包括国防、外交、安全、财政、司法、运输等部长，国防军司令、陆海空军司令及情报和警察首脑。国防咨询委员会由总统任主席，成员包括副总统、国防军司令、军备公司执行主席和各军种司令，主要负责内阁各部间有关国防事务的协调。

墨西哥国家安全内阁会议为最高国家安全决策机构，由总统领导，成员有国防部长、海军部长、内政部长、外交部长、总监察长以及其他有关政府部长。负责就国家安全的重大问题做出决议，在紧急状态下协调各种军事、政治力量。

巴西国家安全委员会是国家安全最高决策机构，由总统、副总统、内阁部长、国家情报局长、武装部队参谋长及陆、海、空军部长和各军种参谋长组成，主席为总统。负责制定国家安全有关的内外政策。

除以上各国，美洲的智利、厄瓜多尔，亚洲的泰国、马来西亚、菲律宾、阿富汗、伊拉克、土耳其，欧洲的保加利亚、乌克兰、白俄罗斯、捷克，非洲的阿尔及利亚，澳洲的新西兰等，也都设立了国家安全委员会。仿照俄罗斯，许多独联体国家，如哈萨克斯坦、土库曼斯坦、吉尔吉斯斯坦、塔吉克斯坦、乌兹别克斯坦、格鲁吉亚等，也先后设立了国家安全委员会。

此外，还有些国家的国防委员会，类同于安全委员会。如阿根廷国防委员会，由总统领导，成员有副总统、内政部长、外交部长、国防部长和经济部长。另设军事委员会，由国防部长、联合参谋部参谋长和陆海空三军参谋长组成。这一军事委员会相当于别国的国防委员会。再如：阿联酋最高国防委员会，由总统任主席，成员有副总统、总理、外交部长、国防部长、财政部长、内政部长、武装部队总司令和总参谋长。这一类型的国防委员会，职能范围超出了国防，覆盖了国内安全。

第二节 比较分析

国家安全委员会、国防委员会和军事委员会是世界各国国家安全事务最高决策、协调机构的三种形式和称谓，它们之间在机构组成、职责权限等方面有同有异，是了解、比较各国安全体制和政府制度的重要视点。

一、各国国家安全委员会比较分析

近五十年来，在各国国家机构变动中，最重大且最为普遍的现象是各国纷纷成立国家安全委员会。这些相同或近似的机构，各自掌握着一个国家的重大政治和安全事务，成为当前重要的国际政治现象。

最早的国家安全委员会是美国国家安全委员会，成立于1947年。在随后一段时期，世界各国没有随即模仿，多数国家的相应机构仍是国防委员会或军事委员会。由国防委员会向安全委员会转型，是在冷战结束以后，各国呈现纷纷跟进的趋势。从1989年算起，已有三十余个国家先后成立国家安全委员会。在这么短的时期内，这么多国家进行相同的国家机构变动，是世界史上并不多见的现象。

（一）各国纷纷成立安全委员会的不同原因

美国当年设立安全委员会的动力来自两方面，即“第二次世界大战中的经验及美国在世界舞台上的作用得到加强，是1945年到1947年那场关于如何重建一个能够最有效处理国家安全问题的政府执行机构的辩论的原动力”。[①]战争中陆军、海军各自为政，各情报系统分离，成为沉痛的教训。杜鲁门曾说：“如果政府能够有一个互通声气的情报机关，那么日本偷袭珍珠港，即使不说不可能，至少也要困难一些。”[②]缺乏一个协调机构，是美国战争经验总结的重要结论，也是美国随即建立国防部和安全委员会的重要考虑。此外，战后美国成为世界轴心，利益的全球化导致安全问题增多，也成为设立安全委员会的动力。其他国家的安全委员会几乎都是在冷战结束后设立，应对共同的变化了的安全形势，表现出明显的时代特征。与冷战时期相比，爆发世界大战的危险大大降低，军事安全的地位相对下降，其他安全问题，尤其是恐怖主义的威胁上升，安全形势更趋复杂。多样化的安全威胁促使各国安全机制发生变化，促使建立综合性、涵盖更广的安全机制。安全委员会正是这种新安全机制的反映，是综合安全观的产物，是协调各方面安全资源以确保国家安全的新的国家制度选择。

各国纷纷建立安全委员会，除了安全形势和安全机制的变化使然外，还有各国行政方面的原因。行政权力（尤其是总统权力）的普遍扩张、协调性机构的增加和各国行政机构的相互效仿，在促使各国竞相建立安全委员会中起了重要作用。

行政权力扩张是现代西方国家的一大趋势，并波及其他国家。传统的议会权力在削弱，议员由于缺乏足够的研究和足够的信息，很难对政府的政策动议提出有效的批评和建议。尤其是对安全事务，议会权力更难介入。在安全事务和危机决策中，国民对行政机构尤其是对总统期望的增加，是各国纷纷设立安全委员会（以总统为主席）的重要原因。

协调机构的增加也是现代行政体制变化的重要现象。政府规模越大，协调性机构的需求就越多。它与行政权力和总统权力加强相并行，是总统权力加强的主要途径。这些协调机构不像政府各部的设置和部长任命那样受到议会的严格监督。它更像是总统的私人班底，有决策迅速的优点，当然也就有决策不受控制的危险。

国家间行政机构的模仿是各国安全委员会纷纷出笼的又一原因。美国1947年建立国家安全委员会时，模仿的是英国的战时内阁；今天英国又反过来模仿美国模式安全委员会。如美国政治学者所说，美国“联邦行政机构和州、地方行政机构与其他国家的行政机构较为相似，不像我们政治制度中的其他成分与别国的对应部分相差那么大。无论在华盛顿、巴黎，还是在新德里或莫斯科，其行政机构大同小异”[③]。各国行政机构趋同，有利于国际合作和交往。合作和交往反过来要求建立大致对等、同构的机构。

除了以上原因，在一些国家，安全委员会的设立还可以归因于该国的决策民主进程。如印度在未成立国家安全委员会之前，有关印度国家安全的国内外重大事件的决策行为，往往表现出较多的个人意志，无法制约政治强权人物独断专行的家长作风。自从瓦杰帕伊成立了国家安全委员会之后，印度政府的国家安全决策注意发挥各层次的精英人才的智慧，使印度的决策比过去更周到，减少了个人的意志和行为的影响和左右。

（二）各国国家安全委员会差别分析

各国国家安全委员会在相同的国际安全环境下产生，存在互相模仿的过程，呈现出大体相同的面貌，都是国家安全领域最高决策或咨询机构，都是由国家元首或政府首脑与各安全机构的要员组成，协调和领导全国安全事务。“美国的国家安全委员会或许称得上是这个世界上权力最大的一个机构，组成这个团体的十几个人几乎掌握了我们时代所有重大的政治和安全事务，他们的任何一个决定都对世界命运有着举足轻重的影响。”④ 各国安全委员会都有类似的巨大权力，掌握着一个国家、一个地区的重大的政治和安全事务。尽管有着这些基本的相同之处，但在机构的性能、职责、权限、组成、隶属及规模等方面，还存在一些差别。差别之处正是分析比较的重点。

1. 协调机构、咨询机构与决策机构的差别

有的国家安全委员会是协调机构，有的则是咨询机构，还有的却是决策机构。性质的差别是基本差别。

（1）协调机构

1947 年美国《国家安全法》规定安全委员会的“主要职责是帮助总统协调美国的军事政策和外交政策”。1949 年被划归为美国总统行政机构的一部分。美国安全委员会曾经过三个发展阶段，前二三十年并未发挥很大作用，近于咨询性机构；到尼克松时期，安全委员会权力膨胀，总统赋予自己的安全事务助理以指挥政府部门的权力；里根以后，重新确立以协调为机构主要的功能，协调内政、外交、军事、情报各方面的政策，全面有效维护美国安全。在不同历史时期，总统对安全委员会愿意使用到什么程度是不一样的。

属于协调控制型的国家安全委员会还有吉尔吉斯斯坦、乌兹别克斯坦、塔吉克斯坦等。吉尔吉斯斯坦国家安全构想（2001年）称：吉尔吉斯共和国总统对国家安全保障体系的总体管理，通过安全会议进行。安全会议负责：拟定安全保障战略的基本方针，及时查明国家的安全威胁，起草防止紧急情况的决定；研究内政、外交的战略性问题；协调国家安全体系的活动；监督执行机关实施国家安全保障战略的情况。

（2）咨询机构

俄罗斯、印度、日本、韩国、哈萨克斯坦、委内瑞拉等国的安全委员会（或称安全会议）与美国安全委员会有很大不同，不是权力机构，仅是总统或内阁的咨询、顾问机构或秘书班子，仅就国家安全问题拟制政策方针和咨询意见，提交最高决策机构或总统总理决策。如印度1998年成立由总理领导的国家安全委员会，作为国家安全问题的咨询机构。日本法律规定，内阁会议是国家安全重大事项的决策机构，安全保障会议只是内阁总理大臣的咨询机构。安全保障会议讨论的结果，报经内阁会议决定后执行。韩国宪法第九十一条规定："为制定与国家安全有关的对外政策、军事政策和国内政策，在国务会议审议前，备总统咨询，设国家安全保障会议。"哈萨克斯坦共和国宪法规定：安全会议是哈萨克斯坦共和国总统直属的咨询协商机关。

这一类咨询性安全委员会近年来有改为美国模式的动向。

2007年4月6日，日本内阁批准了一项旨在建立美国样式的国家安全委员会的议案。根据这项议案，日本现有的、由8人组成的安全保障会议将被仅由首相、内阁官房长官、外相以及防卫大臣5人组成的新机构取代，仍旧称安全保障会议。当该机构审议应对武力袭击事态的基本方针或防卫大纲时，除上述5名成员外，总务相、财务相、经济产业相、国土交通相以及国家公安委员长也将参与审议，成员组成与原安全保障会议相同。同年7月份，又有媒体报道，克里姆林宫有意把作为政府顾问机构的安全会议升格成为一个平行于内阁的权力机构，一个能够协调控制国防部、联邦安全局等部门的机构。路透社还分析说，普京有意去任后继续保持政治影响，提升安全会议权力可以为他提供平台。咨询机构向协调控制机构转变，有利于有效处置当今以恐怖主义为突出问题的安全问题。但这一转变对国内政体、权力架构会产生严重冲击，甚至难以接受。为维持原来政治生态的平衡，多数国家还将长期维持咨询性安全委员会的政治设计。

(3) 决策机构

上述协调型、咨询型安全委员会在法律上都不具备决策权力。而伊朗、沙特、土耳其、巴基斯坦、波兰、乌拉圭、智利等国的安全委员会，则是国防与安全领域的国家最高决策机构，成员通常包括总统（或国王、王储）、总理、各部部长等，实行委员会集体负责制度。如伊朗根据1989年4月修改的先法，建立最高国家安全委员会，取代原来的最高国防委员会，由总统、内政部长、外交部长、新闻部长和武装部队总参谋长、伊斯兰革命卫队司令和总统指定的2名代表组成。国防与安全决策由最高安全委员会做出，而不是像美俄那样由总统做出。再如：乌拉圭是较早建立安全委员会的国家，1973 年 2 月设立 9 人国家安全委员会，总统任主席，成员包括国防部长、内政部长和外交部长，以及陆海空三军司令。总统兼任武装部队总司令，但实权由国家安全委员会控制。

2. 最高委员会和高级委员会的差别

上述决策型安全委员会是最高委员会。例如：伊朗最高国家安全委员会，根据 1989 年 4 月修改的宪法建立，取代原来的最高国防委员会，由总统、内政部长、外交部长、新闻部长和武装部队总参谋长、伊斯兰革命卫队司令和总统指定的 2 名代表组成。这一委员会冠以“最高”名称，表明它是居于国家行政权力最高等级的委员会。西亚其他一些国家安全委员会虽然未标注“最高”字样，也是最高委员会。它们的决定不需要再送任何机构或个人审查批准。

美国、俄罗斯等国安全委员会在法律上不是最高委员会，它们没有决策权，不能发号施令。它们的决定或建议只有通过总统的名义才能生效。但由于美国总统的决定多数来自安全委员会，因此美国国家安全委员是实际上的最高委员会。俄罗斯国家安全保障会议的角色则稍逊一些。

英国、德国、日本、韩国等国的安全委员会只是内阁的部际委员会，它们的责任是协调各部门在安全领域的利益和行动，重大决策需提交国务会议、内阁会议等最高决策机构做出。还有一些国家的安全委员会，主席并不由总统担任，更不具有最高委员会的地位，如哈萨克斯坦共和国安全委员会。

最高委员会和部际委员会的区别还在于，前者的行政范围要大于后者。最高委员会将对涉及国家安全的所有领域负责，而部际委员会则负责处理相对专门的事务，不是综合性、责任广泛的委员会。如荷兰于2004年5月组建了国家安全委员会，专门负责处理反恐相关事务。委员会由首相、2位副首相以及4位内阁大臣组成，司法大臣任委员会的协调员。英国的情况也是如此，内阁下设一些委员会，负责处理内阁经常性或临时性事务，如准备内阁讨论事项的草案，协调几个部共同性事务，经内阁授权决定某些问题等。现有的几个负责处理安全问题和恐怖主义的内阁委员会各有分工，相互分离。2007年7月3日首相布朗提议解散这几个委员会，以一个名为“国家安全委员会”的新机构来代替，并由首相亲自领导。国家安全委员会将整合、协调政府的海外、国防、安全各部门的力量。这种设立大委员会的企图，可能威胁、替代全体内阁会议而成为最高委员会。在英国，早就有人对内阁委员会的膨胀心存疑虑：“内阁委员会不仅导致了内阁政治的崩溃，而且使它实际上已为首相政府所取代。”⑤

政变者组成的委员会，虽没有法定的最高委员会的地位，却有实际最高委员会的作用，如2006年9月19日，泰国发生军事政变，他信领导的政府被推翻。作为这次政变的领导人，当时的陆军司令颂提出任国家管理改革委员会主席，这一机构后改名为国家安全委员会。

3. 政府（内阁）所属机构与总统直属工作机构的差别

关于安全委员会的隶属，各国大体上有两种政治安排：一是属于政府（内阁），是政府（内阁）诸委员会之一；二是属于总统（或议会内阁制国家的总理、首相）直属工作机构。英国、荷兰、以色列、日本、菲律宾、马来西亚、巴西、智利、厄瓜多尔、阿尔及利亚等国家的安全委员会都是内阁下设的委员会。美国、俄罗斯的安全委员会（或译为安全会议）都是总统直属机构。

美国国家安全委员会在 1947 年成立时是政府机构，到 1949 年才被划归为美国总统行政机构的一部分。这一权力的转移在其他国家也曾发生。例如：塞尔维亚政府 2006 年 1 月 12 日宣布成立国家安全委员会，并称该委员会将由总统和总理两人轮流主持会议和确定议事日程。总统办公室当晚即发表声明，要求政府重新研究成立国家安全委员会的决定，声称如果要使国家安全委员会有效运作，就应参照保加利亚、罗马尼亚和克罗地亚等邻国的模式来组建委员会，即由国家元首出任委员会主席。日本和英国最近提出建立美国模式的安全委员会，由首相直接领导，都有将安全委员会纳入首相工作班底的潜在倾向。

总统（或议会内阁制国家的总理、首相）机构的扩张是 20 世纪以来的许多国家政体变化中的一个重要现象。安全委员会转隶总统工作机构，加剧了这一扩张，是这一扩张最紧要的一步。当前安全形势的复杂和紧迫，增加了总统的安全责任，需要加强幕僚班子以提高效率，完成使命。此外，摆脱政府行政机构对总统权力的限制和制约，也是总统决心依靠自己的工作班底的行政学原因。三权分立造成行政机构听命于国会、司法部门而不听命于总统；行政机构自身带来的分立倾向和政府各部局的专业性权威管理，造成对外来干涉（包括总统干涉）的反对。内阁成员的任命是总统平衡各种政治力量的结果，当总统与行政部门出现分歧时，内阁成员首先维护的是本部门的利益，只有总统幕僚才首先维护总统的利益。这些都是迫使总统办事机构和权力不断增长的原因。

隶属政府的委员会，其作用发挥比较稳定，而属于总统工作班底的安全委员会，其作用与总统的重视程度有关，浮动很大。以美国为例，"总统的意愿决定了国家安全委员会的作用。……没有证据可以说明杜鲁门对国家安全委员会十分重视，……在艾森豪威尔时期，国家安全委员会起到了很重要的作用……大量事实表明，肯尼迪对这个委员会感到不快，所以，他很少像艾森豪威尔那样经常地参加这个机构的讨论。……和肯尼迪一样，他（约翰逊）也不喜欢用国家安全委员会这个正式论坛处理面临的问题。他用星期二午餐取而代之。……尼克松对国家安全委员会采用的办法与艾森豪威尔相似。为支持国家安全委员会的工作，由国家安全委员会、特别是国务院和国防部派员联合组成了一个强有力的委员会组织。……作为（尼克松的）国家安全事务助理，亨利·基辛格的作用超过了其所有的前任"。⑥

隶属政府，还是隶属总统（总理）府，对各国来讲都是需要审慎做出的选择。隶属政府，有碍总统迅速、有效履行自己的国家安全责任；隶属总统府，面临的将是与政府各强力部门的困难的协调工作。诚如大卫·罗斯柯夫所说，"作为国家安全委员会主席的国家安全事务助理向来被认为是这一机构的灵魂，他能否在各强力部门如国防部和国务院之间搞好平衡和协调，从而使总统做出明智的抉择，至为关键；否则，不是使安全委员会陷入无休止的争吵、甚至崩溃，就是使它沦为一个形同虚设的摆设”。⑦

4. 会议型机构与科层组织型机构的差别

在委员会的组成上大体存在两种类型：一种由安全委员会委员加秘书班子组成，规模小，十几人至几十人，属于会议型机构。另一种由安全委员会委员、秘书班子再加所属工作机构组成，规模大至几百、成千上万人，是科层组织机构。多数国家的安全委员会都是会议型机构，是首脑和政府要员的安全俱乐部或安全沙龙。美国、俄罗斯安全委员会则已发展为一个庞大的官僚科层组织。美国国家安全委员会所属工作班子分为部长级委员会、副部长级委员会和政策协调委员会，其中小布什政府时期政策协调委员会包括 6 个地区性政策协调委员会和 11 个职能性政策协调委员会。此外，根据 1947 年 9 月出台的安全法规定：“中央情报局是由国会立法建立的政府行政机构中的一个独立的部级单位。他直接向国家安全委员会负责。”俄罗斯国家安全会议下属工作机构包括宪法安全、国际安全、军事安全、经济安全等十几个跨部门委员会。美、俄的做法会对其他国家产生影响，一些国家安全委员会也可能逐步演变为一个部门性的实体。从行政学角度考虑，会议型委员会有其自身的不足，虽然长于协调各方利益，却短于具体处理事务。国家安全问题逐渐专门化、日常化的严峻现实，需要更实务化的国家安全委员会。当然，在安全问题并不严重的国家，会议型安全委员会仍然是适宜的选择，因为它的行政成本低得多。

5. 集体负责制委员会与主席负责制委员会的差别

《美国陆军史》曾提到：“关于国家安全委员会职能的构想一

开始就错了。当初的本意是学习英国战时内阁的作用，把美国的国家安全委员会当作同一性质的机构。英国战时内阁之所以能有效地发挥作用，主要是由于它贯彻了集体负责的原则，而美国的国家安全委员会却不能分担总统制定国家政策的责任。杜鲁门总统曾戏剧性地三年不参加国家安全委员会的会议。”[⑧]美国国家安全委员会从最初的设计开始，就是主席个人负责制的机构，至今仍然如此，副总统、国务卿、国防部长、安全事务助理与会，发表意见，讨论争执，但不表决，由主席也就是总统当场或会后定夺。“‘表决’在国家安全委员会里只是议事的一个程序。委员会从来不制定政策。只有得到总统的批准和批准的表示后才能正式成为美国的国策。”[⑨]大体而言，凡咨询性的国家安全委员会、属于总统工作班子的国家安全委员会、科层组织型的国家安全委员会，都是委员会主席负责制。这一类委员会设立的初衷就是协助总统处理安全事务，加强总统在安全领域的权力。由于国家安全事务决策的紧迫性、秘密性、决断性，使委员会实行主席负责制有了相对的合理性，因而近期此类委员会有增多的趋势。如英国首相早期只是扮演内阁会议召集人的角色，20 世纪下半叶以来，内阁及其诸委员会名义上仍然是集体负责，但首相个人的作用不断提升。现在布朗提出组建由他本人领导的国家安全委员会，可能会离传统的集体负责制委员会模式越来越远。

当然，仍然有不少国家的安全委员会实行集体负责制。这些国家设置安全委员会，是为了限制总统在国防和安全方面的权利，通过委员会的形式，让成员，如副总统、总理、国防部长、外交部长、财政部长等人介入，防止总统专权和做出片面的安全决策。乌拉圭是较早建立安全委员会的国家，1973年2月设立9人国家安全委员会，总统任主席，成员包括国防部长、内政部长和外交部长，以及陆海空三军司令。总统兼任武装部队总司令，但实权由国家安全委员会控制。历史上许多国家成立国防委员会、军事委员会，目的都是为了限制军队总司令的权力。美国最初设立安全委员会时，杜鲁门的想法中也有防止总统独裁的成分。“杜鲁门之所以决定成立这样一个机构，是鉴于罗斯福的‘独裁作风’——在他担任罗斯福副总统的三个多月时间里（其后罗斯福病故，杜鲁门继任总统），总共只见过罗斯福三次面，而且罗斯福从未跟他谈过有关原子弹、雅尔塔会议或任何别的诸如与他国签署秘密条约之类的事宜。此外，杜鲁门也希望藉此达到协调政策，以及保证各方不同声音都能被总统听到的目的。”[10] 但美国国家安全委员会作为对总统个人负责的工作机构，很难如杜鲁门所想那样限制总统的权力。

二、各国国防委员会（会议）比较分析

许多国家设有国防委员会或国防会议，负责处理国家防务，是委员会性质的重要国家机构。尽管名称相同，但各国国防委员会在机构地位、任务、组成及与其他国家安全机构的关系上，存在许多差异。

（一）最高委员会与高级委员会的区别

多数国家的国防委员会或会议是最高委员会，由国家和军队

最高领导人组成。委员会的决议是最终决议，不需要送任何人或机构审议。一些国家的国防委员会前冠有“最高”两字，如阿联酋最高国防委员会、西班牙最高国防委员会等。其他不冠有“最高”名称，却属于最高委员会的还有法国国防委员会、德国联邦国防委员会、荷兰防务委员会、巴西国防委员会、塞拉利昂国防委员会等。

少数国家的国防委员会不是最高委员会，如阿根廷总统是武装部队总司令，下设国防委员会和军事委员会。国防委员会由副总统、内政部长、外交部长、国防部长和经济部长组成。澳大利亚国防委员会由国防部长任主席，是部长级委员会。朝鲜国防委员会原来也不是最高委员会，它隶属人民委员会。朝鲜于 1992 年 4 月对宪法进行了增删和修改，删去国家主席担任朝鲜一切武装力量的最高司令官和国防委员会委员长的条款。1998 年 9 月撤销原国家权力最高领导机关中央人民委员会，规定国防委员会为国家主权的最高军事领导机关和全面管理国防的机关。2007 年 5 月，金正日进一步改组国防委员会，增加了国防委员会的全职高级成员。原人民军行动主任的李明洙被任命为委员会常务委员；副元帅金永春也辞去副总参谋长职务，担任国防委员会全职副主席。这次重组预示着国防委员会进一步加强了权力。外电评论：“国防委员会至少在表面上已成为朝鲜最高的决策机关。”

在议会内阁制国家，如英国、印度、以色列等国，国防委员会是内阁诸委员会之一，理论上没有最高决策权，其决议须最终由内阁会议决定。但由于国防委员会的成员就是内阁会议的主要或核心成员，如英国国防和海外政策委员会由首相任主席，成员有国防大臣、外交和联邦事务大臣和内政大臣等，所以国防委员会成为实际上的最高委员会。

（二）决策型委员会与咨询型委员会的区别

多数国家的国防委员会都是决策机构。如上述阿联酋、印度、以色列、西班牙、芬兰、法国、德国、荷兰、英国等国的国防委员会都是如此。但也有的国防委员会只是咨询机构，为总统决策提供情报和政策选择咨询。如瑞士防务委员会是军事问题的最高咨询机构，附设于军事部，由军事部长直接主持，吸收军界首脑参加。除了就高级军官的任命向联邦委员会提出意见外，该委员会还负责研究军事战略与军事武器装备方面的问题，供联邦委员会决策时参考。再如芬兰总统为军队最高统帅，国防委员会是其咨询机构。委内瑞拉以内政、外交、国防、财政等部长和武装部队总监、联合参谋长等组成国家安全国务委员会，是军事战略的咨询机构，归总统直接领导。

（三）国防委员会组成人员的差别

凡属于最高决策机构的国防委员会，都由最高行政首长（国王、总统、或总理）任主席。若属于非最高委员会的国防委员会，则可能由副总统或国防部长任主席。如土耳其国家安全委员会由总理、总参谋长、政府部长和各军种司令组成，受总统直接领导。

关于国防委员会的成员构成，有大小规模之分。小规模国防委员会的成员为最高行政首长（国王、总统、或总理）、国防部长、外交部长和内政部长。小型国防委员会便于应急处理国防问题，避免出现需照顾利益太多、议而不决的弊端。英国、以色列的国防委员会都有这一特色。大型国防委员会的成员可能囊括了国家权力的主要掌管者，典型的如也门、巴西、委内瑞拉。也门国防委员会的组成也许是最大的，其成员包括总统、副总统、总统委员会成员、议长、总理、国防部长、文教部长、内政和安全部长、新闻部长、财政部长、总参谋长。巴西国防委员会由总统、副总统、参众两院议长、司法部长、总参谋长、三军部长、外交部长、计划部长组成。委内瑞拉临时成立的国防委员会由正副总统、议长、最高法院院长、最高检察院检察长以及内阁几个要害部门的部长组成。2007 年 5 月委内瑞拉总统乌戈·查韦斯在总统府观花宫召集并主持了国防委员会第一次常务会议，讨论对策以应对由哥伦比亚右翼准军事组织成员入侵造成的严重危机。这是查韦斯当选总统 5 年来委内瑞拉第一次召开国防委员会。该次会议通过决议，将成立联络、情报、军事、司法和制度 5 个专门的委员会以应付危机。大规模的国防委员会开会的机会并不多，用于处理偶发的国防危机和决定有关国防事务的长久政策。

（四）与国家安全委员会的不同关系

国防委员会和国家安全委员会都是国家最重要的安全机构。按两者的不同关系呈现以下几种类型：

1. 设国家安全委员会，不设国防委员会，国家安全委员会职责涵盖国防。美国、日本都属于这种情况。俄罗斯在叶利钦时期曾既设国家安全委员会，又设国防委员会，后来为避免权力交叉和重复，于 1998 年撤销国防会议，将其职能划归安全委员会。模仿俄罗斯的做法，独联体各国先后设国家安全委员会，涵盖对内和对外的安全。20 世纪 80 年代后，各国国家机构变化的一个最显著现象就是纷纷成立国家安全委员会，如美洲的巴西、智利、厄瓜多尔、委内瑞拉；亚洲的泰国、马来西亚、菲律宾、韩国、以色列、巴基斯坦、阿富汗、巴勒斯坦、伊拉克、沙特、土耳其；欧洲的保加利亚、乌克兰、白俄罗斯、捷克；非洲的阿尔及利亚；澳洲的澳大利亚、新西兰等，都设立了国家安全委员会。其中有不少国家将原有的国防委员会并入其中。伊朗根据 1989 年 4 月修改的宪法建立最高国家安全委员会，取代原来的最高国防委员会。

2. 设国防委员会，不设安全委员会。国家安全委员会是新的机构，是国际安全环境变化，国家安全问题多样化、恐怖主义成为新的安全问题后一些国家的新的政权架构选择。但不是每个国家的安全环境都在变化，恐怖主义的威胁程度对各国来说也不一样。许多国家保留着原有的国防委员会，维持原有的政权格局。

3. 既设国家安全委员会，又设国防委员会。如印度内阁国防委员会是国防事务最高决策机构，由总理任主席。同时设安全委员会。以色列国防委员会是以色列最高决策机构，由总统、总理、国防、外交、内政、财政、交通和邮电部长组成，总理任主席兼武装部队最高统帅，同时设外交和安全委员会。巴基斯坦设国防委员会，是最高决策军事机构，总统任主席，又设国家安全委员会。阿尔巴尼亚设国家安全委员会，又设国防委员会。总统是国防委员会主席，兼武装部队总司令。

在这些国家，安全和国防是两个概念，“安全”主要是指政权的稳固、社会的安定；“国防”则是指免于外族侵略。因此需要设两个委员会来分别处理不同的事务。即使有国家设立一个委员会来处理国防和安全两个事务，其名称也要兼称安全与国防委员会，如赞比亚的联合民族独立党国防和安全委员会。

（五）与军事委员会的不同关系

有的国家设军事委员会，其性质、作用完全等同于别国的国防委员会，只是名称的差异。如瑞士设联邦委员会军事委员会，由军事部长、司法警察部长和财政部长组成，即三人小组，代表联邦政府负责处理日常国防问题。这是一个部际委员会，不是最高委员会。它属于瑞士联邦政府即联邦委员会。联邦委员会是最后决策机构。

当有些国家既设国防委员会，又设军事委员会时，就存有了组织性质和作用的区别，相互之间就存有一定的组织关系。如越南设国防会议，职能为动员国家的一切力量和能力保卫国家。主席由国务委员会主席担任，副主席由部长会议主席兼任。同时，越共中央委员会设军事委员会，通过国防部对全国武装力量实行统一领导。国家的国防委员会与党的军事委员会分管不同事务，基本是并列、分管的关系。再如阿根廷总统是武装部队总司令，下设国防委员会和军事委员会，国防委员会由副总统、内政部长、外交部长、国防部长和经济部长组成；军事委员会由国防部长、联合参谋部参谋长和陆海空军参谋长组成。从成员构成可以看出，国防委员会是一个管理范围更宽的机构，军事委员会则主要管理军队内部事务。土耳其的情况也近似，国家安全委员会是最高国防决策机构，由总理、总参谋长、政府部长和各军种司令组成，受总统直接领导。另设最高军事委员会，是武装部队内部事务的最高决策机构。相反的情形发生在瑞士，除设部际委员会，即联邦军事委员会外，在其下还设有部内委员会，即防务委员会，是军事问题的最高咨询机构，附设于军事部，由军事部长直接主持，吸收军界首脑参加。除了就高级军官的任命向联邦委员会提出意见外，该委员会还负责研究军事战略与军事武器装备方面的问题，供联邦委员会决策时参考。

综合以上不同国家的情况可以看到，国防委员会和军事委员会只是选词用语的不同，之间何者管理范围更大，并无一定之规。既设国防委员会，又设军事委员会的国家，属于多级委员会制国家。国防委员会在上一级，还是军事委员会在上一级，完全视各国对国防（Defence）和军事（Military）词语的理解而定。多级委员会的制度源于西方希腊文明，在近现代则以英国最为典型。国防和海外政策委员会是最高军事决策机构，由首相任主席；其下设英国国防会议，是部内委员会，由国防大臣任主席，负责处理日常重大的国防政策问题；其下再设国防会议陆军委员会、国防会议海军委员会和国防会议空军委员会，属于二级委员会，由本军种将领组成，主席都是国防大臣，分别处理三军的日常事务。在首相、国防大臣、三军参谋长这样一套行政序列之外，另有一套三级委员会与之并存，足见委员会制度在英国行政体制中的盘根错节。

（六）与最高统帅的不同关系

设立国防委员会是近现代政治现象。在古代各国，最高军事决策者是个人，可能是国王、皇帝或元帅。近现代为了军事决策的正确和武力不被滥用，为了限制最高统帅、总司令个人权力，为了用文官控制军官集团，为了以政治指导战争，出现了军事集体决策制度，这是一个进步。凡属于最高军事决策机构的国防委员会，均扮演决策者的角色，而军队统帅则是在国防委员会领导下工作，需要向委员会报告工作。如美国独立战争时期，大陆会议既任命华盛顿为大陆军司令，又设军事委员会，作为大陆会议负责军事的机构，要求华盛顿服从大陆会议和军事委员会发布的指示和命令。大陆会议主席约翰·亚当斯就曾发出过警告："要经常用警惕的目光注视军队，防止其损害人民的自由权利。"⑪

从苏联国防委员会的历史，也可以看到该委员会与统帅的关系。苏联国防委员会最早成立于1941年6月30日，斯大林任主席、莫洛托夫任副主席，其他成员包括伏罗希洛夫、马林科夫、布尔加宁、沃兹涅先斯基、卡冈诺维奇、米高扬等。它是卫国战争时期拥有全权的特设最高国家机关。它领导国家所有的部门和机关，调动国家一切物质、精神和军事力量战胜敌人。国防委员会决议具有战时法律效力，各级国家机关、军事、经济、工会机关都必须无条件地执行它的一切决议和命令。它向最高统帅部及整个苏联武装力量下达军事政治任务，负责完善军队体制，配备领导干部，确定战争中使用的军队的总性质；通过最高统帅部大本营对武装斗争实施战略领导。苏联取得了卫国战争的伟大胜利，与国防委员会这一成功的军事领导体制也有相当大的关系。

第二章

各国国防部（或类似机构）比较

世界多数国家政府都设置国防部或类似机构，但在五大传统部（外交部、内政部、国防部、司法部、财政部）之中，各国国防部在职责方面的差别是最大的，是各国政体差异的一个突出标志。

第一节　国别情况概述

一、美国国防部

根据1949年国家安全法的修正案，国防部正式成为联邦政府的一个内阁级行政部门，是总统领导与指挥美国武装力量的最高统帅机关。国防部长是国防部的最高领导，是由总统在听取参议院意见并得到同意后任命的文职官员，是总统处理国防事务的首席助理，对国防部有领导、指导和控制的权力。国防部的主要职责：根据美国的国家政策和利益，制定全军统一的国防政策和军事战略，通过三个军种部对全军实施行政管理，并通过参谋长联席会议对三军实施作战指挥；制定国防预算和全军兵力计划；统一领导全军国防科学技术的研究和后勤保障工作；对外负责军事谈判、派遣军事顾问团、培训军队和监督军事援助的使用等。

国防部由国防部长办公厅、武装力量政策委员会、国防部各业务局、参谋长联席会议、陆海空三个军种部以及各联合司令部等组成。

1. 国防部长办公厅

由部长、第一副部长、5 名副部长（政策、审计、人员与战备、情报和采办、技术与后勤）、3 名助理部长（法律事务、公共事务、网络与信息一体化）、法律总顾问、作战试验与评估主任、情报监察事务部长助理、监察长、行政与管理主任、部队转型主任、基本评估主任、项目分析与评估主任以及相关职能部门组成。主要任务是：制定并发布有关维护美国国家安全目标的政策；根据国防部长批准的计划和项目，对资源的有效分配和管理进行监督；确立适当的评估机制，有效监督国防部各级机构的政策执行和项目实施情况；在美国安全其他相关领域为国防部确定工作重点。

2. 武装力量政策委员会

是国防部在军事政策方面的咨询机构，并对国防部长指示事项进行审议和做出报告，直属国防部长领导。委员会由国防部正副部长、参联会正副主席、三军种部长、陆空军参谋长、海军作战部长以及陆战队总司令组成。国防部及其他政府各有关部门的官员，根据国防部长指定，也可出席会议。

3. 国防部各业务局

负责全军共同性业务的职能部门，现由15个局组成：导弹防御局（负责研究、试验并部署导弹防御系统）、国防高级研究计划局（国防部内的核心研发机构）、国防合同行政局、国防后勤局、国防威胁消减局（负责削弱美国及其盟国的核、生、化及其他特殊兵器和常规兵器的威胁）、国防给养局、国防合同审计局、国防信息系统局、国防法律事务局、国防安全合作局、五角大楼部队防护局、国防调查局、国家保密局、国家地理空间情报局、国防情报局。

4. 参谋长联席会议

由主席、副主席和三大军种参谋长（海军为作战部长）组成，是总统、国防部长、国家安全委员会的军事咨询机构。参联会主席由总统提名并经参议院批准任命，是美军最高军事长官，也是总统和国防部长的首席军事顾问。参联会其他成员是各军种中军衔最高的现役军人，他们一方面是美国总统、国家安全委员会和国防部长在某些特定问题上的军事顾问，另一方面又负责本军种的行政管理，对本军种部长负责。参联会下设主席办公室和联合参谋部等机构。参联会的主要职责是：在平时向总统、国家安全委员会和国防部长提出关于军队建设、国防发展项目与预算、采购需求评估、联合作战条令、联合训练政策等方面的建议；在战时协助国家指挥当局对美国武装力量实施战略指挥，监督各联合司令部的军事活动。

5. 陆军部、海军部和空军部

直属国防部领导，部长均为文官。是各军种的最高行政领导机关，负责本军种建设的各项工作，包括人事和行政管理、战略训练、兵役动员、武器装备的研制与采购等。各军种部一般由部长办公厅、参谋部（海军称为作战部及陆战队司令部）及其下属专业机构和一级司令部组成。部长办公厅由正副部长、助理部长或帮办、审计长、监察长、法律顾问、立法联络主任和公共事务主任组成。在陆、空军参谋部以及海军作战部，设置参谋长（海军为作战部长及陆战队司令）及其主要助手、一般参谋部门和特业参谋部门。一般参谋部门包括人事、情报、作战、后勤、后备队、研究与开发等部门；特业参谋部门包括工程兵、宪兵、牧师、航天、新闻、军法、军史等部门。

6. 联合司令部

联合司令部是美军高级作战指挥机构，根据总统的指令设立，隶属于参谋长联席会议，并就完成受领的任务向国防部长负责。联合司令部通常按战区和任务组建，三军部队除执行特别勤务者外，均编入某一联合司令部。一旦发生重大紧急情况，各联合司令部即以各自的指挥中心为基本指挥所，对编入本司令部的部队实施作战指挥。必要时，也可根据总统的指示将其他联合司令部的部队临时划归处于紧急情况的联合司令部指挥。目前，美军设有10个联合司令部，其中联合部队司令部（1999年10月由大西洋司令部改组而成，除负责大西洋战区作战外，还负责为各地区总部提供联合部队）、太平洋总部、欧洲总部、南方总部和中央总部为地区司令部；北方司令部、特种作战司令部、战略司令部、运输司令部、航天司令部为职能司令部。对上只接受总统、国防部长通过参联会下达的命令、指令，对下全权指挥所辖的三军部队。其中北方司令部成立于2002年10月，专门负责美国本土安全，包括负责北美防空以及所有应对大规模杀伤性武器袭击和自然灾害事件的军事行动。

二、俄罗斯国防部

苏联1953年3月成立国防部。苏联解体后，俄罗斯联邦成为苏联军事遗产的主要继承者，1992年5月，俄罗斯在苏联国防部的基础上，成立自已的国防部。俄罗斯国防部是在国防领域推行国家政策和实行国家管理，协调联邦部委、其他联邦执行权力机构和联邦主体执行权力机构在国防领域活动的联邦国家执行权力机构，也是俄联邦武装力量的领导指挥机关。

2001年3月24日，俄罗斯总统普京签署了“关于保障俄武装力量建设与发展及完善其结构的第337号总统令”，对国防部组织机构进行改革，将国防部改为文职机构。同时任命原联邦安全会议秘书谢尔盖·伊万诺夫为首任文职国防部长，还任命了3名文职国防部副部长。调整国防部与总参谋部的职能和相互关系，明确国防部长对军队的指挥权。

根据2004年8月俄总统批准的国防部条例，国防部的基本任务和职能可划分为：

(1) 国防政策建议权。提出制定和施行国防领域国家政策的建议，提出制定军事学说和其他军事政策文件的建议；制定并提出武装力量建设构想，武装力量建设、使用、动员、部署、编制员额计划，国家战场建设计划，军事设施配置计划建议；提出制定联邦经济动员计划和民防计划的建议；提出国家国防订货和国防开支的建议等。

（2）军事政策协调监督权。协调联邦执行权力机关和联邦主体执行权力机关在国防问题上活动，协调和监督其他军队、队伍和机构建设与使用；协调和监督国防部下属联邦执行权力机关的活动；协调其他军队、队伍和机构的战役和动员训练；协调其他军队、队伍和机构的武器装备订货工作等。

（3）军事外交参与权。参与实施与外国和国际组织的军事合作和军事技术合作；参与有关安全问题、削减（限制）武器和武装力量以及其他军事问题的谈判；组织俄罗斯武装力量在自己职权范围内履行俄罗斯联邦签署的国际条约，并参与监督这些条约的其他参加国对条约的执行情况等。

（4）军事情报搜集权。根据国防和国家安全需要组织情报活动并报呈国家领导人及有关部门。

国防部设一位部长、两位第一副部长、两位副部长和四位副部长级勤务主任。国防部长由总统根据联邦政府总理提名任免，直接隶属总统。在法律规定属于联邦政府职权范围的问题上隶属于联邦政府总理。根据《国防法》修正案规定，武装力量直接隶属国防部长，国防部长通过国防部对武装力量进行指挥。同时，国防部集中了军事行政权，确立了专家管理军队的制度，原先由总参谋部承担的许多行政管理职能全部移交国防部。国际合作总局、外事局、军事科学局、战斗训练与队务总局等均归入国防部。国防部内设有以国防部长为首的部务委员会，成员包括第一副部长、副部长和各军兵种总司令。部务会议的决定由部务委员会成员的简单多数票通过。当国防部长与部务委员会成员出现分歧时，国防部长在实施自己决定的同时将分歧报告总统。部务委员会成员也有权将自己的意见向总统汇报。必要时，国防部部务委员会还可与联邦各部和其他执行权力机关举行联席会议。联席会议的决定以会议纪要的形式发布或由国防部长和其他部委及联邦执行权力机构领导以共同命令的方式发布。

同时，国防部内新成立了一个监督与评估单位——部长参谋机构。它作为国防部长与武装力量的联系，监督国防政策的执行情况，向部长提供政策建议和情报评估。它还负责监督国防部与媒体的关系。在部长参谋机构监督下的机构包括联邦防务采购局、联邦军事技术合作委员会、出口控制委员会和联邦原子能机构。一位国家杜马国防委员会的分析家说，国防部参谋机构的建立是经过深思熟虑的，是为了减少国防部长对国防部内保守官员的依赖和限制他们和部长直接对话的尝试。

国防部下属主要机构：

1. 武装力量总参谋部

根据2004年6月国家杜马通过的《国防法》修正案规定，总参谋部由联邦武装力量总参谋长领导，总参谋长服从联邦国防部长的领导。总参谋长同时任联邦国防部第一副部长。过去，俄军总参谋部是“对武装力量实施作战指挥的主要机关”，而现在的《国防法》修正案删去了这句话。2004年年初，俄国防部长伊万诺夫在军事科学院学术研讨会的发言中明确了总参谋部的8项任务：(1) 尽早发现对俄安全的可能的军事威胁并就化解这些威胁的方法准备建议；(2) 研究武装力量在冲突中的使用经验，找到新的军事趋势和军事技术趋势；(3) 准备武装力量和其他强力机构在各种武装冲突中的战斗使用计划；(4) 在研究现代武装冲突经验的基础上完善对武装力量战斗使用样式和方法的看法；(5) 根据对军事政治形势的判断和对俄罗斯所面临的最可能的威胁的预测，就新战斗技术兵器的战术技术性能威胁提出预测，就新战斗技术兵器的战术技术性能提出建议；(6) 保障首长参谋部演习、合成军队演习和专门演习的实施，根据现代军事行动的经验制定这类演习的方案；(7) 制定武装力量与其他强力机构间在武装冲突中的作战协同体制；(8) 就修改军事学说原则向国防部提供建议。上述8项任务可以看出，总参谋部不再是实施作战指挥的主要机关，而是国防部的战略计划部门，是它的“大脑”、“智力中心”，而不是“手”。这不但取消了总参谋部的军事行政职能，而且也取消了它的直接作战指挥职能，使其集中精力负责形势分析和威胁评估、制定武力力量的战斗使用和动员计划、制定跨军种的演习计划，以及在战时对武装力量实施作战指挥等。其下属的主要机构是作战总局、组织动员总局、情报总局、通信、测绘和电子对抗等与作战密切相关的6个部门。

2. 军兵种司令部

俄军现有三大军种和三大兵种。

陆军总司令部是陆军的领率机关，负责本军种的日常管理、建设发展和训练，没有作战指挥权。战时武装力量展开后，负责训练预备队、组织后方领土防御等。空军总司令部负责本军种部队的训练、装备、编制、保障、科研和行政管理，并根据总参谋部的授权，具体组织对下属兵种的作战指挥。远程航空兵集团军执行核作战任务时由总参谋部直接控制，部署在各军区的空防集团军由总参谋部通过军区实施指挥。海军总司令部负责海军的训练、科研、装备、保障、行政管理，对海军拥有全面的领导和指挥权。但海上战略核力量的作战指挥权由俄武装力量最高统帅直接控制。

战略导弹兵司令部负责本兵种部队的管理、训练、装备和各种保障，制定战略导弹兵行动计划。战略导弹兵司令部没有作战指挥权，其作战指挥机关只是总参谋部对战略导弹兵实施指挥的备份系统。总统通过国防部长、总参谋部直接控制每一个发射装置。太空兵司令部负责本兵种的管理、训练、装备、保障和作战使用。其下属的导弹太空防御部队在执行防空防天任务时由莫斯科特种司令部指挥。航天发射与航天器测控部队经总参谋部授权，由太空兵司令部具体指挥。空降兵司令部负责本兵种的训练、装备、保障、行政管理。空降兵在执行任务时与空军军事运输集团军编组使用，由总参谋部协调指挥。

3. 军区

军区是俄联邦基本的军事行政单位和武装力量地区性诸军兵种合成战役战略军团，用于战争准备和保卫辖区内俄联邦领土的完整和不可侵犯。军区的任务：查明敌人入侵责任区内俄联邦领土的准备情况；协同责任区内各军队反击入侵，保持部队的战斗准备与动员准备，以便及时完成所受领的任务；建立动员物资储备和部队储备，组织公民役前训练和征兵工作；对军区部队以及转隶军区的其他军队的活动提供全面保障；组织部队防空和要地防空，捍卫责任区内的俄联邦空中边界；组织下属军事指挥机关和部队的战役、战术和动员训练；完善军区的战场建设，修建和维护军事基础设施；准备和实施领土防御；根据联邦法律和规范性法律文件组织部队执行抢险救灾任务。目前编有莫斯科军区、列宁格勒军区、北高加索军区、伏尔加河沿岸——乌拉尔军区、西伯利亚军区和远东军区。

三、英国国防部

成立于 1947 年。国防部成立初期，原陆军部、海军部、空军部仍然独立存在。直到 1964 年国防机构重组，陆、海、空军三部才与国防部合并。国防部是政府内阁的一个部，既是行政部门，又是国防与军队建设事务的最高领导机关。国防部主要职责是：贯彻执行首相、国防与海外政策委员会的指示和决议；制定有关政策；进行国防预算；负责陆、海、空三军的人事管理、装备采购等工作。国防部受国防大臣领导，国防大臣对国会和国家最高统帅负责，主要负责计划、执行国防政策及统筹安排国防事业。由国防大臣为主席组成国防委员会，成员包括两名分别负责武装力量和装备采购的国防国务大臣、负责议会事务次官、国防参谋长、常务次官、三军种参谋长、第一国防副参谋长、第二常务次官、国防采购部总监和科学总顾问等，负责处理重大的国防政策问题。三军的日常事务分别由国防委员会领导下的陆、海、空军委员会负责，其主席均由国防大臣兼任。国防部常务次官和国防参谋长分别是国防大臣行政和军事工作的主要助手。常务次官负责国防部的组织与日常事务。国防参谋长主要就军事战略和作战方针向国防大臣提出建议。国防大臣通过他们掌握军政事务和军令事务，使军令和军政机关在国防部内部实现统一。

国防部是英国政府最庞大的部之一。下属机构和组织有：国防参谋部、海军参谋部、总参谋部、空军参谋部、科学参谋部、人事和后勤参谋部、海军部、陆军部、空军部、国防情报局、军事情报参谋部、气象局、军种间组织和辅助组织、采办部、国防军售组织、研究和发展机构、海军管理处、军械管理总长、航空器械管理处、皇家军械工厂组织等。

其中国防参谋部是英国最高军事指挥机关，负责制定英军训练、演习、作战和装备研究与采购计划；负责三军指挥、控制和通信系统的建设；向国防大臣提供有关国防战略和政策的咨询；调配国防系统的人力与装备；制定军队人事和待遇政策等。

参谋长委员会是国防参谋部的决策机构，国防参谋长任主席，成员包括第一国防副参谋长和各军种参谋长，平时协调三军建设，战时拟定作战计划，决定部队部署和进行作战指挥。职责是就国防政策、军事战略、国防预算、兵力部署、作战行动等问题向国防大臣提出建议；根据国防大臣的指示制定并实施相应计划；指导军队的战略和政策研究及提供军事情报和军事训练的保障。

国防参谋长是英国军队的最高级将领，同时是国防大臣在军事方面的主要顾问。国防计划制定由内阁及国防大臣负责，作战指挥则由国防参谋长通过各种程序负责，平时通过各军种参谋长行使指挥权，战时则将各军种参谋长排除在指挥权限之外，由国防参谋长统一指挥三军作战。

国防参谋部下设作战部、武器系统部、战略政策部和规划与人事部。

四、法国国防部

法国国防部为内阁中的一个部，是国家最高军事领导机关。总统通过国防部和三军参谋部对全国武装力量实施领导和指挥。总理负责贯彻既定防务政策，国防部长在总理领导下负责防务工作。国防部下设三军参谋部、陆军参谋部、海军参谋部、空军参谋部、武器装备部、行政总秘书厅等机构。国防部直属机关有总监察局、三军审计总局、战略事务局、核试验局、对外安全总局、国家宪兵总局等业务局。国防部对三军参谋部、陆海空军的战略、政策性指导和决策分别通过参谋长委员会、陆军最高委员会、海军最高委员会和空军最高委员会进行，四个委员会都由国防部长任主席，成员由相关军种参谋长及高级将领组成。

其中三军参谋部为最高军事指挥机构，法军称之为“作战系统”。全面负责军队的战备工作，包括制定全军作战计划、制定全军体制编制、组织联合军事演习、参与制定各军种的武器装备计划、参与编制国防预算，领导和统一全军情报，处理与外军交往等。法国国防组织法规定，战时三军参谋长即成为总参谋长，在总统和政府的领导下，负责指挥陆、海、空三军，但战略核力量和战术核武器的特殊支配权例外；陆、海、空各军种参谋长则成为副总参谋长，协助总参谋长实施指挥。和平时期，三军参谋部与各军种参谋部同是国防部下属的平等部门。

陆、海、空军参谋部是各自军种的军政系统，法军称之为“建制系统”。主要职能是：平时根据本军种的需要和三军参谋部的计划，制定本军种部队的使用理论；负责本军种部队的动员、编制、教育训练、行政管理、后勤保障等；就本军种长期科研项目的发展顺序向国防部长提出建议。战时，各军种参谋长担任军队的副总参谋长，协助总参谋长指挥全军的军事行动。

五、德国国防部

德国国防部为政府中的一个部，是最高军事行政机关。根据德国宪法的规定，和平时期，联邦国防部长对武装力量拥有命令权和指挥权，但自防御状态公布起（即战时），武装力量的指挥权和命令权转移给联邦总理。作为和平时期军队的最高长官，国防部长根据联邦总理提出的政策方针，通过其直接下属总监察长及陆军、空军、海军监察长和卫勤监察长对全军实施领导、管理和指挥。国防部的工作任务是制定国防政策和防务计划。进行军队训练，保卫德国外部安全，防止地区冲突向德国蔓延，加强本土防御能力和处理危机的能力，保卫欧洲联盟的安全和进行防务政策合作。

在国防部内设立了由国防部部长和三名国务秘书组成的领导小组。国防部长和国务秘书均由文职人员担任。三名国务秘书中，一名是议会国务秘书，另外两名是国务秘书。议会国务秘书负责国防部与议会及其他政治上重要部门之间的协调工作。两名国务秘书中，一名主管行政管理部门，另一名主管装备部门。在这个领导小组下设立三个参谋部门作为它的辅助机关：一是计划处，负责制定军事战略，协助领导小组统筹和评价计划，编制国防白皮书；二是情报与新闻处，同国内外的情报和舆论机关保持联系；三是组织处，协助领导小组处理内务事项，同时还负责管理电子计算机部门。直属机构有陆军局、空军局、海军局、卫生局（德国分四个军种，设四个指挥参谋部，这四个指挥参谋部又是国防部的四个局）、联邦军事技术和购置局、联邦国防军管理局等。国防部长在行政事务和专业事务方面通过国防部各职能部门和联邦国防军总监察长对全军部队实施领导，在军队勤务方面则通过三个军种的监察长及卫勤监察长对全军部队实施指挥。

总监察长是全军第一军人，军衔最高，是政府的首席军事顾问，主要负责制定国防总体方案、建军规划等工作，拥有监察全军的权力，在落实军事防御总体方案和涉及全军原则性事务方面拥有向三军下达指示、方针、命令的权力，但不拥有直接指挥部队的权力。与陆军、海军、空军军种监察长及卫勤监察长之间没有指挥与被指挥的隶属关系。通过其办事机构——武装力量指挥参谋部经军种指挥参谋部对全军的部队管理、军事情报、作战指挥等方面工作实施业务领导。武装力量指挥参谋部设人事、训练与内心引导局，军情局，军事政策与军备控制局，组织与编制局，后勤与基础设施局，计划局以及联邦国防军指挥中心。军事指导委员会是总监察长的咨询机构，总监察长担任主席，成员有三军监察长及卫勤监察长。

陆军、海军、空军监察长是本军种的最高指挥官，直接对国防部长负责，同时也是总监察长的顾问，参与制定和实施国防总体方案，并通过其办事机构陆军、海军、空军指挥参谋部对本军种实施指挥和管理。军种指挥参谋部下辖军种指挥司令部、军种支援司令部和军种局。本部机关设人员组织训练局、计划装备后勤局、指挥作战方案与原则局等。

六、意大利国防部

目前的国防部机构是根据 1965 年 11 月 18 日共和国总统法令设置的。国防部为最高军事行政机关，负责全国的防务、兵力部署、武器装备和整个军队的建设。国防部长作为军队在政府中的代表，由文职人员担任，其职责是加强军队与政府的联系。主持编制国防预算，拟订有关军队建设和国防建设的法案，监督部队内部法规的执行，制订军事技术和军队管理总则，根据国防参谋长的建议和参谋长联席会议意见，签发部队训练、调动部署的命令和指示。武装力量最高会议由国防部长领导，是一个国防咨询机构。

国防体制是以国防部长（文官）为首，国防参谋长和国防秘书长分别主管军事和后勤管理的双轨制。国防部的机构设置分为两大系统：一是训练、作战和科研系统，由国防参谋长领导；二是后勤和行政管理系统，由国防秘书长领导。

国防参谋部为最高军事指挥机构，下辖陆军、海军、空军参谋部和宪兵总部。国防参谋长由国防部长提名，内阁会议通过，共和国总统批准，直属国防部长领导。在作战和训练方面，他是国防部长的最高顾问，职权范围包括：向国防部长提出军事部署、作战方案及其相应的财政技术措施；向国防秘书长和陆海空三军参谋长发布实施军事计划的指示，掌握计划执行情况；根据国防部长指示，协调三军的部署，制定三军联合军事演习方案；向国防部长提供各军种参谋长人选和高级将领调动的建议；指导军队和科研工作；作为意大利驻北约军事委员会的代表，与盟军最高司令部保持经常联系，参与共同防务计划的制定。

国防秘书长也由国防部长提名，内阁会议通过，共和国总统批准，直属国防部长领导。其职责是：为贯彻国防部长关于部队管理和军事技术方面的指示制定具体措施，负责预算、后勤、装备、征兵等工作。

参谋长委员会：由国防参谋长任主席，陆、海、空各军种参谋长和国防秘书长及宪兵部司令为正式成员。它既是咨询机构，也是决策机构。如果讨论的是属于国防参谋长权限范围内的问题，会议的决定对国防参谋长仅具参考意义；如果讨论的问题属于国防秘书长和各军种参谋长的权限范围，会议的决定对各个成员都具有约束力，他们必须贯彻执行。每次会议必须全员参加，以多数票作决定。在必要情况下，还可邀请军事理论研究和经济方面的负责人到会作专题报告，供会议参考。根据国防部长或联席会议任何一个成员的要求，都可以举行会议。每次会议的情况由国防参谋长向国防部长报告。

七、日本防卫省

2007年1月9日上午，位于日本东京的原防卫厅举行了防卫省挂牌仪式。至此，日本防卫厅在经过半个多世纪后升格为防卫省，原防卫厅长官久间章生出任首任防卫省大臣。这一机构变动不仅有升格的意义，也标示着日本与欧美国家相同的统辖三军、文官治理和掌握指挥权等三步骤改组行动的完成。

1945年11月，日本海、陆、空三军被令废止。1950年日本建立警察预备队，后改为保安队，并设保安厅。1954年日本改保安厅为防卫厅，改保安队为自卫队。防卫厅统辖陆海空自卫队，在级别、权限、编制和活动范围等方面都受到了比较严格的限制。根据"防卫厅设置法"，防卫厅隶属于内阁府，防卫厅长官是内阁成员，但在处理较为重大的防卫问题时，必须由内阁总理大臣决定；而且，防卫厅长官不能直接向财务省申请防卫预算，也不能就制定有关防卫的法律等问题要求召开内阁会议。为解除对自卫队活动的种种限制，防卫厅自成立以来，一直谋求升格为防卫省。早在1964年，将防卫厅升格为防卫省的有关法案即在日本内阁会议上获得通过，但迫于当时的政治形势，日本政府没有将这一法案提交国会审议。冷战后，为实现所谓"普通国家"目标，2005年1月10日，日本政府通过了新的《防卫计划大纲》。2005年底，日本防卫厅成立专门小组，筹备防卫厅升格的法律准备工作。2006年5月，日本参议院全体会议通过《防卫厅设置修正法案》，对防卫厅现行组织机构进行全面调整，增设装备本部。2006 年 6 月，日本政府向国会提交将防卫厅升格为防卫省的“防卫省设置法案”。11 月 30 日国会众议院通过了将防卫厅升格为防卫省的议案，12 月 15 日，日本国会参议院也批准了该项议案。至此，防卫厅升格为防卫省的各个关节彻底打通。

此次升格，相比原来防卫厅，防卫省的职能性质和权限得到提升：一是防卫省有了与外务省等中央各省相同的地位和职能，如提出法案、召开内阁会议、直接向负责预算的财务大臣提出拨款等。此外，在行动上，防卫省在发布“海上警备行动”等命令时，可以直接要求内阁召开会议予以批准。这样就极大地提高了防卫省的独立行事能力和危机处理能力；二是日本首相虽保有对自卫队的最高指挥监督权和颁布“防卫出动命令”的权限，但向美军提供物品等相关权限却移交给了新设的“防卫相”。这表明防卫省在政治上、官僚体制上已经完全突破了战后日本《和平宪法》所规定的“低位”状态，防卫省成了国防部，防卫相成了国防部长，拥有了与“正常国家”一样的权力地位和职能性质。

毫无疑问，防卫厅升格，是日本的安全战略改变的一个信号，自卫队的触角将延伸到日本本土以外的“防卫圈”，迄今的“专守防卫”政策将被放弃，日本的防卫政策将发生根本性的转变。使人们有理由担心日本能否真正对历史进行彻底反省、继续走和平发展之路。日本的强军动向必然会引起曾遭受日本军国主义侵略与掠夺的亚洲各国人民的忧虑和警惕。

防卫省是国防事务的指挥监督与行政机关。基本任务是：管理和指挥陆、海、空三自卫队，处理与此有关的事务，以保卫日本的和平与独立，维护国家安全。遇有严重自然灾害，自卫队有保卫国民生命、财产安全的义务。根据宪法，防卫省长官在总理大臣的指挥与监督下领导防卫省的工作，统管防卫省的业务，并通过陆、海、空三军参谋长指挥部队。防卫省下属机构有统合幕僚监部、陆海空三自卫队参谋部、情报本部等。

1. 联合参谋部（统合幕僚监部）

2006年3月，联合参谋本部（日文为：统合幕僚监部）正式成立，取代了过去的参谋长联席会议（统合幕僚会议）。其目的是增强海上、陆上、航空自卫队行动的一体化，提高自卫队行动的效率，以增强自卫队应对危机的能力。

参谋长联席会议设立于1954年，是辅佐防卫厅长官的合议体参谋机构，主要任务是统一和协调陆、海、空三军的指挥与运用。职责是：制定联合作战计划、联合后勤计划和联合训练计划，调整各军种制定的作战、后勤和训练计划，统一和协调日军行动的指挥命令，协助防卫厅长官交办的其他事项。参谋长联席会议由主席和陆、海、空三军参谋长组成。主席为日军现役军衔职务最高者，主持和领导参谋长联席会议的工作。会议每月召开两次，必要时可临时召集。会议出席者通常为陆、海、空三军参谋长，必要时防卫厅有关人员可列席。会议决议必须一致通过，当意见不一致时，需要把意见分歧及其理由写成书面材料，由参谋长联席会议主席签署个人意见，上呈防卫厅长官裁决。主席因故不能出席并主持会议时，应事先指定一名参谋长代行副主席职权。军种参谋长有事或缺任时，则由副参谋长代理出席。参谋长联席会议下设事务局、联合参谋学校和情报本部。

根据日本内阁会议批准的防卫厅《防卫厅设置法修订案》和《自卫队法修订案》，于2006年底撤销了参联会及其下属的事务局，新成立联合参谋本部，隶属防卫厅。既是防卫厅长官的参谋机构，又是统一指挥、管理日军的执行机构。联合参谋部设联合参谋长和联合副参谋长各1人，下辖总务部、运用部、防卫计划部和指挥通信系统部、首席法务官、宣传官和首席后勤补给官以及联合参谋学校。联合参谋长是最高的现役人员，受防卫厅长官的指挥和监督；在日军指挥方面，作为最高顾问辅佐防卫厅长官，同时执行防卫厅长官对陆海空三自卫队的指挥。各军种参谋长受防卫厅长官的指挥监督。在军种行政事务（不包括日军作战指挥）方面，作为各军种的最高顾问辅佐防卫厅长官，监督各军种事务以及所属部队人员的工作。联合参谋长在辅佐防卫厅长官指挥日军时，各军种参谋长可以从各自的立场出发，向联合参谋长陈述意见。各军参谋长负责各军种力量的建设与维持。

联合参谋部的主要职责包括：制定联合防卫、警备计划；制定行动计划；就行动计划制定必要的教育训练、部队编成、武器装备、兵力部署、管理、采购、补给、卫生勤务以及人事调配与补充计划；制定联合训练计划；调查、研究自卫队各项业务运行效率情况；对执行任务的部队的管理及运用进行协调；执行防卫厅长官确定的方针或计划；其他与防卫厅长官命令相关的事项。联合参谋部平时将针对发生概率较高的威胁事态，制定可迅速完成部队编成的作战计划；战时根据作战计划，编成联合任务部队并实施作战，或组织协同作战。

在新体制下，防卫省长官的命令将通过联合参谋长下达给各自卫队部队或联合任务部队，联合参谋长负责执行防卫省长官下达的命令。联合参谋长负责指挥包括单一军种部队作战在内的所有作战行动；部队管理等方面的行政命令原则上仍通过各自卫队参谋长下达或执行。

2. 各军种参谋部

陆、海、空三军参谋部是防卫省中央机关的重要组成部分，作为防卫省长官的参谋机构和协助长官对各自军种实施指挥、管理的机构，其主要职责是：制定本军种作战、警备计划；制定教育训练、行动、编制、装备、部署、情报、财会、采购补给、卫生保健、人事、兵员补充计划；对部队各项业务工作效率进行调查研究；对部队的管理和运用进行调整；贯彻执行防卫省长官的方针；完成防卫省长官的指令；完成防卫省长官交办的其他事项。

2005 年联合参谋部编成后，各军种参谋部设参谋长 1 人，副参谋长 1 人，均由中将以上军官担任，在特殊情况下，副参谋长可由少将衔军官担任。在防卫厅长官的指挥监督下，各参谋长统管各自军种的事务，副参谋长协助参谋长工作。各军种参谋部人员以军官为主，配备事务官、技术官和其他文职人员。陆军参谋部由监察官、警务管理官和卫生部、教育训练部、装备部、防卫部、调查部、人事部、监理部共 7 部 22 课组成。海军参谋部由监察官、首席法务官、首席卫生官和技术部、装备部、调查部、防卫部、人事教育部、监理部共 6 部 21 课组成。空军参谋部由监理监察官、首席卫生官和技术部、装备部、调查部、防卫部、人事教育部、总务部共 6 部 20 课组成。

八、韩国国防部

国防部是总统统率武装力量的最高行政机构，主要负责制定国防政策和军队建设计划。国防部下辖参谋长联席会议，国防部长官的军令权通过参谋长联席会议主席实施。参谋长联席会议统帅三军本部（陆军本部、海军本部和空军本部），是全军作战最高指挥机构，参谋长联席会议主席在国防部长的直接领导下指挥三军作战部队。参谋长联席会议主席不仅在战时或遇有紧急情况时有权直接下达作战指令，参与国家安全保障会议，向总统汇报情况和提出决策性意见，而且能决定三军种参谋总长推荐的军级以上指挥人选。参谋长联席会议设 1 名上将级主席和 1 名中将级副主席。

九、越南国防部

国防部既是越共中央军事党委的办事机构，又是越军的最高军事行政机关。国防部长为中央军事党委常务副书记，主持军委日常工作。中央军委、国防部下辖总参谋部、总政治局、总后勤局、总技术局、国防工业经济总局，分别负责全军的军事指挥、政治思想教育、后勤供应、技术保障、军工及生产经营、情报搜集与服务。

十、印度国防部

印度国防部是政府内阁部和国家最高军事行政领导机构，全部由文职人员组成，具有全面的国防执行权，即军事行政权与军令权。该部门是联系最高决策机构与三军司令部、海岸警卫队等武装部门的枢纽，主要负责制定国防政策、管理国防经费、战争动员、指导武装力量建设、组织国防生产与装备采购以及进行国防科研等。国防部长是最高行政长官，直接向总理负责。国防部下设三类机构：一是本部常设机关，如国防局、国防生产与供应局和国防科研局等；二是相关委员会，如国防部长委员会、国防研究与发展委员会和国防生产与供应委员会等决策咨询机构；三是负责处理三军共同事务的跨军种组织，如综合国防参谋部、国防财政处、军事工程处等。

国防部长委员会由国防部长任主席，吸收国务部长、三军参谋长、国防秘书、国防财政顾问和有关单位负责人参加。主要职能是制定有关三军建设、民防、空防、边海防政策，处理有关陆海空三军作战、情报、安全方面的事务，讨论、决定国防计划及军种间的重大事项。下设若干与军队工作直接相关的委员会，如参谋长委员会、国防电子委员会、首席人事官委员会等。

参谋长委员会由三军参谋长组成，主席由任职时间最长的军种参谋长担任，直接向国防部长负责。该委员会主要负责协调三军的有关事宜或解决一些共性问题，并就国防政策、国防生产和其他有关军事问题向国防部长委员会提出建议，并通过它就需要由内阁研究决定的重大问题向内阁政治事务委员会提出建议。下设10个分委员会，分别处理有关三军联合作战、计划、训练、通信、情报、电子战、装备政策和国防计划等方面的统一与协调事务。

综合国防参谋部，是参谋长委员会的办事机构，负责指挥和协调陆海空军作战组织计划、训练等相关事务，2001年成立。印度实行三军分立制度，三军的参谋长是本军种的最高指挥官，在国防部长领导下，有独立的指挥本军种的权力。因此综合国防参谋部不具备其他国家总参谋部的权力，仅起到协调三军的作用。

印度陆、海、空三个军种司令部是各自军种的最高指挥与行政管理机构。各军种司令部的主官为军种参谋长。陆军参谋长配有3名副参谋长协助工作。其中两名分别负责第1和第2参谋局的作战指挥和兵种业务领导，另一名负责军兵种协同等工作。海、空军设两名副参谋长。军种参谋长通过所属军区司令部对部队实施作战与控制。印度三军无统一的作战指挥机构，平时三军统一的作战指挥权直属内阁总理，通过内阁秘书处和国防部行使作战指挥权。战时通常授权主要军种参谋长实施统一指挥。在战区内实施三军协同作战时，成立包括其他参战军种的联合作战司令部和联合作战中心，其任务不是全权指挥参战部队，而是组织各参战军种的作战协同，各军种的具体作战行动仍由各军种指挥系统实施。2001年底，印度组建了国防参谋部，并在部分国防领域和防区实现了统一指挥，并将逐步建立三军联合指挥部，以取代目前各自独立的指挥体制。

战略部队司令部是印度近期成立的军事部门，引起世界尤其是周边国家的高度关注。2003 年 1 月 16 日，印度政府正式批准由 22 名国家安全委员会顾问提供的《核原则草案》。根据这份《核原则草案》，印度成立了核指挥部和战略力量指挥系统——战略部队司令部，统辖印度三军所有的核武器以及导弹设施，同时具体负责制定核战略。印度成立的战略部队司令部将是核力量的控制机构，其核指挥机构由政治委员会和执行委员会组成。政治委员会是唯一有权下令使用核武器的机构，主席由总理担任。执行委员会由总理国家安全顾问领导，负责向前者提出建议以及执行命令。这标志着印度已经建立了比较完善的由"政治委员会"决策、"执行委员会"下达命令、"战略部队司令部"管理核武器和核部队的核力量指挥控制体制。

十一、巴基斯坦国防部

国防部是贯彻执行内阁防务委员会决议的最高军事行政领导机构，主要负责保证巴武装力量的战备水平和状态，并定期审核防务计划。国防部首脑为部长，但主持日常工作的为国防部秘书长。国防部下设国防局、航空局、联合参谋局、情报局、陆军局、海军局和空军局等。

巴基斯坦武装部队实行三军分立制度，三军参谋长拥有各自军种的作战指挥权。参谋长联席会议是三军作战指挥的协调、咨询机构。主要职能是：向政府就国防问题提出专业性建议，准备联合作战计划，定期检查评估军队的规模、建制和作用，制定军备和新武器的引进计划，解决军种间预算和行政管理方面的问题。其成员有三军参谋长和国防部秘书长，任期 3 年，委员会秘书由联合参谋局局长担任。参联会每月至少召开一次会议，参联会有 5 个主要的下属委员会，即联合作战计划委员会、联合训练委员会、联合后勤计划委员会、防空委员会和电子战委员会，但真正的职能单位只有一个，即国防部联合参谋局。

联合参谋局是巴高层防务组织中一个地位独特的机构。隶属巴国防部，同时又是参联会的下属机构。因此具有双层隶属关系。该局局长由巴军将领（一般为中将）担任。联合参谋局由计划、训练和后勤三个部门组成，分管联合战略计划、国家后勤、联合作战条令、与外国协同训练、军种间行政管理的具体问题、军种间行动的协调、主要武器系统的引进以及三军经费分配的预算建议等方面的事宜。平时，联合参谋局是参联会主席的总部，对部队没有实际的指挥与控制权，但战时，该局则变成巴高层防务组织指挥全国作战的国家作战指挥中心。

十二、以色列国防部

政府的一个部和最高军事领导机关，负责兵力动员、军费开支、军工生产、国防科研、装备采购等军事行政事务。部长一般由文官担任，战时可行使军队总司令职权。国防部下辖采购及生产局、研究开发局、国防管理局、人力资源部、国家紧急状态委员会、国防审计局等职能机构。

总参谋部是最高军事指挥机构，总参谋长为最高军事指挥官，直接对国防部长负责，负责军队的训练和战时的作战指挥。总参谋部在军事问题上有重大建议权。内阁在研究国家安全、战争以及危机处理等问题时，一般都要充分听取总参谋部的意见，总参谋长是军事情报和决策建议的主要提供者，其意见和建议对决策有重大影响。下辖陆、海、空三个军种司令部和北部、中部、南部三大军区和后方司令部。总参谋部机关设有作战、情报、计划、人力、后勤五大部。空、海军司令部指挥下属的基地和部队。陆军司令部仅负责所属部队的训练、装备和管理工作，其作战由总参谋长通过总参作战部直接指挥。军区负责所属部队的管理、训练和指挥作战。战时，建立前线指挥部，负责作战指挥。后方司令部负责整个后方的民防和安全等事务。

十三、澳大利亚国防机构

澳总督为武装部队名义总司令。国防部为军队行政管理机构。国防委员会为三军最高决策机构，主席由国防部长担任。国防军司令为国防部长的首席军事顾问。国防部的主要职能是：负责制定国防政策（包括民防在内）；向国防部长提出有关国防的咨询与建议；协调与执行澳大利亚已定的国防政策；指挥澳大利亚军队。国防部辖皇家海军、皇家空军和陆军，所属重要机构还有国防信号总署、国防联合情报局等。

十四、埃及国防机构

埃及总统为武装部队最高统帅，而最高军事决策机构则为国防委员会，由总统兼任主席。武装部队总司令由国防部长兼任。最高军事指挥机构为总参谋部，统辖各军种、军区和军团。最高统帅和总司令通过总参谋部指挥全军。

十五、南非国防机构

国防部为政府中的一个部，是最高军事统帅机构，国防部长负责处理军队日常事务。国防秘书协助国防部长工作。国防军司令部隶属国防部，负责全军的作战、指挥和军事训练等。总统通过国防部和国防军司令部对全国武装力量实施领导和指挥。

十六、加拿大国防机构

加拿大武装部队由英国女王任命的总督为名义上的总司令，实际上总理是其最高统帅；国防部长直接负责军事工作。国防参谋长负责作战指挥。

国防委员会是加拿大最高军事决策机构，由国防部长任主席，其成员由国防部副部长、军事科学研究委员会主席、国防参谋长和国防副参谋长等组成。

国防部为内阁中的一个部，由文官和军人组成，是最高军事行政和指挥机构，负责人事管理、经费分配、武器装备采购、武装力量建设等工作。国防参谋长是国防部长的最高军事顾问，在内阁决策下，国防部长通过国防参谋长领导和指挥全军。国防参谋部内设有地面部队（相当于陆军）、海上部队（相当于海军）、空中部队（相当于空军）司令部，以及通信保障、征兵与训练、预备役等部门。

十七、墨西哥国防机构

总统参谋部秉承总统意图负责协调国家安全和军事问题，就武装力量的建设前景及其在平时、战时的使用提出建议，组织协调国防部和海军部的工作。总统参谋部由一名准将领导。

国防部和海军部分别为政府中一个部，是最高军事行政机关，也是最高军事指挥机构。国防部领导和指挥陆、空军；海军部领导和指挥海军；总统府参谋长负责指挥总统警卫部队（系墨西哥军队的主力——机械化步兵旅）。三者之间没有隶属关系。总统通过国防部长、海军部长和总统府参谋长统辖国家武装力量。长期以来，墨军基本上没有对外作战任务，主要担负维护国内安定、防止和镇压国内可能出现的动乱和游击队活动等任务。

十八、巴西国防机构

1999 年 8 月，巴政府将原海、陆、空三部合并，成立国防部。武装部队的最高指挥机构是武装部队最高指挥部，成员有武装部队参谋长及陆、海、空三军部长和参谋长等人，秘书长由总统府军事办公室主任担任。武装部队总参谋部负责贯彻执行国防安全政策，拟订有关三军联合作战训练、实力编制等具体实施计划。

第二节 比较分析

考察上述国防机构的国别情况，可以发现各国国防部及总参谋部的诸多异同，并可以根据差异归并为几种基本的模式。

一、各国国防部比较分析

世界各国大都设有国防部。在政府主要部门，如外交、内政、财政、司法、经济部中，各国国防部的差别也许是最大的，它既可能是政府机构中权力最大的一个部，也可能只是管辖实际事务很少的一个部。明显的差别使各国国防部呈现三种易于区别的类型：一是全权国防部；二是行政权国防部；三是民政权国防部。

1. 全权国防部

所谓全权国防部，是指全面负责国防事宜，包括国防行政、军队行政和军事指挥的国防部。英、德、美、俄、以色列等国的国防部都属于全权国防部。

英国国防部是“全权国防部”的典型和先驱。第二次世界大战中，英国的战时内阁成为一种成功的军事统帅体制，其特点就是内阁文官对战争和各军种的全面掌控。战后，英国于 1947 年成立国防部，1964 年推行“蒙巴顿改革”，将陆、海、空三个军种部并入国防部。首相通过国防部长掌握最高作战指挥权。三军的日常管理事务分别由“国防会议”领导下的陆、海、空军三个委员会负责，其主席均由国防大臣兼任。

美国1949年设立国防部时，其权责有限，三军的指挥权在三军参谋部。第二次世界大战期间美军陆海军参谋部就各自为政，成为严重的战争教训。战后由于利益关系，三军分立、三军参谋长权重的情形依然如故。1957年底，苏联第一颗人造地球卫星发射成功，促使美国国防体制做出了历史上最大的改变。《1958年国防部改组法》使国防部长掌握了作战指挥权，在财会、人事、科研、后勤等方面均有重大的实权。建立了以国防部长为首的作战指挥和行政管理两大系统：在行政管理方面，国防部长通过三个军种部对全军实施行政领导。在作战指挥方面，国防部长通过参谋长联席会议对各联合司令部和特种司令部及所属部队实施指挥，减少了国防部通向各个海外战区的中间指挥环节，由国防部长直接对各联合司令部行使指挥权，在指挥系列中取消各军种部长、军种参谋长这两个环节。“各军种的参谋长们则发现自己被排除在作战指挥程序之外了。现在的程序是，从总统到国防部长，再到各主要司令部的司令官。”⑫

俄罗斯国防部是由苏联国防部发展而来。苏联国防部成立于1953年3月，直到苏联解体。在其37年的历史中，苏联国防部的职责限于军队行政管理和民政方面的国防事务，战略筹划和作战指挥权则在总参谋部，国防部与总参谋部分立。俄罗斯独立后，于1992年3月成立国防部，其职责范围继承苏联国防部模式。由于俄国防部和总参谋部职能重叠，形成了共管军队、互相争权的局面，两届国防部长和总参谋长在此问题上都引发了不小的风波。经过充分酝酿，俄罗斯2004年7月开始对军队领导指挥体制进行新的重大调整。其中，最令人瞩目的是调整国防部和总参谋部的职能与相互关系，改组国防部、总参谋部和部分军种司令部的机构。俄于2004年6月通过《国防法》修正案，删除了“国防部长通过国防部和总参谋部对武装力量实施指挥。总参谋部是对武装力量实施指挥的主要机关”的条款，重新明确国防部长对军队的指挥地位，规定总参谋部主要负责谋划军事斗争准备，不再承担行政管理职能。7月，普京解除任职长达7年之久的总参谋长克瓦什宁的职务，任命原第一副总参谋长巴卢耶夫斯基为总参谋长，从人事安排上消除了国防部对总参谋部实施指挥的障碍。8月，俄颁布新的《国防部条例》，详述了国防部的新职能，明确规定“武装力量直接隶属于国防部长”；将国防部的性质由过去笼统的“中央军事管理机关”改为“武装力量指挥管理机关”；将过去“通过总参谋部”指挥军队改为国防部“直接或通过军区”指挥军队。《俄罗斯联邦武装力量总参谋部条例》改由国防部长而非总统批准。这表明总参谋部将不再拥有管理军队的权力，而国防部的地位进一步提高，国防部长将成为武装力量管理体制中的关键人物。通过调整改革，国防部长的权力得到大大加强，成为军政军令一把手，实现“文官控制”；而总参谋部将真正成为国防部的一个下属部门，不再履行行政职能，剥离总参谋部的行政管理职能。2006年上半年，外事局、第8总局和第12总局相继脱离了总参谋部，总参谋部下属机关只保留了作战、情报、组织动员、通信、测绘和电子对抗等与作战密切相关的6个部门。调整之后，总参谋部在军队建设方面只负责确定军事建设的优先方向、组织落实一些重大的军事建设措施，已不再负责具体的军事行政管理工作，因此筹划作战的职能进一步突出。长久以来的俄罗斯国防部与总参谋部的对峙局面将终结，俄军总参谋部作为武装力量指挥机构的时代可能宣布结束。

德国宪法——《基本法》规定：和平时期联邦国防部长对武装力量有命令权和指挥权，但自防御状态公布时起（即战时），武装力量的指挥权和命令权转移给联邦总理。作为平时军队的最高首长，国防部长根据联邦总理提出的政策方针，通过其直接下属总监察长及陆军、海军、空军监察长和卫勤监察长、武装力量基础部监察长对全军实施领导、管理和指挥。

日本防卫省长官秉承首相之命，通过陆、海、空军参谋长（幕僚长）统帅三军，领导、管辖和指挥陆海空自卫队。

其他属于全权国防部的还有以色列、比利时、捷克、爱尔兰、意大利、荷兰、波兰、葡萄牙、阿根廷、智利等。

全权国防部是一个历史的产物。在世界范围，国防部的产生晚于陆军部、海军部，也晚于总参谋部。在国防部出现的早期，原有的军事部门维持着自己的权力，使国防部处于被架空的状态。如美国 1947 年设立国防部之初，“不是一个集权的‘统一体制’，只是第二次世界大战期间那种模式的联合组织。国防部只有少量的工作人员，只拥有一般的协调权。他成了各有一套人马的三个军种部的人质”。[13]军事部门多头的情况，在 20 世纪几乎是各个国家都有的情况，统一军事机构成为许多国家军事体制和政府架构改革的课题。如西班牙于 1984 年 1 月内阁通过改组国防部的法令，将陆、海、空三军种并入国防部，此外，国民警卫队和高等国防情报中心也隶属国防部。全权国防部在这一历史进程中逐渐形成，它在最高统帅的领导下，将所有军事权力收归自己。它改变了高层军种分立、军令和军政分轨、国防民政事务和军事事务分离的历史局面，建立了统一的国防领导体制。

全权国防部有许多优点，对于集中开发和利用国防资源有积极意义。但集权也有集权的问题，也有内在的矛盾。对西方实行文官治军的国家来讲，国防部集权可能导致文官对军事的过度介入，容易遏制总参谋部、各军种部军事作用的正当发挥。对实行军官治军的国家来说，国防部长权力过大，对政权是一个威胁，需要总参谋长、各军种司令等人的分权制衡。正是由于这些原因，全权国防部在相当多数的国家没有实行。三军独立体制，军令军政分立（国防部与总参谋部分立）体制，国防民政事务和军队事务并立（国防部与武装部队司令部并立）体制在许多国家都可以看到。

2. 行政权国防部

所谓行政权国防部，是负责军事行政的国防部，包括民政方面的国防事务和军队行政事务。行政权国防部与全权国防部的最根本区别在于：它没有作战指挥权。作战指挥权属总参谋部、联合参谋部等机构，总统（国王、总理等）通过国防部长管理军队和国防，通过总参谋部指挥战争。军权在国防部与总参谋部之间分割。

指挥权属于总参谋部的国家很多，如苏联和 2004 年以前的俄罗斯，都是国防部与总参谋部对峙的局面。再如法国，宪法规定，国防部为内阁的一个部，国防部长在总理领导下负责防务工作。最高军事指挥机构为三军参谋部。总统分别通过国防部和三军参谋部对全国武装力量实施领导和指挥。比利时平时由国防大臣领导武装力量，国防部是军队的领导机关。战时由内阁首相指挥，总参谋长行使军事指挥权。意大利以国防部（文官）为首，组成国防参谋长和国防秘书长分别主管军事和后勤的“双轨制”。国防参谋部和陆海空军参谋部为作战指挥机构。土耳其总参谋长是武装部队最高指挥官，管辖各军兵种司令部；国防部是同参谋部合作的最高行政机构。

与全权国防部相比较，行政权国防部为更多国家所采纳。这些国家将军事指挥权交给总参谋部，交给军事将领，而不是国防部。这其中主要的原因是由于战争需要专业的军人来指挥。文官对军队的控制是20世纪许多国家的政策走向，但在多数国家文官的控制主要限制在国防行政。即便是实行全权国防部、强调文官权力至高无上的美国，行政管理与军事指挥两权区分的动力始终存在，国防部与参联会关于军事指挥权的划分不断变化。如尼克松政府针对越南战争后国防部膨胀、参联会的军权过大，甚至公开反对政府的新政策等问题，解除参联会的作战指挥权，设立国防部副部长，直接负责作战指挥。到了卡特、里根时期，情况又出现反复。文官控制面过宽，军事部门权力受多方限制，成为新的问题和改革对象。卡特取消了主管作战的国防部副部长，恢复了参联会主席的职权，指定参联会主席为国防部长在作战方面的代理人，负责指导和监督各联合总部和单一军种司令部的工作。《1985年国防部改组法案》进一步规定参联会主席在国防部长的领导下，可代表各战区司令官就作战问题提出建议和意见，界定了参联会主席与各战区司令的指导关系；1986 年 9 月 11 日，国会通过《戈德华特—尼科尔斯国防部改组法》，规定参联会主席是总统及国防部长的主要军事顾问，可就重大问题直接向总统汇报，连任期从 2 任延至 3 任。至此，参联会的权力达到前所未有的高峰。国防部长和参联会主席代表了文官和军官两个集团，两者的权力平衡代表了美国文官治军和指挥效率两种观念的冲撞和调和。

还有一种制度规定也使国防部失去军事指挥权，那就是战时总司令体制。如瑞士宪法规定：平时军事部长以联邦委员会的名义领导全军；战时由联邦议会选出 1 名上将级将军担任总司令，指挥全军作战，但联邦委员会仍是最高统帅机构，向总司令发布命令。战争时期对军事将领的依赖，会使行政权国防部比全权国防部更有存在的可能。

此外，有些国家实行三军分立，各军种的指挥权属于军种参谋部，其上没有全军统一的指挥机构。这些国家的国防部当然也就无指挥权可言。印度、巴基斯坦就属于这种情况。在三军分立的国家，三军参谋长，特别是陆军参谋长权力巨大，有指挥调遣陆军的权力，不受国防部的钳制，对国家政局影响巨大。

3. 民政权国防部

所谓民政权国防部，是指仅负责民政方面国防事务的国防部。这类国防部不管军队的行政，更不染指作战指挥。其权力之所以如此受限，是因为权力另有归属。凡设立武装部队总司令部、国防军（或其他称谓军队）总司令部的国家，军队行政和指挥权归总司令部所有。

战争期间，一些国家设军队总司令及其总司令部，如美国独立战争时的大陆军总司令华盛顿，俄土战争和俄法战争时的俄军总司令库图佐夫等。这些国家在战后即撤销军队总司令部，将军队交文官政府管辖。但仍有一些国家在和平时期继续设立武装部队总司令部或国防军总司令部，维持平战一体的军事统帅体制。如丹麦，既设国防大臣，又设国防司令、国防参谋长。国防司令是平时武装部队最高指挥官。芬兰，既设国防部长，协助总理负责民政方面的国防活动，又设国防军司令，负责军事方面的国防活动。挪威，内阁通过国防大臣掌握全军，最高作战指挥机构为国防军最高司令部。瑞典设三军总司令，是负责军队作战指挥的最高军事指挥官，直接对政府负责。希腊设武装力量总司令，三军司令设于总司令之下，同时设国防部，负责国防行政。匈牙利设国防军司令，国防部长由军人改为文职。文职和军人分头负责。阿尔巴尼亚设人民军总司令。除了北欧，南美也是这一体制盛行的地区。如洪都拉斯设武装部队总司令，负责指挥全军；总司令由国民议会任命，任期三年，只有国民议会以 2/3 的多数票才能予以免职，不由内阁任命，与内阁国防部属于两套军事系统。秘鲁设武装部队联合指挥部，主席由三军司令轮流担任，是最高军事指挥机构，等等。

另外，与其他机构合署的国防部，大体上也属于民政权国防部。如卢森堡外交、外贸、合作和国防部；埃及国防与军工生产部；伊朗国防与后勤部；印度尼西亚国防与安全部；加蓬国防、安全和移民部；坦桑尼亚国防和国民服务部；莱索托王国国防、国内安全、农业、合作社和销售、公共服务、青年和妇女事务、食品管理部；卢旺达国防与安全事务部；马里国防与国家安全部；毛里求斯国防、国内安全、新闻、机构改革和对外关系部；南非国防与通讯部；多米尼加国防、内政和警察部。这种合署的情况，一是发生在政府规模较小的国家，国防事务通常与国内安全事务或军工后勤事务划归一个部门管理，以减少政府机构数量，减少行政成本。此外，合署的形态凸显这类国防机构的民政色彩。

民政权国防部存在的行政学基础是社会分工和社会领域划分，国防与军队是可以区分的两个概念和两个社会领域，因此国防部和军队司令部有同时存在的必要。民政权国防部存在的另一个背景是，这些国家军队和军官在社会生活中扮演比全权国防部国家更重要的角色。他们没有文官至上的原则，没有将军队置于政府文官部门之下的信条。

以上分类只是大致情况的区分。划归同一类的国防部仍然有很大差别，例如有些行政权国防部在有些时期也可能参与部分军事指挥，一些民政权国防部也可能在某些时期介入军队的管理。各个国家设置和权限划分时常变动，各部门权限有时还受到长官个人影响力的大小而有所消长。尽管有这些因素存在使得区分模糊和困难，但大体的区分还是存在的。

二、各国总参谋部比较分析

总参谋部是高级军事机构，几乎各国都有，或称国防参谋部、参谋委员会、参谋本部、参谋长联席会议、三军参谋长联合委员会等。形形色色的名称反映了不同的机构性质；有些国家即便同名，其隶属关系、职责权限也可能存在差异。由于总参谋部（或类似机构）是各国近现代最具特色的军事机构。因此，了解分析各国总参谋部的区别，是了解研究外国军事的重要一步。

1. 幕僚部与参谋部的区别

国内习惯将英文 General Staff 翻译为中文“总参谋部”，这是不准确的，会产生很多误解。Staff 本意是“全体工作人员、全体职员”，General Staff 按本意应译为幕僚总部、军官团等。译为汉字“参谋部”是日本当时的译法。这一译法来自日本对普鲁士军队 General Staff 的研究，经老毛奇改造的普军“General Staff”，其主要职能是负责战争筹划，制定动员和作战计划，具有智囊库、参谋团的作用。由此日本军事译者将其译为汉字“参谋部”，并传入中国。这一译法准确地表达了普鲁士军队 General Staff 的性质，很传神。但各国军队的 Staff 并不相同，多数 General Staff 都不具备普鲁士总参谋部的典型特征，而是所有幕僚军官的集合。普鲁士总参谋部只是特例，只能是 General Staff 的特殊译法，而不应成为普遍译法，不是所有各国军队的 General Staff 都可以或适宜译作“参谋部”。

词语的使用通常是约定俗成。总参谋部的译法已有一百余年，这种以特殊译法代替普遍译法的情况还会继续下去。但在将 General Staff 都译为总参谋部的时候，却有必要在理论上分清一般幕僚部性质参谋部与普鲁士模式参谋部的区分。

（1）幕僚部性质的总参谋部

欧美总参谋部在早期都是幕僚部，扶助军事统帅组织、管理军队。如1640年，勃兰登堡——普鲁士大选侯弗里德里希·威廉在组建部队时，仿效当时倍受推崇的瑞典军队，组建了一个军需总监部，属于非固定编制的军官团，担负工兵勤务、选择行军道路和宿营地、构筑阵地等任务，负责管理一些技术性的辅助勤务。到弗里德里希大王时代，军需总监部又增加了传令、为行军部队指路，以及为将帅们起草报告和文书的任务。在第一次瓜分波兰的作战中和1778年的巴伐利亚王位继承战争中，军需总监部又接受了后备部队的计划和领导工作，成了国王的得力助手。“然而，军需总监部并不是一个固定的编制单位，当时的‘总参谋部’同现在的总参谋部根本是风马牛不相及。它指的是那些直接为最高统帅服务，但并非固定编制在团队里的军官们的总称。”[14]与普鲁士军制相近，奥匈帝国设总军务司令部。1701年俄国彼得一世首次设置军务总监，1711年确定了总军务部的编制。美国在1813年设置了总参谋部，下设测绘部、军需部、军械部、医疗部、采购部、副官长、检察长、军法官、牧师等。它是陆军部长的办事机构。总参谋部的设立使陆军部长摆脱了许多事务性工作，可以有更多的时间和精力来制定军事政策，指挥部队行动。

早期欧美参谋部的传统在许多国家一直延续下来，他们的总参谋部始终署理军事行政，后来模仿普鲁士才增加了作战计划和指挥。还有些国家既设国防参谋部，又设总参谋部，其中国防参谋部是国防部长的办事机构，处理民政方面的国防事务和军队行政，并不涉及作战事务，没有下属的作战参谋和指挥部门，如瑞典、挪威、新西兰等。[15]这种国防参谋部是典型的文官组成的幕僚部，英文为 Defence Staff，中文译为参谋部实在勉强。德、日参谋部在二战期间是典型的普鲁士模式参谋部，战后也有了一定变化，向着幕僚性质转变。德国也不再设总参谋长，而设与总参谋长近似的总监察长。总监察长为德军第一军人（军衔最高）和政府的首席军事顾问，在国防部长领导下负责对全军实施业务领导和监督，但不具有指挥权。总监察长更具军政性质，而参谋长则更具作战责任。更具意味的是日本，现今军事机构的汉字名称已改为幕僚长联席会议、陆上幕僚监部、海上幕僚监部、航空幕僚监部等，而不再用参谋部等汉字。日本采用幕僚部而不用参谋部，有模糊世界视听、松懈世人对其军国主义危险警惕的作用，但也看出在日本人的认识中，幕僚部与参谋部是有差别的，是对其旧时译法的修正。日本人终于看到，Staff 的职责不仅限于“参谋”。

（2）普鲁士模式的总参谋部

尽管多数国家的总参谋部属于幕僚部性质，是主要从事军事行政的机构，是军务、军需、人事、医疗、作战计划和其他各项业务的综合部，但历史上毕竟出现过一些主要从事战争计划和作战指挥的军事机构，“拟订动员和进军计划的工作，这已属于典型的总参谋部勤务”。[16]这将这些机构译为总参谋部是恰当的。典型的就是 19 世纪下半叶和 20 世纪上半叶的普鲁士—德国总参谋部。

普鲁士的总参谋部从早期军需总监部发展而来，1821 年正式启用“总参谋部”这一名称。由沙恩霍斯特和格奈泽瑙等人领导的“军事改革委员会”，在由军需总监部发展成为总参谋部过程中做出了巨大贡献。沙恩霍斯特提建议组建一个“军队总参谋部”，下设4个处。分别负责战略战术、军队内部事务、补给、炮兵和弹药事务。首任总参谋长冯·米夫林元帅任职期间建立了相应的机构；发展了沙盘作业；强调战史研究；加强了对邻国军队的观察。米夫林的继任者威廉·冯·克劳泽内克将军除继承前任工作外，还考虑过铁路的作用。毛奇的前任卡尔·冯·赖赫尔将军注重对总参谋部军官的培养和选拔。他规定，从事总参谋部勤务的军官必须在普通军事学校学习三年，在测绘局工作三年，夏季从事野外测绘勤务，冬季从事军事科学工作。在赖赫尔与战争部长博因的合作下，总参谋部的特殊地位逐渐显露出来：总参谋部军官可以在总参谋部内晋升；自1843年起总参谋部军官的军服有了有别于其他军兵种的特殊标志。

普军总参谋部的真正辉煌是由1858年9月18日出任总参谋部参谋长的毛奇创造的。毛奇曾指出：“有一些统帅，他们不需要任何建议，而是自己审慎权衡，自己定下决心，其幕僚只是负责将其决心付诸实施。但这只是对伟人巨匠而言，这种人几乎数百年才出现一个。绝大多数情况下，一支军队的指挥官总还是少不了咨询，这种咨询通常是一批或多或少的人共同思考的结果，他们的学识和经验使他们有能力做出一个正确的判断。”[17]他已认识到由于军事技术的进步和复杂化，以及作战人员的急剧增加和作战地域的扩大，军队有一个统一的计划、指挥机构对于取得战争的胜利具有重大意义。在任总参谋长期间，毛奇根据战争的需要，对总参谋部进行了重大改组。他将总参谋部编为3个处，分别负责3个战场，分别赋予组织、训练、动员和展开工作的职能。增设一个军事科学处，将全军最优秀的历史学家和测量、统计、地形测绘专家集中到该处，使总参谋部，同时也使战争这个一直为贵族所垄断的领域，被科学家所占领。此外，为适应新技术和新形势的需要，增设了一个铁道处，1869 年正式编为第 4 处，该处在作战中发挥了巨大作用。1875 年，毛奇将野外测绘勤务交由一名直属于总参谋长的“野外测绘主任”统管，使总参谋长得以集中全力于军队的动员和展开工作。毛奇的种种努力使总参谋部在战争中发挥了军队大脑的职能。在他任总参谋长期间，普鲁士进行的三次战争，基本上是在与对手势均力敌、甚至在某些方面处于劣势的情况下获胜的。胜利主要归功于指挥，归功于有一个由出色的总参谋长领导的出色的总参谋部。

在德国统一战争中和战争后，普鲁士—德国总参谋部的组成、编制、任务等已成为成功的模式和欧美许多国家与军队纷纷效法的样板。美国就是追随者之一。美国内战后，一些军事家积极要求改革，如著名的埃默里·厄普顿在《美国的军事政策》等书中总结了美国军事体制的弊端，提出军队应建立德国式的参谋部，由受过高等军事教育的军官组成，主要职责是准备陆军的组织方案和制定作战计划。参谋部不受文官领导和政府行政干预，完全由军方领导，行动自由、效率高、专业化强。厄普顿倡导的参谋部不同于此前的参谋部，不再是各局局长聚在一起开开会的会议组织，而改为一个实体的部门机构。1899 年任陆军部长的伊莱休·鲁特深受厄普顿思想的影响，领导了世纪初的军队“管理革命”。他同意厄普顿关于参谋部的建议，提高参谋长的军事责任。1903 年，美国制定了《参谋部条例》，规定参谋部的职能是："为国防和战时动员军事力量而制定计划，调查所有有关陆军效率及军事行动准备状态的问题，并提出报告，对陆军部长、将军和其他高级指挥官提交职业的援助和帮助，协同各军种军官，监督参谋长及执行总统签署的其他法令。"[18]以参谋长代替原来的陆军司令，建立起从总统经过陆军部长到参谋长的指挥系统。1917 年 5 月 12 日国会通过法律，规定"总参谋长应有高于陆军一切军官的显赫地位"。[19]

在今日世界，受普鲁士—德国影响较大，主要职责为战争计划、组织和控制的总参谋部有美、英、法、以色列等国的总参谋部。他们的职责较单一，机构精干。与此配套的是庞大的国防部，承担了大量的军队行政和民防方面的国防事务。

一个国家或军队选择幕僚部还是普鲁士模式参谋部，与这个国家和军队的战争政策有关。战争立国，企图从战争中获得独立、扩张的国家和军队，有必要设立普鲁士模式总参谋部，需要施利芬那样的总参谋长，几十年如一日，心无旁骛，专心制定其"施利芬计划"。而不寻求或暂时不寻求战争利益的国家，日常繁忙的军政事务使其总参谋长没必要也不可能像施利芬那样专注于一个战争计划。这就是由机构的不同性质和责任造成的差别。

2. 有无指挥权的区别

纵观历史和现今的各国总参谋部（或类似机构），按有无作战指挥权而论，又可以划分为两类：多数总参谋部都没有作战指挥权，无论是上述军政军令合一的幕僚部还是单一军令的参谋部。多数总参谋部是统帅部的一部分；少数总参谋部本身就是统帅部。多数总参谋部是指挥机关，居于其上的有最高指挥官，如总司令等；少数总参谋部是指挥机构，总参谋长就是最高指挥官。法国是总司令体制的代表；德国是总参谋长体制的代表。

(1) 总司令—总参谋长体制（法国模式）

回顾近现代战争历史，我们可以看到，指挥法军作战的都是总司令。如法国元帅霞飞在第一次世界大战爆发后出任法军总司令，指挥了马恩河、索姆河和凡尔登战役，1916 年因凡尔登战役法军损失惨重而辞职。继任者为尼维勒。贝当 1917 年 5 月接替 R·G·尼维勒任法军总司令。第二次世界大战爆发后，出任总司令的是甘末林，1940 年 5 月因德军经阿登地区突入法国北部而被解职，魏刚接任。总参谋长在总司令麾下，负责协调、咨询、顾问、联络、监督等辅助指挥工作，不具有独立指挥的责任和权利。只有总司令才有作战指挥权。如霞飞在战前 1911 年任法军总参谋长，主持制定对德作战的“第 17 号计划”。第一次世界大战爆发后兼任法军总司令，才获得指挥全军的权利和责任。

属于总司令— 总参谋长体制的国家很多，如奥地利、荷兰、阿尔巴尼亚、蒙古、伊朗、斯里兰卡、缅甸、孟加拉、巴林、埃及、卢旺达，贝宁、莫桑比克、尼日利亚、苏丹、加纳、塞舍尔、肯尼亚、叙利亚、埃塞俄比亚、圣多美、南非、突尼斯、扎伊尔、津巴布韦、智利、玻利维亚、巴拉圭、秘鲁、苏里南、厄瓜多尔、特立尼达多巴哥等。[20]在这些国家，总司令是最高指挥官，总参谋部是总司令的从属机构，总参谋长是属官，而不是军队的长官。

总司令—总参谋长体制的一个变种，是在文官治军的国家实行“国防部长—总参谋长体制”。作战指挥权在国防部长，而不在总参谋长。今日的美、俄都属于这一类国家。这些国家的国防部是全权国防部，全面负责国防事宜，包括国防行政、军队行政，也包括作战指挥。在这些国家，总参谋部的专业性较强，权力则在与国防部的角逐中逐渐式微。考察美国参联会60年的历史和最近俄罗斯军事体制改革的对象，都可以看到这一点。

（2）总参谋长体制

在德国历史中，我们看到了另一种现象，就是战争由总参谋长指挥。如老毛奇1857—1888年先后任普军和德军总参谋长，先后在普奥战争、普法战争中指挥普军获胜，为实现德意志统一做出重大贡献。普奥战争“是在欧洲战史上第一次由处于第二位的、负责计划和作战的参谋长所取得的伟大胜利，而不是由一位传统意义上的统帅和总司令取得的”。[21]在老毛奇之后，1906—1914年任德军总参谋长的小毛奇在第一次世界大战中指挥马恩河战役，失败后被解职。法尔根汉战前任国防部长，1914年9月接替小毛奇任德军总参谋长，先后指挥了佛兰德、伊普尔、戈尔利采、凡尔登等战役，1916年8月因德军在凡尔登战役损失惨重而被解职。兴登堡接替法尔根汉任德军总参谋长，负责东西两线的战略指挥，直至1918年11月签订停战协定。

德国总参谋长至尊地位来源于沙恩霍思特的观念：“和平时期制定战略进军计划者，在战时也必须是最高指挥者，他可以在必要时对最高统帅施加影响。”[22]同时，又来自老毛奇的成功实践。

此前，从 17 世纪起，总参谋部这一组织以各种不同名称和组织形式在普鲁士存在，但一直处于辅助位置，无权对军队实施指挥，这种状况与欧洲其他各国相同。直到对丹麦的战争胜利后，总参谋部的作用显现出来。1866 年 6 月 2 日，普鲁士国王颁布命令，授予毛奇以指挥军队的全权，宣布总参谋长与战争部长保持平行关系，从而使总参谋部第一次成了全军最高的、具有实权的指挥、协调机构。这开创了普鲁士军事史上第一次正式由总参谋长指挥作战行动的先例。毛奇以他个人的超凡才能赢得国王的高度信任，从而使总参谋部获得军队的指挥大权，将普鲁士总参谋部推向全盛。在他之后的施利芬、小毛奇，都因袭着他的成果。

今日世界上，有不少军队是总参谋长一统天下，其渊源都与毛奇的总参谋部有关。这些国家有印度尼西亚、刚果、马里、韩国、马来西亚、巴基斯坦、比利时、意大利、西班牙、澳大利亚、新西兰、以色列、土耳其等。[23]这些国家不设总司令，其国防部也不是全权国防部，而是行政权国防部或民政权国防部，没有作战指挥权。这就造成了总参谋部一家独大的局面。这些国家的总参谋长的权势和在国家政局稳定中的作用，都是其他国家总参谋长远远不能相比的。这些国家的总参谋长是军事统帅，其他国家的总参谋长只是副官属员。更有甚者，中非共和国规定，参谋长是军队统帅，由总统兼任。摩洛哥国王任最高统帅兼参谋长，多哥共和国总统为武装部队最高统帅、总司令、总参谋长和国防部长，其中总参谋长才是真正权力所在。在上述国家里，还有部分国家，如印度尼西亚、韩国、马来西亚、韩国，不仅全军由总参谋长统帅，各军种也由军种参谋长统帅，不设军种部长或司令。此外，还有三军分立的国家，如印度、巴基斯坦，没有总参谋长，三军各设一个参谋长，都有对本军种的作战指挥权，都是军事统帅。特别是陆军参谋长权力巨大，有指挥调遣陆军的权力，对战争和国家政局影响巨大。印度历史上只有1人被授予元帅军衔，就是在第三次印巴战争中指挥印军的陆军参谋长马尼克肖。巴基斯坦总统穆沙拉夫任总统后长期兼任陆军参谋长，其军制原因就在于陆军参谋长是拥有实际兵权的军事统帅。

总参谋长体制通常在有军事贵族传统、军人社会地位较高、军事集团在社会和政坛影响较大的国家。普鲁士总参谋部就是军事贵族集团的沙龙，国王放权总参谋部，既是对毛奇和以毛奇为代表的一批专业参谋军官才能的信任，也是对军事贵族利益集团的迁就，这种迁就愈演愈烈，“从兴登堡和鲁登道夫体制时期的军事独立性，以及他们的‘无言专政’中，就已经看出这种倾向的严重后果。自1916年起，帝国不再由皇帝操纵”。[24]这一情况在希特勒上台后发生了变化，1938年希特勒成立国防军统帅部，作为直接隶属自己的军事参谋部，根据希特勒的指令全面负责德国的防御准备工作。陆军总参谋部自毛奇以来80年的传统地位和职权由此处于了一个微妙和尴尬的位置。二战爆发后，德国的战争不再是总参谋长指挥的战争，而是希特勒与国防军统帅部指挥的战争。希特勒出身下层军官，既要代表下层军官的利益，又不能忽视军事贵族集团，才导致了军事贵族把持的德军总参谋部逐步边缘化的状况。

对军官集团存有担心的政治人物和集团，都不会支持总参谋长指挥军队的制度。尽管各国军人都对普鲁士—德国型总参谋部充满仰慕之情，但这一模式在文官治军的国家很难移植。上文提到，美国内战后以厄普顿为首的一批军人，曾想建德国型总参谋部，但在整个美国历史中，在历次陆军总参谋部与陆军部权力角逐、参联会与国防部权力角逐中，陆军部和国防部更多地得到总统和国会的支持。

3. 参谋委员会与参谋部的区别

委员会与部、局，是不同的机构组成形式。前者采取主席、委员制构成，后者采取长官、部属构成；前者的职责偏于政策协调，后者的职责偏于执行、管理。各国参谋机构也有委员会与部、局的区别，是各国军队指挥体系差别的重要标志，值得认真体察。

多数国家实行参谋部体制，而美国、日本、韩国、巴基斯坦、澳大利亚、挪威等少数国家实行参谋委员会（会议）制度。其中尤以美国参谋长联席会议为代表。

美国的参谋长联席会议是在二战中设立的，是在学习英国参谋体制，并与英国合作中形成的。“英国人在制定联合战略计划方面掌握主动，由于他们跨军种的准备工作做得好，常常凌驾于美国人的意见之上。……美国军种的分裂状况与英国军种的统一相比，变得更加不能容忍。”[25]为了协调美英各军种的战略行动，美英建立了盟国参谋长联席会，于 1942 年 1 月 23 日举行首次会议，美国出席盟国参谋长联席会议的成员，组成了美国自己的参谋长联席会议，成员包括美国总统的首席参谋和三军参谋长或作战部长。后来美国总统的首席参谋以会议主席的身份参加。这一机构逐渐定型，成为现在的参谋长联席会议。

美军参谋长联席会议制度很快遇到严峻挑战。朝鲜战争中，麦克阿瑟掌握了朝鲜战争的指挥权，之所以能大权独揽，一是他个人威望和形象，另一个重要原因是华盛顿通过参谋长联席会议，而不是通过国防部来控制他的行动。参谋长联席会议作为一个联盟式的结构，在同强有力的指挥官打交道时表现软弱是必然的。朝鲜战争中美国国防部长在战略和指挥方面的不足，被美国认为是其朝鲜战争失败的一个原因。1957 年底，苏联第一颗人造地球卫星发射成功，再次促使美国国防体制做出改变。改变之一就是加强参联会和主席的权力。“改革后，参谋长联席会议主席获得了对参谋长联席会议事务的表决权。”[26]参联会从没有主席到设主席，从主席没有否决权到具有否决权，已经走了三步，逐渐强化起来。1986 年 9 月 11 日，国会通过《戈德华特——尼科尔斯国防部改组法》，规定参联会主席是总统及国防部长的主要军事顾问，可就重大问题直接向总统汇报。参联会主席的权力是：仲裁各军种参谋长的分歧，指导国防采购计划、国防预算、战略计划、作战及联合演习计划、训练条令、军官晋升政策，审阅人事报告等。至此，参联会的权力达到前所未有的高峰。

尽管美国参联会的权力呈现一个逐步上升的趋势，但在美国文官治军的体制下，上升空间有限。从总体上讲，与其他大国参谋机构相比，美军参谋长联席会议还是一个弱势机构。美国在二战后也曾想设立一个强势的、统一的总参谋部，来指挥陆、海、空三军，但没有成功。《杜鲁门回忆录》记载，时任总统杜鲁门于 1945 年 12 月 19 日向国会提出咨文：“应该建立一个统一的国防部，……设国防部总参谋长一人。”[27]此后陆海军两大利益集团经过两年的扯皮终于部分达成一致，在1947年的《国家安全法》中终于决定设立统一的国防部，但总参谋部却流产了，继续维持二战时期的参联会。美国是一个联邦制国家，各个利益集团，包括陆、海、空三军，都喜欢和习惯用联合的方式，用委员会的方式解决他们之间的合作问题。

选择参谋委员会还是选择参谋部，与国家政体有一定关系。实行中央集权制的国家，倾向于设立强于统一管理的参谋部；而实行分权制、联邦制的国家倾向于设立长于协调关系的参谋委员会。参谋委员会这一机构在中央集权的国家难以发挥应有作用。如在巴基斯坦，设立三军参谋长联席委员会，仅负责三军事务的计划和协调。参联会主席的军衔和地位低于陆军参谋长。再如日本，第二次世界大战后按照美国模式于1954年成立参谋长联席会议（日称统合幕僚会议）。2006年3月27日，日本防卫厅宣布正式废除参谋长联席会议，取而代之的是统合幕僚监部，即总参谋部。日本军衔最高的将军之一先崎正出任日本三军首任总参谋长，统领三军作战指挥。日本自卫队一直实行三军分立的制度，参谋长联席会议只是在“国家有事”时对三支自卫队统一指挥，平时只是一个闲职。参谋长联席会议主席也只是辅佐首相和防卫厅长官。随着日本自卫队不断向海外派兵，驻扎伊拉克，参与太平洋海啸救灾等国际行动，日本军方认为已有的参谋长联席会议已经不能满足日本自卫队统一行动的需求。三支自卫队迫切需要一个“统帅”统一指挥，即“总参谋长”。在新的“统合运用”体制下，日本军队指挥体制将发生很大变化。总参谋部从原来的附议机构变成指挥机构。以前海、陆、空三支自卫队参谋长要分别向防卫厅长官报告，在新的体制下，三支自卫队参谋长将向总参谋长负责。日本这次由参谋委员会向参谋部的改变，从政治上讲，是日本新扩张战略使然，从军事行政学角度考察，是从生搬美国模式向本土模式的回归。

第三章

各国内政部（或类似机构）比较

第一节 国别情况概述

多数国家由内政部主管国内安全事务（英、法、德、俄、印度、新加坡），少数国家则由司法部（如美国、瑞士）主管。还有一些国家设公共安全部（越南、加拿大）、国土安全部（美国）等专管国内安全事务。各国情况如下：

一、各国主管国内安全行政事务的内政部（内务部）

1. 英国内政部

内政部正式成立于1782年。可以说是一个“杂务”部。它不像其他很多部所主管的事务具有单一的性质。首先，内政大臣被称为“女王与她的臣民之间的联系渠道”，英王的大部分诏书都必须由他副署才能生效。他主管呈送英王的各种呈文和诉状，并且只有他认为必要，才将这些文件转呈英王。其次，内政部还对下列事务负责：管辖王室领地的海峡群岛和马恩岛；负责侨民的管理；决定和提出引渡逃犯的请求；拟订下院及地方议会的选举法令，登记选民和监督选举；颁发新加封贵族的贵族特许状；准备授予荣誉称号仪式的工作；批准地方当局制定的地方性法规；监督有关工厂、商店、赌博和娱乐场所、坟地、麻醉品、尸体解剖、爆炸品和其他类似事项法令的执行。

除了以上任务，内政部作为国家镇压和维持统治的最直接的工具，其重要的任务是管理警察和监狱事务，维护法律与秩序。内政部和内政大臣在这方面的职权是：直接管辖伦敦首都警察；确定整个英国地方警察的编制和配备（因为地方警察经费的一半是由中央政府提供的，故能够进行控制）；批准警察主管当局对警察局长、副局长和助理局长的任命；确定首都警务区的警察首脑及其直接下属的人选，并报请女王任命；管理国家监狱及郡市的监狱（在英格兰和威尔士，内政大臣基于议会授权可以设置监狱，收集刑事制度执行情况并通知法庭。监狱政策则由内政部监狱司通过监狱总监领导下的机构和各种人员加以执行。在苏格兰和北爱尔兰，监狱的管理分别由苏格兰事务大臣和北爱尔兰事务大臣负责）；处理罪犯，包括少年犯，负责缓刑和罪犯释放后的监督；组织民防，管理消防事务；担负不由大法官处理的部分司法职责，如组织治安法庭、创制刑法草案，任免书记官和有薪俸的裁判官，任命检察处长，并制定刑事诉讼费用的规则。此外，内政大臣还负责向英王提出对罪犯赦免的建议。

内政部设有下列机构：警政司，警务督察署，刑事、缓刑和安置司，消防和警察司，边防署，广播、社区计划、平等机会司，移民和国籍司，监狱司，编制、财政和综合司。内政部有工作人员2万多名。内政部是英国警察的最高权力机构，它不仅直接管辖着伦敦警察总局，而且还对地方各郡警察机关有决定编制、人员配备及分配经费等权力。各郡警察局要向内政部报告工作，并接受工作检查。

2. 法国内政部

法国内政部主要负责管理社会治安事务；管理全国警察和公安事务；办理选民登记和监督选举等民政事务；与总理联名提名共和国专员（即省长）名单呈请总统任命；任命共和国专员的主要助手。

下设政治事务与领土事务司和国家警察总署。其中政治事务与领土事务司主要职责是领导各省的政治情报处、管辖各省的公安事务、监督市长和地方政府的工作。国家警察总署下设公安司、司法警察中心司、情报司和领土监视司。后两个司主要从事收集政治情报和反间谍工作。警察总长领导全国10多万警察部队。

3. 德国内务部

联邦内务部是联邦政府主管内政事务的机构，在联邦政府内具有重要地位。其主管范围广泛，主要职能是负责国内治安、边防和海关的保卫；一般非战争性质的民事防务；领导准军事组织等事务。内政部控制着联邦边防军、国内警察和其他一些机构设施，还负责社会管理的职能，户籍管理、民政事务和环境保护、公务员、机构编制、移民、文化、新闻、体育、警察、救灾等。之所以管理范围广泛，是因为德国实行联邦制，政府大量的事务交由州和地方政府办理。

内务部在安全方面的工作任务是：反对左、右翼激进主义，反对仇恨外国人的恐怖主义及暴力行为，保障国内安全；承担反间谍任务和警察事务；保障情报技术安全；保障欧洲内部安全和技术设施安全；承担移民事务等。根据德国基本法第30条，警察事务和警察法属各州基本事务，联邦内务部只在特殊领域内行使权力，如情报工作、边防警察、联邦警察事务和跨地域犯罪、打击有组织犯罪等，特别是贩毒和恐怖主义活动。

内政部的机构设置与其他各部基本相同，部下设司，司以下设分管司，分管司以下设处。各司包括警察事务司、内部安全司、民防事务司、联邦情报技术安全局、联邦宪法保卫局、联邦刑事局、联邦承认外国难民及移民事务局、联邦边防队等。

4. 俄罗斯内务部

苏联解体后，俄总统下令接管其领土上所有苏联内务部机关、机构和团体，与俄内务部系统进行合编，组建了新的联邦内务部。它是联邦公共安全的执行权力机关，在宪法和联邦法律规定的总统权限范围内服从联邦总统的领导，同时也接受联邦政府的领导。主要职责是：负责实施与保障个人和公民权利及自由相关领域的国家管理，维护法制，保障社会安全；组织和采取措施防止和制止犯罪和职务违法行为，揭露和调查犯罪活动；完善有关内务部机关和内务部队工作的规范性法律基础，保障其工作的合法性；参加与恐怖主义和走私做斗争、保障联邦国家边境安全的活动；参与维护紧急状态和战争状态时的联邦境内或联邦相关地区内的法律秩序；参与联邦地区防务工作，与联邦武装力量和其他军事组织共同保障联邦的国防安全等。联邦内务部部长和第一副部长经联邦政府总理提名，由联邦总统任命和解除职务。

内务部下属的主要机构有：内部安全总局、法律总局、刑侦总局、反有组织犯罪总局、反经济与税务犯罪总局、社会秩序保障总局、国家道路交通安全监察总局等。除中央机关外，内务部在全国共设有7个联邦区内务总局，89个联邦主体内务部（局）。目前，俄内务部约有警察64.9万人、文职人员9.44万人。内务部部长对俄罗斯联邦的所有警察机构实施领导。

俄罗斯内卫军是内务部领导的社会治安力量，1994年由内卫军总局升格为内卫军总司令部。内卫军的编成：作战兵团和部队、特种摩托化兵团和部队、警卫国家重要目标和专用物资的兵团和部队、航空部队、海上部队、侦察部队、特种部队、行动保障机构等，编为七个内卫区，总员额17万人左右。内卫军的任务是：协助俄联邦内务部机关维持社会秩序，保障社会安全和紧急状态下的法律秩序；参与俄联邦领土防御；协助俄联邦边防军部队保卫俄联邦国界。

5. 印度内政部

内政部的职责分为民事管理和安全管理两部分，民事管理部分设有人事和管理改革局、少数民族委员会等。安全管理方面设有情报局和边境保安部队、边境警察部队、国家安全卫队等一系列机构和部门。印度边境保安部队和边境警察部队除负责治安和边境防务外，还通过边境巡逻、特务派遣和技术情报侦察等手段来搜集周边国家的战役战术情报。国家安全卫队 1985 年成立，绰号“黑猫”，总部设在新德里，主要任务是对付国内恐怖活动，编制 7500 人，训练和作战效能仿效英国特别空勤团。在 2008 年 11 月孟买恐怖袭击中，该部队是主要反恐力量之一。

6. 新加坡内政部

负责维护内部安全、法制和秩序、侦察和预防犯罪，应付内部紧张状态和民间防空，管制毒品、刑罚、消防救灾、移民、身份证、出生、死亡、社团等事务。主要机构包括警察部队、内部安全部、民防队、货币管理局、中央麻醉管理局、移民局、国民注册局、出生死亡登记局、武术管制处等。警察部队包括总部和八个警察局以及交通管理局、水上警察局、保安处、警察后备队、警察训练学院、国民警卫队等。警察总监是警察部队的最高首长。

7. 韩国内务部

主要负责地方行政，安排公民表决、归化、国内应急计划以及保护公民的生命财产、国民登记等。下设企划管理室、地方行政局、地方财务与经济局、地方税务局、中央民防学院等。国家警察厅也由该部指导和主管。

二、各国主管国内安全行政事务的司法部

1. 美国司法部

美国内阁部之一，部长享有阁员地位，是美国最高检察官。

司法部任务是保障法律的施行，维护美国政府的法律利益和保障法律对美国所有公民都平等。

1789 年美国创立了检察官这个职务，初期并非全日性职务，任务是为美国国会和总统提供法律咨询。随着美国政府扩大，这个职务的工作量也不断扩大，1819 年时已不能以主要精力继续充当国会和政府的法律顾问了。1870 年美国国会决定建立一个司法部，部长仍然是最高检察官，但在最高法院代表美国政府处理法律纠纷的任务交给新设立的副部长。

司法部部门设置：联邦调查局、联邦监狱管理局、国际刑警组织美国国家中央局、执法官局、司法管理局、反托拉斯局、没收资产审批局、司法统计局、烟酒枪械炸药管理局、民事局、民权局、社区警务服务局、社区关系服务部、刑事局、麻醉品管制局、环境和自然资源局、国家毒品情报中心、国家刑法参考案例服务部等。

2. 瑞士司法部

司法部是瑞士联邦主管公安、司法和检察工作的机构，受联邦委员会领导，下设主要机构有：联邦司法局、联邦警察局、联邦检察总署、联邦知识产权局、民防局、土地整治局、外侨局、私人保险局等。其中联邦警察局负责制定有关交通、外国人入籍、避难以及司法互助等方面的法规，还负责接待难民，向难民提供保护。联邦检察总署主要责任是进行侦察，并对违法的公职人员或犯有新闻罪、充当外国雇佣军罪、伪造货币和进行恐怖活动等罪行提起公诉。为此，将原属联邦警察局的国际警务中心办公室转归该署。此外，还负责印发“瑞士侦察通报”。

3. 日本法务省

法务省是执行有关司法行政事务的行政机关，其任务是：掌管有关检察、行刑、赦免罪犯、对罪犯进行感化的工作；有关国家利益的争讼事项；有关国籍、户籍、居民登记、人权保护、出入境的管理以及外国人的登记；根据《防止破坏活动法》的规定，限制非法团体等。下设民事、刑事、矫正、保护、讼务、人权保护、入国管理等局。保安调查厅是日本法务省下属的情报机构，搜集有关国家共产党、国内在野党的情报，监控执政党内部的派系斗争，还搜集外国特工的反间谍情报，为保卫国家宪法制度提供反侦察保障。其对象是以日本宪法禁止的方式达到自己目的的极端主义组织、政治急进党和运动。

三、各国国内安全行政事务专管部（总局）

1. 美国国土安全部

“9·11”事件后，为了保护本土免遭恐怖袭击，美国于2003年成立了危机管理的综合指挥协调机构——国土安全部。这是继1947年成立国防部、中央情报局和国家安全委员会以来美国成立的最大的政府部门。

成立国土安全部就是为了建立一个高度权威的国土安全机构，以协调各政府机构涉及国土安全的事务，减少内耗、提高工作效率。此前美国有数以百计的政府机构肩负着美国本土安全责任，但没有一个负责牵头的部门，致使各安全部门之间缺乏合作与协调，职能分散。例如负责搜寻、救援和执行相关海洋协议的海岸警卫队，由主要负责道路、铁路、桥梁和空运的交通部管辖；美国海关总署防止走私，隶属于美国财政部，而财政部的主要任务也不是国土安全。此次成立国土安全部就是要统一协调和领导保卫美国本土安全的各个部门，防止针对美国的恐怖袭击，提高美国本土对恐怖主义的应对能力，一旦受到攻击，尽可能减小损失并尽快得以恢复。白宫认为，成立国土安全部使美国变得更加安全，因为原本处于竞争状态的各政府部门现在可以加强合作和协调。但是，也有一些专家认为，把22个政府部门的17万多员工合并到国土安全部可能需要几年时间。这些机构有不同的数据库和电脑系统，有不同的人事制度，有不同的政策目标，而且这些目标并不完全和国土安全相关。

国土安全部的主要职责是保卫国土安全及相关事务，使美国能够更加协调和有效地对付恐怖袭击的威胁。该部主要负责四方面的工作：一是加强空中和陆路交通的安全，防止恐怖分子进入美国境内；二是提高美国应对和处理紧急情况的能力；三是预防美国遭受生化和核恐怖袭击；四是保卫美国关键的基础设施，汇总和分析来自联邦调查局、中央情报局等部门的情报。

2002年7月16日，美国公布了其历史上第一份《国土安全国家战略》报告。该报告将国土安全的战略目标确定为六大类：建立优良的情报与预警系统；从根本上革新边界和运输安全系统，改革移民机构，建立“智能边境”；加强国内反恐怖主义措施，将防止和制止恐怖分子在美国境内活动规定为国内执法部门的首要任务；保护关键基础设施和重要资产，制定国家基础设施保护计划，并确保网络的安全；预防核生化灾难性威胁；建立一个统一的全国紧急反应体系。为实现这些目标和任务，就必须对国家安全机构进行重组。此次国土安全部的建立正是这种重组的结果。

根据承担的主要职能，国土安全部划分为四大业务司：

情报分析与基础设施保护司。负责分析来自其他部门（包括中央情报局、联邦调查局、国防情报局和国家安全局）的有关威胁国家安全的情报和信息，全面评估关键基础设施应对恐怖主义的能力，充分发挥信息分析、预警和综合监控作用。下设部门有：联邦计算机事故应对中心、全国通讯系统、全国基础设施保护中心、能源安全和保障计划等。

科学技术司。职责是利用所有的科学和技术优势来保护美国国土的安全。重点负责对付大规模毁伤性武器威胁和集团性恐怖主义行动。现有部门包括化学、生物、放射性或核武器对策计划，环境测量实验室，全国生物武器防御分析中心，普拉姆岛队伍疾病中心等。

边境与运输安全司。接管了原属司法部的移民局、原属财政部的海关总署等。主要负责管制边境、防止恐怖分子和爆炸物进入美国，并与州和地方主管单位合作，保护联邦和地方的基础设施。具体地说就是负责监视美国同墨西哥、加拿大的边境线、15万千米的海岸线以及所有港口和机场。包括以下部门：美国海关署、移民与归化署、联邦防护署、运输安全管理局、动物植物卫生检验署、国内准备办公室等。

紧急事态准备与反应司。能源部下属一些特别任务组也归国土安全部管辖。主要负责监视国内灾难准备训练，协调政府各部门的灾难反应。联邦紧急事务管理署是根据 1979 年《第 12127 号行政命令》成立的，是一个直接向总统负责、报告并处理国家紧急事务的独立政府机构。

此外，还有两个直属机构——保密局和海岸警卫队。

在职能分工上，国土安全部与美国中央情报局和联邦调查局为合作关系，各自独立开展业务，但中央情报局和联邦调查局要把资料交给国土安全部进行分析研究。根据《国土安全法案》，国土安全部部长还可以成立顾问委员会，吸收其他情报部门及独立人士参加，以获取有关国土安全信息并做出分析判断。

对于国土安全部与其他政府部门、各州及民间机构的关系，《国土安全法》也做出了规定：以上四个领城内涉及国土安全的政府职能基本上由国土安全部负责，但也设立了一些特殊条款，保留了其他政府部门的部分特殊职能。如入境签证工作由国土安全部负责，但国务卿有权根据外交需要拒绝给特定人员发放入境签证。

在保卫国土安全问题上，国土安全部与国防部也是合作关系，双方将根据规定实现有关信息的共享。国防部负责军队建设与防务的全局问题，新成立的北方司令部负责本土的反导、防空以及为国土安全部、联邦调查局等非军事部门提供军事援助等；国土安全部则综合负责非军事领域的国土安全事务。在计算机网络安全问题上，国防部与国土安全部都有相对应的机构，职能上有相同之处，但各有侧重点：国防部负责更大范围的全面的网络攻防，国土安全部侧重于本土重要信息设施的防御。

2. 俄罗斯国家安全总局

俄联邦国家安全总局的前身是原苏联国家安全委员会（克格

勃）。1991年12月3日，苏联总统戈尔巴乔夫签署《国家安全机构改组法》，解散克格勃，并在此基础上分别成立了苏联跨共和国安全总局和苏联中央情报局（现俄联邦对外情报总局）。苏联解体后，俄罗斯接管了苏联跨共和国安全总局，将其与俄联邦安全总局合并，组建了俄联邦安全部。1993年12月21日，叶利钦又签署命令解散安全部，组建联邦反间谍总局。1995年4月，联邦反间谍总局改组为联邦安全局。2004年7月11日，普京总统签署有关改组国内情报机构的法令，将联邦安全局、对外情报局和联邦保卫局合并，成立国家安全总局，并明确规定国家安全总局将担负苏联时期克格勃的所有职能。

2003年6月30日颁布的俄联邦安全总局条例规定，俄联邦安全总局的职责是调查、预防和制止俄联邦所面临的安全威胁，并向总统、总理以及他们指定的联邦国家权力机关和联邦主体国家权力机关通报安全威胁。联邦安全总局担负的主要任务有以下几项：一是开展反侦察活动。制止国外情报机关和其他特工部门的侦察活动，以及某些危害俄联邦国家安全的活动，对抗国外的技术侦察，保守国家秘密。二是开展打击犯罪和反恐行动。与其他联邦国家权力机关协同开展打击有组织犯罪，贪污受贿，走私，洗钱，偷渡，倒卖武器弹药、爆炸物、毒品、麻醉品，以及政治极端主义活动，其中包括旨在组织武装暴乱、以暴力改变宪法制度、以暴力占领或挟持国家政权机关的非法武装、犯罪团伙及某些个人的活动，打击恐怖主义和反社会势力，查处行政违法案件，参与行政违法案件的调查与审理，保障国防工业综合体、核工业与能源设施、运输及通信设施的安全。三是根据《对外情报法》开展情报活动。负责搜集与保障国家安全有关的各种情报。四是保障边防安全。负责组织边防机关和部队保卫和警戒俄联邦国界、内海、领海、专属经济区、大陆架及大陆架自然资源，保护专属经济区内珍贵回游鱼种，检查过境人员、车辆、商品及动植物，组织边防机关和部队监督境内外人员遵守边境制度和边防检查制度的情况，以及遵守俄联邦内海、领海、重要经济区、大陆架立法的情况，此外还担负保护动物种群及其栖息地的任务。五是保障信息安全。包括使用工程技术和密码等手段保障信息和电信系统的安全，保障俄境内保密通信及其他专用通信系统及通信机关的安全，监督俄联邦无线电频率及通信诸元的使用，侦察和制止在俄联邦领土上蓄意干扰和危害俄国家安全的无线电电子辐射活动，对无线电电子辐射设备进行登记和管理，保证俄联邦境内和驻外机构的信息与通信系统以及其他专用通信设施的密码及工程技术安全。

联邦安全总局由一名局长和若干名副局长组成最高决策层，每名副局长兼任某一部门的领导工作。联邦安全总局在各联邦主体共设有 77 个地区安全局。

反侦查活动是联邦安全总局的首要任务。下属相关部门有：反间谍局、反恐怖局、经济安全局、宪法安全局、分析预测与战略规划局、军事反间谍局、侦察局、调查局、内部安全局、行动保障局、条约法律事务局等。对外情报总局、政府通讯和信息局是并入国家安全总局的相对独立的机构。

3. 越南公安部

越南公安部是一个十分重要的部门，曾几易其名，历任负责人都是党内要员。最初叫公安部，1975年改称内务部，2000年又分成公安部和内务部。公安部专管国内安全。

越南公安部是越南的主要情报和反间谍保安机关，它属于越南政府系列。其主要任务是：负责搜集国外政治、经济及重要军事情报，对外进行间谍情报活动，以及反间谍工作；控制国内政局，维持社会治安，注意党内、国内动态，同一切危害国家安全的言行作斗争；负责党内领导人的警卫工作，负责对要害部门的安全保卫；执行越共中央政治局所交给的特殊任务。

该部的组织机构设置共有8个局6个厅：政治保卫局，负责搜集国家安全情报，对外国驻越机构和人员进行跟踪、盯梢、监视，也对国内某些人进行严密的监视和控制；谍报局，又称派遣局，负责对外间谍情报活动，协调各情报机构工作，主要利用外交、外贸、交通、邮电和其他一些政府部门对国外进行政治、经济、外交等方面的情报搜集和分析；内部保卫局，主要负责安全保卫和特别任务；外线局，反间谍保安机构之一，它主要从事对国内的侦察对象和驻越南的外国人员的跟踪、盯梢等侦察活动；刑侦局，负责刑事案件的侦破。此外，还有文化社会局、经济保卫局、交通警察局。6个厅是技术厅、培训厅、机要档案厅、组织人事厅、办公厅、刑事教改厅。其中技术厅是负责技术侦察活动的专门机构，负责对国内外书信的检查，电话窃听，截获空中外交电讯，伪造证件和侦察技术鉴定等。

4. 巴勒斯坦安全总局

1994年5月，根据巴勒斯坦民族权力机构与以色列签署的关于在加沙和杰里科实行自治的《开罗协议》，巴正式成立了巴勒斯坦安全总局。在《开罗协议》中，该机构被称为“巴勒斯坦警察”，而其正式名称是“巴勒斯坦警察部队董事会”，但这两个名称都“名不符实”。事实上，巴安全总局是一个伞状型组织，它不仅包括警察部队，还拥有情报组织，负责维持和协调巴勒斯坦安全部门之间的关系。

巴安全总局有两个总部，分别位于加沙地带和约旦河西岸，各自独立运作。它下辖9个行政部门，分别负责培训、后勤、通讯、财政及政治行动等。在具体行动方面，巴安全总局负责10个部门之间的协调。其中的警察机构有民事警察部队，也称“蓝色警察”和隶属于军事情报部的军事警察。

巴勒斯坦安全机构最为突出的特点是部门分散，且很多部门职能重叠，因而很难界定各部门的不同功能。例如：其中有8个机构负责从事情报搜集及对付反对派的活动。各部门责任范围相互交叉、责权不明，不但造成相互扯皮、工作效率极低，还经常导致彼此间的矛盾冲突甚至骚乱发生。如何协调好各机构之间的关系，做到在推进改革的同时避免权力斗争引发内乱，对巴领导人来说无疑是一项艰巨的挑战。

5. 加拿大公共安全部

2004年4月加拿大政府宣布，政府增拨6.9亿元经费，建立新的国家安全机制来对抗恐怖主义威胁，在确保国家安全的同时也保证加拿大不会成为恐怖分子袭击美国的基地。公共安全部是全国打击恐怖主义行动的最高领导及协调机构，加拿大皇家骑警、加拿大情报局及海岸防卫队由公共安全部直接领导。加拿大移民部及海关内涉及国家安全的部门也由公共安全部指挥。同时，加拿大公共安全部全面加强同美国国土安全部的沟通与合作，不让恐怖分子把加拿大作为袭击美国的基地和桥头堡。新的安全措施包括对入境者及新移民的安全检查、对国内可疑人士的侦察及与美国共享有关机密情报等。

第二节　比较分析

上述各国内政部、司法部、公安部等机构，都承担国内安全事务的管理责任，多数都是内阁部，即政府中重要的部，部长是阁员。除了这些共同点，在职责范围、机构组成、权力等方面还存在不少差别。由其中根本性差别而在世界范围形成若干基本模式。

一、国内安全事务管理体制的两种模式

欧洲国家、英联邦国家及受英法影响的其他国家，实行以内政部管理国内安全行政事务的“一部主管体制”。美俄等国则实行“多部、局共管体制”。

实行“一部主管体制”的国家，多是政府架构比较传统的国家，这一体制已经有几百年之久。在这一体制中，内政部既管理警察事务，又管辖情报机构，还负责海边防、重要设施和部门警卫、紧急事态救援等，是一个国内安全的总管部门。“9·11”事件后，恐怖主义威胁加剧，反恐任务也纳入该部。由于内政部管

理范围过大，难以实施直接管理，其管辖的警察、情报等机构都有相对独立的权限，成为准部级的机构。

美国出于其分权的治国理念，将国内安全事务分别交由联邦若干部和各州政府负责，警察事务由司法部和州政府分别管理，中央情报局独立；救灾、事安全、重要设施保卫等分属联邦政府其他部。“9·11”事件立国土安全部，以反恐为主要责任，接管了救灾、海事安全、重要设施保卫等原属联邦政府其他部的业务。于是形成今日美国司法部、国土安全部、中央情报局、各州警察和国民警卫队等多部、局共存的局面。

俄罗斯也是由多个部、局共管国内安全，如内政部主管警察事务，国家安全总局主管情报工作和海边防警卫，紧急情况部主管民防和紧急救援等。这些机构互不隶属，分工负责。

“一部制”和“多部制”都有面临的困难：“一部制”遇到的最大问题是安全事务量过大，一个部长难以应对。随着各种非传统安全威胁的陆续出现，以应对传统威胁见长的内政部体制受到越来越大的挑战，分别设部以应对不同威胁的需求越来越大。但对这些传统国家而言，改变“一部制”，设立多个行政权力部门，又是与他们限制权力部门，尤其是限制权力部门长官入阁的价值观相违背的。“一部制”可以保证文官对警察、情报等机构的领导，实行“多部制”后，等于让这些权力部门的独立和专业官僚入阁，会危及文官统治制度。

“多部制”遇到的主要问题是部际协调问题。美国成立国土安全部就是由于此前安全机构过多，难于协调，才拼装出这么一个超大机构。但它仍然没有将情报机构和警察机构并入，与情报、警察机构的合作仍将是国土安全部的难题。

二、各国内政部的三种类型

内政部是近代国家政府机构中最古老的机构，几乎每个国家都有内政部。但各国内政部的差别很大，甚至还有进一步扩大差别的趋势。就目前各国内政部的性质和职责，从世界范围考察，分几种情况：

1. 英国型：兼负民政与安全责任的内政部

英国内政部正式成立于1782年。作为国家镇压和维持统治的最直接的工具，其最主要的任务是管理警察和监狱事务，维护法律与秩序。其次，还负责选举事务；批准地方法规；管理侨民事务；维护法律和社会秩序。军情五处从军事部门分离后，也挂在内政部名下，从事国内反间谍工作。美国“9·11”事件和全球性恐怖主义威胁加剧后，反恐也成为内政部的主要职责。

以英国内政部为摹本的国家很多，如纳米比亚、突尼斯、几内亚、肯尼亚、卢旺达、奥地利、比利时、保加利亚、捷克、丹麦、芬兰、法国、德国、希腊、匈牙利、意大利、荷兰、波兰、葡萄牙、罗马尼亚、西班牙、阿根廷、玻利维亚、厄瓜多尔等。这些国家内政部的共同特点是管理范围广泛，兼管治安和民政。在维持社会治安方面，辖有警察和其他治安机构。如伊拉克内政部负责战后十分困难的国内治安，辖有警察部队、特警部队、公共秩序部队等。意大利内政部长领导民事保护、国内安全、情报部门以及全国宪兵、警察总长。法国内政部下设国家警察局、情报部门以及负责边境事务机构。古巴内政部辖有安全部队。在管理民政，维护平民的权益方面，也需要设立诸如平民土地、财产、身份管理的机构。德国内政部的管理范围非常广泛，除承担国内治安、边防和海关的保卫、一般非战争性质的民事防务、准军事组织等事务外，还负责社会管理的职能，涉及公务员、机构编制、移民、文化、新闻、体育、警察、救灾等。新加坡同样将防灾救济、民防和紧急事态处置作为内政部的职责，所辖新加坡民防部队作为国家民防计划的一部分，成立于1982年，是国家紧急预案处理的先头部队，承担着提供消防、救护、营救、强制执行消防安全法规等一系列职能，是隶属于内政部的独立部门。

英国式内政部的历史最为悠久。早期政府规模较小，国家事务可以大致分为内政、外交两部分，分设两个部就大致可以覆盖政府的管理范围。其中，内政部管理民生与安全。之所以将这两部分管理责任合二为一，与英国治国的观念有关，它不像大陆性国家那样重视统治性、镇压性机构与民生福利性机构的区分，相对而言对镇压工具的依赖程度较低。此外，英国是一个习惯沿袭传统的国家，这是全责民政部能够沿革200年的重要原因。但任何机构设置所面临的难题始终是管理面过宽还是过窄，管理内容之间是否直接相关。英国内政部长期作为一个杂务部存在，对其管理业务过宽始终不够介意。但是近期随着恐怖主义对国内安全威胁的增加，延续200年的内政部也到了需要变化的时刻。2007年5月9日，英国内政部一分为二，改为内政部和司法部两个独立部门。新的内政部专门负责反恐、安全、移民等英国目前面临的主要安全问题。新成立的司法部则负责管理监狱、缓刑和宪政事务。突出内政部的安全责任角色，是其他许多国家走过的历程，贯守传统的英国在连续遭受恐怖袭击后，也被迫开始了这一进程。随着政府机构规模的增大和专业化程度的增强，预计全世界英国式的内政部将会减少。但其最初的行政管理思想，即视治安事务为民事之一的思想，警察既是安全机构，也是民生机构的思想，以文官治警的思想却有着永久性的价值。

除了社会治安事务从内政部分离出来，另一个分离趋势是将原属内政部的民防、紧急事务处理等也分离出来，另设部门另行管理。如俄罗斯在内务部、国家安全总局之外，成立了紧急情况部，成为又一个强力部门。随着国内安全问题增加和复杂化，各国，尤其是大国的国内安全机构呈现多部门化的趋势，离英国式的内政部渐行渐远。

2. 苏联型：仅管理社会治安事务的内政部

以强制性手段维护社会秩序，是这一类内政部的主要职责，与此无直接关系的事务，都不在内政部的管理范围之内。与英国式内政部相比，其管理范围较窄，专业性更强。如苏联克格勃，1953 年时的名称即为内务部。现俄罗斯内务部是联邦公共安全的执行权力机关，所设主要机构有：内部安全总局、法律总局、刑侦总局、反有组织犯罪总局、反经济与税务犯罪总局、社会秩序保障总局、国家道路交通安全监察总局等。内卫军是内务部领导的社会治安力量，任务是协助俄联邦内务部机关维持社会秩序，保障社会安全和紧急状态下的法律秩序；参与俄联邦领土防御；协助俄联邦边防军部队保卫俄联邦国界。

受原苏联影响的国家设有近似的内务部。如朝鲜设社会安全部，不用内务部的名称，其职责范围类同于苏联式内务部。在这一类内务部里，就其职责范围的大小，还可以进一步分出两类：一类是承担国内安全全责的内务部，如前苏联内务部（克格勃），既包含警察机构，也包含对内甚至对外情报机构。另一类则是仅负责警务，以警察力量维护社会治安的内务部，不负责对内情报、反间谍等事务。当前俄罗斯内务部就是这样的内务部。俄罗斯实行多部门分工合作以保障国内安全的体制，内政部仅是其中的一个机构，其他安全机构还有联邦安全总局（辖边防军）、内政部（辖内卫军）、紧急情况部（辖民防军）等。属于这一类内政部的国家还有：纳米比亚设内政部与安全部；立陶宛设内政部和国家安全局；以色列内政部下辖警察总局，同时国家另设国内安全总局。

内政部在国家安全和政权角逐中扮演重要角色，特别是内政部武装，是内政部赖以伸张政治主张的支柱，内务部武装越大，内务部在国家事务中的发言权越大。许多国家都发生过内务部武装的归属风波，也就是内政部角色风波，如2006年4月，巴勒斯坦内政部长、伊斯兰抵抗运动（哈马斯）领导人赛亚姆宣布组建一支直属于内政部长的特种部队，还任命“人民抵抗委员会”总指挥官贾迈勒担任内政部总署长。随即遭到巴勒斯坦民族权力机构主席阿巴斯的否决。这是以阿巴斯为首的巴最高当局同哈马斯领导的自治政府之间的矛盾在安全权限问题上的表现。能否控制内政部成为双方斗争的焦点。再如：2007年乌克兰政治风波同样由内政部武装而起，总统尤申科透过网站发布命令，下令取消政敌总理亚努科维奇领导的政府对于内政部部队的管理权，并将权力转移给总统。这项命令涵盖接受军事训练、经常负责镇暴任务的内政部部队，而不包含警察部队。亚努科维奇与西方国家外交官召开电讯会议时，愤怒抨击总统的命令违宪，“干涉行政部门的活动”，如同“政变”。两人的冲突造成乌克兰政治危机急速升高，引发欧洲、俄罗斯与美国表达关切，警告不要使用武力。

3. 美国型：不负责国内安全事务的内政部

所谓不负责国内安全事务，是指不负有法定的以强制性手段，包括武力、刑法等处理国内安全事务的责任，而以民生、社会福利、环境保护为己任。美国的内政部就属于这一类，美国内政部设矿务局、地质勘探局、灌溉局、鱼类和野生生物管理局、国家公园管理局、印地安人事务机构、土地管理局、环境保护司、建筑管理司等。美国的国内安全交由司法部、国土安全部和各州警察机构等负责。

瑞典、瑞士内政部也不管国内安全事务。瑞典内政部主管文化、教育、卫生、科技以及各种公益事业如社会保障、环境保护等。瑞士内政部是瑞士政府七个部之一，主管文化、教育、卫生、科技以及各种各种公益事业。下设联邦文化事务局、教育与科技局、森林局、统计局、社会保险局、环境保护局、档案局、气象局、公路局、建筑局、卫生局、国家图书馆、国家博物馆等机构。

凡内政部不管国内安全事务的国家，都是将国内安全事务交由其他机构管理。关于内政事务是否一定包括安全事务，不同的国家有不同的理解和政治安排。有的国家设内政和安全部，如也门、格林纳达、科特迪瓦；贝宁则设内务、安全和土地管理部。在这些国家，内政与安全是两个可以区分的观念，但在实际事务管理中又难以分割，所以合署办公。此外，斯里兰卡设内政、公共行政和省委员会部，巴基斯坦设工业部，兼管内政。两国的内政事务都不包括警察事务，警察事务归国家警察总监领导，国家警察总监则归军事系统。哥斯达黎加设内政部、公安部；多米尼加设国防、内政和警察部长；洪都拉斯设内政和司法部，国防和公安部。这些国家也都将内政事务与安全事务分离。越南2000年将原内务部一分为二，一个是内务部，一个是公安部，也是相同的现象。

三、各国司法部的两种类型

考察各国政府机构设置，可以发现，多数国家都是内政部、司法部并置。在这些国家中，大多数又是由内政部管理国内安全行政事务，司法部专责司法，不负责警察治安等执法行政业务。此类司法部是第一类，即常规性司法部。

美国、日本、瑞士等国司法部是另类司法部，他们主管国家的国内安全行政事务。美国司法部下设联邦调查局、执法官局、监狱管理局、毒品管制局、刑事调查司等。瑞士行政制度在世界上具有独特价值，其司法部下设主要机构有：联邦司法局、联邦警察局、联邦检察总署、联邦知识产权局、民防局、土地整治局、外侨局、私人保险局等。由司法部，而不是内政部管理国内安全事务，反映了这些国家在司法和执法概念上的区分，事务划分上与其他国家的差别。美国、瑞士认为执法中有很大的司法成分，执法与司法难以区分，由司法部门执法便成为他们的一种制度选择。从美国县警察局的功能也可以看到美国的司法概念：县警察局规模小，大多数是集治安、刑事、司法三方面职能于一身，局长还是法庭上的一名官员。发送逮捕证和传票，为法庭提供保卫，监狱管理工作等都是警察责任。有些县警察局长还兼任监狱长。

第四章

各国警察机构比较

第一节　国别情况概述

各国都有警察机构，从比较的角度考察，在类型划分、层级区别，职权规定和隶属关系诸方面表现出不同的政治意图、行政设计和文化影响。

一、美国警察机构

美国警察机构分为联邦警察机构、州警察机构、城市警察机构和县级警察机构。目前，全美有 18000 多个警察执法机构，3088 个县警察部门，13578 个市警察机构，49 个州警察机构（除夏威夷外），50 个联邦执法机构，1626 个特殊警察部门（管辖权限如公园、交通、机场、校园警察局等)。美国共有警员92万人，警察与人口比例为3.25%，与总面积比例为10名警察/100平方公里。其中，66万名正规警察，26万余名文职人员，从警察局的人数和规模来看，大多数警察部门平均不超过100人，有800多个警察部门仅有1至2名正规警察，只有38个警察部门人数超过1000人。

1. 联邦警察机构

属于联邦警察机构的有：联邦调查局、执行官局、麻醉品管理局、移民归化局、监狱管理局、联邦法院管理局和联邦法警局，属司法部；海关总署、安全勤务局、烟酒和火器管理局、国内收入署和总督察署，属财政部；邮检处，属邮政管理总局；印地安人事务局执法处、国家公园管理局森林警务处、鱼类和野生动物管理局、国家公园警察局和总督察署，属内政部；国防调查署、陆军部犯罪调查局、陆军部情报及保安局、陆军部军事警察总队、海军部调查局、空军部保安警察处和特别调查处，属于国防部。

美国联邦警察的主要职能是执行美国各项联邦法律和打击那些全国性的重大违法案件。在打击刑事犯罪方面，除了要侦破那些跨州界的凶杀、抢劫、强奸之类的案件外，还要侦破和打击那些犯有走私、逃税和伪造罪的集团和个人的违法活动。在政治犯罪方面，除了要对国内的各个民间组织、社会团体进行了解和控制外，还负责侦破和打击外国间谍活动。

在美国警察机构中，联邦调查局是规模最大的机构，是美国最重要的联邦执法部门和最大的反间谍机构。司法部执行官局是另一个重要的联邦警察机构，一直是负责追查和逮捕联邦逃犯、国际逃犯和外籍逃犯的主要机构。历史上它曾是唯一的联邦执法机构。最近，国会制定了新的立法，赋予执行官局帮助州及地方执法机构逮捕逃犯的法定权力。

2. 州警察机构

美国每个州政府都有自己的警察机构，州警察机构属于一种自治体警察，州的警察机构一般只执行本州的法律，它不受联邦警察的领导和约束，而是对各自的州长负责。州警察在县市等地方警察机构不管的地区履行警察职责，如在州界公路上巡逻和解决交通事故等。在美国，州警察的活动范围不大，因此他们在整个美国警察机构中所占的地位并不十分重要，其职责权限与各州各种政治因素所起的作用有关，州警察局长大多由州长亲自任命。美国有50个州，每个州都有自己的法律和自己的法院、监狱、警察局。联邦警察执法的依据是联邦法律。而州、县市警察执法是依据各自的地方法律。

3. 城市警察机构

美国城市警察执法机构受城市行政机构管辖。在管理形式上联邦政府没有统一的规定，如采用独任市长制的城市警察局机构由市长负责，而在采用议会制的城市里，警察机构由警察委员会领导。城市警察是美国机构中最庞大、最重要的组成部分。目前，城市警察局雇用的专职警察约占全美专职警察的3/4。城市警察肩负执行法律，维护城市社会秩序，向社会提供服务等职能。全美有1万多个城市警察局，其法律地位相同或相似。由于制度不统一，机构大小和任务繁简差异较大，所以城市警察局的内部机构设置也有较大差异。

4. 县警察机构

美国县警察机构数量不少，但规模小。县警察局是根据美国各州的法律成立的，各州的法律对县警察局长的任期和产生办法都有明文规定。各县警察机构的主管人均由选举产生，县警察局长比其他地方政府官员具有更高的自主权，大多数警察局长是该地区威望较高的人。在美国，县一级的行政机构并不大，因此县警察局长大多数是集刑事司法系统三方面职能于一身，他们还是法庭上的一名官员。这是美国县警察机构的独特之处。县警察不但要负责向居民发送逮捕证和传票，而且还要向法警那样为法庭提供保卫，同时大多数县警察机构还要负责做好地方的监狱管理工作，有些县警察局长还兼任监狱的监狱长。

二、俄罗斯警察机构

俄罗斯警察分为刑事警察和治安警察，归内务部管辖。内务部所属内部安全总局、刑侦总局、反有组织犯罪总局、反经济与税务犯罪总局、社会秩序保障总局、国家道路交通安全监察总局等都是或类似警察机构。目前，俄内务部约有警察 64.9 万人、文职人员 9.44 万人。内务部部长对俄罗斯联邦的所有警察机构实施领导。警察机关的重要职位由内务部部长任免。刑事警察各业务部门领导的任免程序由内务部部长规定，治安民警领导的任免程序由相应的各主体国家权力机关决议。下设区域性警察机关及一些特警机关。地方警察部门在维护地方社会治安、打击刑事犯罪等方面，接受当地政府的领导。

联邦税警总局是俄罗斯政府直属局，是保障俄罗斯联邦经济安全力量的组成部分。局长由总统任命，并直接对总理负责。各州税务警察局局长由州政府提名，由联邦税务警察总局局长任命。税务警察机关实行垂直管理，各级地方税务警察机关受上一级税务警察机关的领导，业务上不受当地政府管理。目前，俄联邦税务警察总局本部共有 500 余人，其最高组织为部务委员会，下设 7 个局；各州税务警察局也有相应的部门，如联邦税务警察总局驻加里宁州税务警察局，设有 11 个处，并有 2 个地区级的直属税警机构。

三、英国警察机构

1. 内政部警察机构

内政部是英国警察的最高权力机构，它不仅直接管辖着伦敦警察总局，而且还对地方各郡警察机关有决定编制、人员配备及分配经费等权力。各郡警察局要向内政部报告工作，并接受工作检查。内政大臣是警察领导体制中的最高长官。他有权签署命令任命地方警察局长和副局长；审批财政预算；审批警察局长的退休报告。内政大臣还有许多特别权力，如：做出警察局合并的决定，要求警察局长辞职，要求警察局长就某一问题做出书面报告，建立地方警察研究机构，审批科研课题，审批财政预算，委派监督大臣（内政大臣有权选派监督员到各地方警察局视察，向内政部汇报情况），审查地方警察局每年报告（年度报告除向地方警察署递交外，还得向内政大臣呈递）等等。

内政部下辖的警政司是具体负责警察事务的协调与管辖性机构，下设 7 个处，各处所负责处理的主要事务如下：

一处：负责人力、警察工资和工作条件；代表内政大臣与伦敦警察总局联络工作。

二处：负责警察权力和警务程序以及纪律检查和控告调查。

三处：负责犯罪对策，警民关系，科学研究和资料统计。

四处：维持公共秩序，对付恐怖活动，防范颠覆破坏活动，管理警察对武器的使用。

五处：负责公路交通，警察培训。

六处：负责紧急事件情况下的行动配合，民防和战备。

七处：负责科学技术力量的协调。

警务督察署、刑事、缓刑和安置司，消防和警察司也都是内政部所属警察机构或类似机构。有组织重案警署集中英国国家犯罪小组、国家犯罪情报中心、海关以及内政部移民局的 4000 名人员，集中打击国际贩毒、人蛇及诈骗犯罪。这个新的全国性执法机构被视为英国版本的“美联邦调查局”。其年度预算将超过 4 亿英镑，其中部分将用于联手与美国联邦调查局等境外执法部门进行警员交换计划。另外，毒品管理署也是内政部下辖的一个部门。该署的职能是协调国家关于毒品和毒物的政策，其主要任务有监察毒品使用证明，保存吸毒者档案，汇编统计数字，以及收集该领域内的一般性情报资料。

2. 地方郡警察机构

英国地方警察按职业性质分为两种：其一是正规警察，主要担负刑事侦察、交通管理和巡逻执法；其二是行业警察，主要从事一些半公共工作，如服务于运河、内河、船坞、私人企业、铁路、原子能机构等不同种类的行业警察。

3. 伦敦警察厅（苏格兰场）

苏格兰场是伦敦警察厅总部的别称，1829 年，伦敦大都会警察成立，总部设在白厅大道四号，它的后门面对着苏格兰场，也就是一座原本作为访问英国的苏格兰国王行宫的撒克逊皇宫的原址。17 世纪末，大多数皇宫都已倒塌倾圮，遗址就被拿来充当政府单位的办公室。1829 年之后，苏格兰场就被用来指称大都会警察总部，一直沿用至今，成为了伦敦警察厅的代称。后迁到泰晤士河河堤上的新总部，又被称为新苏格兰场。

广义的苏格兰场，就是伦敦警察局；狭义的苏格兰场，是指伦敦警察局中专门从事反间谍的机构。伦敦警察局既是一个警察组织，负有维护社会治安的重任，又是一个秘密警察、反间谍、反情报机构。在各种文字和版本的苏格兰场秘史中，所说的苏格兰场主要是指伦敦警察局特别行动处的一系列间谍、反间谍和反恐怖的活动。两项使命合一，使伦敦警察局成为世人瞩目的机构。名为地方机构，实际上由英国内阁直接控制。苏格兰场在英国拥有双重的任务：维护社会治安和反间谍。到 1960 年，苏格兰场又增加了特勤处，担负起了反恐怖的主要责任，苏格兰场的侦探遍布全国。与国际刑警组织的合作，使其在反恐怖行动中创造了一个个神话般的传奇故事。苏格兰场下设 4 个分支机构：港务室，负责港口、机场的监视；行政室，负责行政后勤工作；行动室，负责重要人物保护；特警训练中心，负责招募、审查、培训特警。在全国设有14个下属机动小组。共有1550个专职警官，其中550人驻守在总部，另外1000人分布于全国各地。预算估计为5000万美元。

4. 其他警察机构

在英国另有两种特殊警察：其一是隶属英国国防部的国防部警察，也叫军事警察，主要分布于英国各军事区域，担负所管辖范围内守卫巡逻检查等任务，并有侦察权；其二是私人保安警察，它受雇于各自团体和个人，为公共机构和个人提供警卫、保镖、押运、防范和调查任务，其工作范围只限于受理民事案件和极其轻微的刑事案件，调查对象不得涉及英国皇室、政府部门、国营企业和政府部门的工作人员。

四、法国警察机构

法国从有文字记载历史的初期便拥有警察力量。从公元6世纪起巴黎就有一支常备的警察夜巡队。公元14世纪它演化成一支近代型的警察力量，由警察总监领导，从1667年起由一名警察少将指挥。1699年根据皇家规定，在国王任命的警察总局局长的管辖之下，各省任命警察总监。1789年法国革命以后，首都警察局被解散，由一支政治性的警察队代替。从那以后进行了种种的试验和改革，但都没有取得明显的成就。巴黎警察局在拿破仑时又得到恢复，1829年，黎成立了第一支文职警察队伍，巴黎市警察局的基本组织形式后来随着社会情况的变化而不断改变。1966年7月与法国内政部领导的全国安全警察合并，组建了现在的法国国家警察总署。

法国警察由国家警察、市政警察和国家宪兵组成。法国警察体制与英美警察体制大不相同，警察权高度集中在巴黎，警察权的行使和警员的配置完全由中央政府决定。尽管法国警察实行这种高度集中管理的模式，但也在某种程度上向地方政府作出一些让步。如：社区管理法规就授权市长以特殊的警察权。

1. 国家警察总署

国家警察总署隶属内政部，设 3 个管理局和 3 个管理署。3 个管理局是：公共安全中心局，主管国家警察部队和共和国保安连；刑事警察中心局，代表法国参加国际刑警组织；情报总局，前身最早是管理铁路的治安机构，成立于 1846 年。在第三共和国时期，治安机构的职能不断扩大，于 1911 年成为特种警察，两年后改名为行政警察，后来又演变成为国家服务的政治警察。1941 年 4 月，法国政府以法律条文确定该局机构的正式名称为普通情报局。3 个管理署是：航空与边防警察中心署，要员保安署和技术合作署。对国家警察实施领导的三位最高官员依次为：内政部长，负责社会安全的国务大臣和总警察总长。国家警察部队是 1966 年国家保安局与巴黎市警察局合并时组成的，其任务是在万人以上的城镇中维护秩序，执行交通法规以及预防犯罪和保护重要人物。

2. 市政警察机构

首都巴黎警察是国家警察的组成部分，同时保留有传统的自治权力。巴黎市警察局由一名首席特派员（警察局长）领导，向市警察总监报告工作，下设行政管理和行动两大部及其所属的刑事侦察等 12 个局。其职责是在首都地区维护法律和秩序，执行交通管理条例。各城镇的警察局由一名特派员（警察分局长）领导，接受市政当局的领导，警察建制为旅和连，工作机关分为警察分局，警察派出所和办事处。在大城市，各区设分局。

3. 宪兵局

在法国的警察组织中，国家宪兵起源较早，已有一百多年的历史，在法国被称为“第四军种”。它原是法国陆军最早的一个团，现担负着全国约 95％的地区的警务工作。国家宪兵担负的职责分军事警察和社会治安两个方面。军事警察方面的职责包括：严明军纪，预防和打击军人犯罪；参与战争动员工作，做好后备役军人管理工作；参加旨在保卫国土的各种军事行动；保卫国家首脑的人身安全。社会治安方面，负责未设国家警察地区的治安、预防犯罪、保护公众的人身财产安全；对刑事案件进行侦察，破案和追缉罪犯；收集和分析社会治安情报，并向有关当局汇报；保证各类交通安全，提供各种救援工作。主要是在法国广大的农村和偏僻地区，即一万人口以下的村镇。

宪兵的最高领导机关是国防部的宪兵局。该局由一名将军，一名法官和一名文职官员共同领导，直接对国防部长负责。国防部还有一个军队稽查局，局长为一名将军，也直接向部长负责，并是部长在宪兵工作方面的顾问。宪兵局以下按军区、军分区设立宪兵司令部。法国共设有 6 个军区和 22 个军分区。再往下是按行政单位省、县、区设立建制。省一级设有宪兵联队司令部，县一级设宪兵中队（100 人左右），区设宪兵小队（约 6—10 人）。

国家宪兵除上述系统外，还有两个重要的部门：宪兵别动队和共和国卫队。宪兵别动队的武器装备精良，以联队形式分别驻扎在各军分区。一旦有事，数小时之内，即可从国土的一端集中到另一端。共和国卫队的行动范围主要在巴黎市区，由两个步兵团和一个骑兵团组成。平时参与首都治安工作和打击刑事犯罪，并守卫总统府等重要的办公大楼。

除此之外，法国宪兵还设有海运宪兵、空中宪兵、海外宪兵和驻德宪兵。海运宪兵负责在武器库和海军设施工作的近十万人的治安和安全。空中宪兵负责空运和机场安全。海外宪兵负责法国海外领土的军队和地方治安，法国共有两个海外宪兵团，即大西洋宪兵团和太平洋宪兵团。驻德宪兵团负责驻德部队的军纪。法国宪兵拥有极其现代化的装备，精良的直升机可提供运输、支援和交通勤务，并支援民政部门执行搜寻、救援、森林灭火等紧急任务。

五、德国警察机构

根据德国《基本法》第 30 条，警察事务和警察法属各州基本事务，联邦政府只在特殊领域内行使权力，如情报工作、边防警察、联邦警察事务和跨地域犯罪、打击有组织犯罪等，特别是贩毒和恐怖主义活动。属于联邦政府的警察机构有警察事务司、内部安全司、民防事务司、联邦情报技术安全局、联邦宪法保卫局、联邦刑事局、联邦承认外国难民及移民事务局、联邦边防队等。联邦刑事局是联邦和州同犯罪行为作斗争的合作中心，属联邦内政部管辖。总部设在威斯巴登，在波恩附近设有一个总局，起着国际刑警组织驻德国国家总局的作用，打击国际贩卖军火、贩毒以及打击恐怖主义活动。在大规模缉捕中，联邦刑事局支援各联邦州的警察。联邦边防队是联邦的保安警察，受内政部管辖。任务是警卫边境以及为了边境缉捕而检查过境通道，特别针对有组织的越境犯罪行动。任务还包括保卫总统府、总理府、联邦各部、法院等，保护铁路和民用航空不受袭击。此外还包括联合国和平使命范围内的公安部分。

六、瑞典警察机构

隶属司法部，三级机构设置，属于中央集权与地方自治相结合的体制。在中央一级，警察机构的最高机关为国家警察委员会，下辖国家警察局；在省一级，有省警察委员会，其下辖省警察局；每个省又分为若干区，每个区有独立的警察委员会，下辖区警察局。瑞典全国共设 21 个省（市）警局，118 个区警察局，510 个警岗，总警力近 3 万人，绝大多数为一线执法人员，警察占总人口比例为万分之二十五。

七、日本警察机构

从明治维新开始，日本主要学习警察国家德国，建立庞大的警察机构，控制社会的很多方面。二战后形成今天以中央集权为主、与地方分治相结合的警察体制。

1. 国家公安委员会

国家公安委员会是总理府所辖委员会，负责掌管有关维护国家安全的警察行动，调整有关警察行政事务。由一名国务大臣任委员长，设委员五人，经国会同意由内阁总理大臣任命。公安委员会在内阁总理大臣的所辖下。所辖权不是命令权，而是次于命令指挥的监督权，是日本最弱的一种行政隶属关系。这种关系是保持警察中立的需要。

2. 警察厅

国家公安委员会下设警察厅。警察厅根据 1956 年发布的《警察法》设置，是总理府所辖 9 个厅之一。在国家公安委员会的管理之下，是日本警察的中央行政机关，掌管全盘警察行政事务。最高领导是警察厅长官，负责直接指挥、监督全国警察的行动；监督都道、府、县警察本部；负责国内的政治、刑事案件的侦破；对侨居日本的外国侨民进行监视；执行反情报和反间谍任务。警察厅本部机关设长官官房、生活安全局、刑事局、交通局、警备局、情报通信局，以及国际部、暴力团对策部两大部。警察厅的附属机关有警察大学、科学警察研究所、皇宫警察本部。警察厅附设皇宫警察本部，负责皇宫的安全。警察厅为国家警察机构，经费由国家财政支出。警察厅管辖各大区（本州岛的关东、近畿、东北等以及九州岛和四国岛）警察局、东京警视厅、北海道和冲绳县警察本部。大区警察局管辖大区内各府县警察本部。警察本部管辖警察署。警察署不完全按府县内的行政区划设立，而是设立在特定大小的区域上，如县属大城市（如横滨、神户）的区、中小城市、几个町（约相当于中国的乡）。这样县属大城市就可能没有市级警察机构。地方警察机构首长的任免，由上级警察机构决定，而非由自治的地方政权决定。

3. 地方警察机构

各都、道、府、县设公安委员会，下设警察本部为指挥机构，在各市、町、村设有警察署。地方警察长官及重要部门的领导均由国家警察派出和管理。警察经费分别由国家和地方负担。警察本部的最高职称为“本部长”，都、道、府、县警察本部的本部长享有指挥权，他们是各自相对独立的机关。

各警察本部下设警务、总务、刑事、生活安全、地域、交通、警备、交通等部门。在县内各地设“警察署”。刑事搜查部门有称为刑警的侦查员；交通部门有骑着白色摩托车的交通警察；在取缔违章停车、教育不良少年方面活跃着一支女警队伍，她们是警察之花。交番和驻地所是警察署的驻外机关，相当于我国的派出所。在那里工作的警察主要负责管界内的安全防范。交番作为地域安全中心，是将警察厅各项方针贯彻到市民的接触点和桥梁。警察署派警察轮流到交番工作。而驻地所则是在较偏远的农村，由警察一家住在那里并进行工作的。

3. 东京警视厅

东京警视厅是各都、道、府、县警察本部之一，之所以称“警视厅”，是因为在日本警察诞生之前，东京警视厅业已存在，故延续至今日。东京警视厅辖区只限东京一地。但因为东京是首都，因此除了保护东京都市民之外，也有保卫国家的责任。因此，其他地区的警察本部只接受警察厅的间接监督，唯有东京警视厅直接受警察厅监督。警视厅的最高首长称为警视总监。警视总监不只是职务名称，也是日本警界最高职级。

八、韩国警察机构

韩国警察的管理体制与机构设置采取中央集权统一指挥的单轨模式。最高一层为国家警察厅，统一指挥全国警察机构。之下是地方道警察厅，地方道警察厅下设城市警察署，城市警察署下设若干派出所。以前隶属国家警察厅的出入境管理和海事警察部门现已分别划归法务部和国家海洋厅管辖。

国家设有 7 人组成的警察委员会，负责审议关于警察的重要政策和行政法规。国家警察厅本部设厅长和次长各 1 人，配备 1 名公报官和 4 名管理官辅佐工作。公报官负责警察通报及言论等项业务；企划管理官负责企划、预算和法务等项业务；监察管理官负责监察任务；外事管理官兼任国际刑警韩国国家中心局局长，并负责国际刑警、国际犯罪搜查与国际交往合作等项业务；通讯管理官负责通讯信息等项业务。警察厅本部设警务、防范、刑事、交通、警备、情报和保安 7 个局，各配 1 名审议官辅佐工作。局下设课，共 25 个课，课下设系。国家警察厅还设 5 个直属机构，即警察大学、警察综合学校、中央警察学校和警察医院以及实验管理团。

为避免机构重叠、节省政府资源，市、县同在一地的地区只设市警察署，县级不再设立警察部门。据统计，韩国现共有 14 个地方道警察厅，225 个警署，3196 个派出所。为便于管理，国家警察厅目前正对城市派出所进行整合，并在此基础上组建直属城市警察署的东、西、南、北四个区警队。署长以上的各级警察机构的行政长官，由总统任命，派出所所长由地方警察厅厅长任命。

九、巴勒斯坦警察机构

巴勒斯坦警察事务归巴勒斯坦安全总局管理。

民事警察部队，也被称作“蓝色警察”，是巴民族权力机构中主要的法律强制工具。与国家安全部队一样，它是《开罗协议》中提到的巴安全总局最早的分支机构之一。民事警察行使普通警察的一般性职能，如指挥交通、抓捕罪犯以及维护公共秩序等。民事警察部队还下辖一支快速反应特种部队，专门负责应对复杂的危机，比如严重的暴乱和反恐怖行动等。

军事警察隶属于军事情报部，主要职责是控制暴乱，逮捕罪犯，保护重要人物和设施，维护监狱安全，在各安全机构之间维持纪律和秩序等。与军事情报部一样，该部门在“奥斯陆协议”中也未被（官方）正式承认。

十、澳大利亚警察机构

澳大利亚设有全国统一的警察机构，警务由八个警察机构承担，包括六个州的警察，北部地区警察及联邦警察。澳大利亚警察的主要职能是预防和侦破犯罪，保护人民生命财产安全，执法及维护治安。州警察还有各种其他职能，如起诉简易案件，维护交通秩序，担任简易法庭的书记员、矿井保卫、皇家土地执行员和根据渔业法及相关法规充当督察。

十一、加拿大警察机构

加拿大警察由联邦警察、省警察和市警察三部分组成。

联邦警察即皇家加拿大骑警，负责执行加拿大议会制定的《刑法》等加拿大法律，防止犯罪活动，维护和平秩序和社会安全，并根据与各省和199个大城市间的各种警务协议提供支援。除总部外，设4个地区局：太平洋地区、西北部地区、中央地区和大西洋地区，分别由一名副总监负责；设15个分局，按字母排列依次为A局、B局……M局，各局设局长1名负责管理。各局基本按地区划分，其总部设在各省或地区的首府。皇家加拿大骑警的职责是执行除安大略省和魁北克省外全国的刑事法律和省法律，并为2个地区191个城市提供警察服务。现有在编人员2万多人，拥有8个刑侦实验室和加拿大警察信息中心及加拿大警察学院，其空中力量和海上力量都很强大，为各部提供支援。训练部（即培训学校）位于萨斯卡切湾的利支那，加拿大警察学院则位于安大略的渥太华。

只有安大略省和魁北克省有自己的省警察。省级警察部门由联邦警察机关领导，各省警察部门只负责本省警察业务。省警察主要执行本省的法律，人事和业务不隶属联邦警察。其中魁北克省警局成立于1870年，是加拿大历史最悠久的执法机构之一。1968年的《警察条例》和1972年的《修正案》规定，全省划为

9 个警区，112 个分局。

在多伦多、温哥华、尼亚加拉瀑布城、渥太华和蒙特利尔等大城市设市辖警察。其他多数城市聘用省警察服务或由皇家骑警与省区警察分担警务。各城市警察机关，只担负本市的警察业务工作；如果本地警察人员要跨省、市执行公务，必须严格遵守有关地区的法律；若有警察违纪，由上级警察部门视情依法处理；各级警察部门除担负本职业务外，还必须按照规定，做好所在地政府、机关、机场等要害部门的安全工作。

十二、巴西警察机构

1893 年之前，巴西警察是一支军事队伍，主要协助军队工作。1894 年至 1930 年，警察主要负责在政治斗争中镇压当地的革命运动。1930 年至 1945 年，警察则作为一支镇压反政府力量的队伍。1946 年至 1964 年，州警察队伍得到壮大并扩大武器投资以保护各州利益。1964 年军人政变后，军事警察转由武装力量参谋部指挥，因而得到更多的资金和武器装备，并被用来镇压罢工、群众集会和工会运动；军事警察取得自治权和司法权，并专门设立了军事法院。1964 年至 1985 年期间，警察仍主要负责镇压反政府力量。自 1985 年后，警察开始主要负责打击逐渐呈上升趋势的犯罪活动。

巴西的行政规划分三级，即联邦、州和市三级，负责公共安全工作的警察队伍也分三级，即联邦警察（包括联邦刑事警察、公路警察和铁路警察）、州军警和民警、市警卫队三级，分别由各级政府领导和管理。

1. 联邦警察

主要负责联邦案件。侦查所有与联邦利益有关的犯罪案件，然后将其交给联邦检察官。联邦刑事警察在编人员为8500人左右。联邦公路警察人数为6000人左右，负责巴西联邦公路巡逻以及联邦公路的犯罪打击和交通指挥。联邦警察由司法部主管，所有开支由联邦政府负责，总部设在巴西利亚，在全国各地区设立了27个地区分部、84个分局、21个哨所和一个亚马逊基地。其职责是负责边防检查，负责州际和国际罪犯，如贩毒和武器走私、贩卖妇女和儿童等。同时担负海港、机场、边防警察的职责及入出境管理、公民登记、移民等事务，也负责调查公共机构的腐败、行贿受贿、贪污等犯罪活动，将调查结果提交检察部门，由检察院提起公诉。联邦公路和铁路警察归属军事警察管理。

2. 州军警与民警

各地治安保卫由各州公共安全厅负责，由军警、民警执行。军警和民警隶属各州公共安全厅，除此之外消防队也归公共安全厅管理，由公共安全国务秘书和州长领导工作。根据司法部统计，巴西全国各州共拥有60万名警察，其中民警为13万人，军警为40万人，消防队为7万人。

州军警。根据1988年联邦宪法，巴西街斗执法主要是由军事警察实施。军警同时也是陆军的预备役部队和辅助力量。在必要时联邦政府有权调动各州军警。军警统一着装，但袖章上所绣的为各州州徽。军警徽服与陆军相同，分为士兵、班长、军士、少尉、中尉、上尉、少校、中校和上校，主要负责街道巡逻、制止犯罪和维护公共秩序，他们只有逮捕现行罪犯的权力。军士以下不算是专职警务人员。在圣保罗州，军警分为8个警区，由上校任警区司令。圣保罗州军警配置的装备在全国比较先进，有直升机、机动车辆等，还有专门的防暴警察、摩托部队、自行车队和骑警等。军警禁止参加政党和工会、禁止罢工。军警犯罪由军事法院审判。

州民警。巴西还有民事警察。他们在警区派出所开展工作，主要负责案件侦查，就案件向州检察官提起诉讼并送达州法官判决。民警一般归州公安厅管辖。在北部地区，由于缺乏相关人才，民警中直接归属军警领导。民警还包括犯罪学专家、法医、犯罪证据摄影人员、刑警。有的还有科技警察，专门从事技术鉴定等。

第二节　比较分析

警察机构是执法机构，其设置犹如军队，既不可或缺，否则社会安全无以保障；又不可过大而失控，造成对国家政治和社会生活的过度介入和侵害，甚至成为“警察国家”。各国警察机构的设置，都是在这两种利害中选择。

关于现代各国警察体制的比较区别，有以下几种分类：梅拜的四种模式（英国警察模式、美国警察模式、大陆警察模式和殖民地警察模式），亨特的三种模式论（分散体制、集中体制和整合体制），贝力的三种模式论（单维指挥集中型、多维指挥集中型和多维指挥分散型）和邱华君的两派论（大陆派和海洋派）。[28]其中，我国台湾学者邱华君的两派论是最粗略，也是最基本的划分。其依据是法系区分。采用海洋法系的国家，属于海洋派警察制度，如美国和英国；采用大陆法系的国家，属于大陆派警察制度，如法国、德国等。以下分析都与上述分类理论和相关概念有关：

一、民事警察机构与非民事警察机构的分离

现代民事警察的创设源于1829年的英国。当时由英国内政部长罗伯特·皮尔爵士提交的警察法案经议会通过，并于6月26日得到英王批准。经过数月的筹备，一群头戴皮帽，身穿藏青色燕尾服上衣，同色裤子，脚穿皮鞋打皮绑腿的执勤人员，于9月29日第一次出现于伦敦街道上。这就是现代型民事警察的诞生。此后欧洲和其他各洲陆续实行警察制度，早期的警察机构主要是民事警察机构。

所谓民事警察，是负责市民社会的治安、预防犯罪的警察。它限定在非军事、非政治性案件、事务的处理范围之内，有的国家的民事警察甚至限定在本社区的一般性案件、事务的处理范围之内。民事警察机构大体分为刑事和治安两大部门。随着社会中政治性、准军事性、重案、跨地区案件的出现和多发，随着各种专业化案件的出现和多发，原有的民事警察机构遇到越来越多样化的挑战。面对挑战，或者增加民事机构业务，扩大其规模，或者设立另外的非民事警察机构。小国通常采用由民事警察机构统

一负责民事、政治、经济等领域的治安和预防犯罪，而大国则面临绝对数量更多的政治犯罪、重案罪、跨地区犯罪、国际性犯罪、金融经济罪、网络计算机犯罪等，需要分别响应。于是先后出现了肩负不同使命，赋予不同权力的警察机构。执行非民事勤务的警察机构慢慢从民事警察机构中分离出来：一种分离方式是在原民事警察局（署）中建立相关部门；二是政府其他部门建立自己的业务警察机构；三是设立与民事警察机构并列的非民事警察机构。

英国伦敦警察局（苏格兰场）设立专门从事反间谍的机构——特别行动处，就是在原民事警察局（署）中建立特勤部门的一个例子。它使得苏格兰场既是一个警察组织，负有维护社会治安的重任，又是一个秘密警察、反间谍、反情报机构。法国警察总署中设立情报总局也是一例。美国联邦调查局则是政府其他部门建立自己的业务警察机构的例子。它早期成立的目的是为了弥补各州警察机构独立，无机构来处理跨州重案的体制不足，是司法部设立的警察机构。德国联邦宪法保卫局是独立于警察事务司的政治警察机构，这是第三种分离方式的例子。

非民事警察机构主要有三类：第一类是政治警察，或称秘密警察、反间谍反情报警察机构。关于各国政治警察机构的比较，将在第五章“各国情报机构比较”中再作论述。第二类是军事警察机构，将在本节第五部分论述。第三类是专业警察机构，关于专业警察机构，如金融警察、税务警察、网络警察等，在未来有完全脱离民事警察机构的趋势，但目前还很难与民事警察机构相分离。

二、独立警察机构与部属警察机构的区别

按警察机构在中央或地方政府中的地位，可以将警察机构区分为部级（或独立局）警察机构和部属局级警察机构。前者直接隶属中央或地方政府，是独立的警察机构，后者是非独立的，从属于政府某部，服务于该部业务。两类警察机构由于政治地位的不同，对社会和政治的介入程度也因此有很大差别。

警察事务单独设部（总局），直隶政府，是一些国家的政治和行政选择。如新西兰政府设警察部，波兰警察总局直属部长会议，蒙古国家警察总局直属政府，都是警察机构独立成部、总局的例子。再以日本为例：日本警察厅是总理府所辖 9 个厅之一，独立于其他内阁机构，负责直接指挥、监督全国警察的行动。隶属的独立性，是日本警察独立履责的需要。在日本警察观念中，要保持维护国家治安义务与责任的警察的中立性，通常不接受国家公安委员会以外机关的管理监督。司法警察活动之时，个别警察官有时会受到检察官的指挥，在理由正当充分的情况下，警察官可以不予服从。此外，对于属于司法警察活动范畴的搜查活动，致力于犯罪预防和执行镇压活动的行政警察活动，原则上，警察拥有独立行动权，且不受其他力量的指挥或干涉。逢内阁总理大臣发布紧急事态的公告之时，内务总理大臣对警察实施临时统治。

警察机构的独立对自身发展有有利的一面，负面则是增加了对其控制的难度。日本的做法有两条：一是成立公安委员会，作

为警察厅的管理机构。公安委员会是总理府所辖委员会之一，负责掌管有关维护国家安全的警察行动，调整有关警察的行政事务。成员包括警察厅长官、检事总长（最高检察厅厅长）、检事长（高等检察厅厅长）、以及检事正（掌管地方检察厅厅务）等。检事总长、检事长以及检事正是国家公安委员会惩戒许可权的持有者，有权在国家公安委员会通过对于警察厅警察官的惩戒诉讼。二是警察厅长官由文官，而不是由警官担任。警察厅长官是总管警察厅厅务的国家公务员，位于警察官阶之外，由国家公安委员会经内阁总理大臣的承认来任命警察厅长官。两项制度可以保证将持有武力的警察置于民主主义的控制下。

部属警察机构是另一些国家的政治和行政选择。在英、法、德等老牌殖民国家及其原殖民地国家，警察机构都隶属于内政部。在近代国家机构中，内政部是一个责任不断扩大的部，甚至成为一个杂务部。国内安全责任是其中之一，并不是全部。将警察纳入内政部，与民生、民利事业放在一起，表达了一个理念，就是警察的初始责任，除了镇压、治安，还有为民众服务。此外，将警察纳入内政部，交文官管理，也是控制警察力量的一个政治安排。

三、地方自治与中央集权型警察机构系统的区分

海洋派警察以地方自治为主，人事分权，中央和地方各自独立，警察经费由中央和地方两级负担。美国是典型的地方自治型警察管理体制，其警察机构系统分为州警察机构、城市警察机

构、县级警察机构和联邦警察机构。州、城市和县级监察机构都是自治体警察机构，不受联邦警察机构的领导和约束，只对地方行政机构负责。即便是美国联邦警察，也分为多个警察机构，各有归属：联邦调查局，属司法部，麻醉品管理局，属司法部；移民归化局，属司法部；海关总署，属财政部，是联邦第二大执法部门；安全勤务局，属财政部；烟酒和火器管理局，属财政部；国内收入署，属财政部；邮检处，属邮政管理局。分属多部门是美国警察机构的特色。这与美国文化的多元化相一致，在政治上则深受美国权力分散、相互制衡的政治理念影响。警察的治安权是一项重大的政治权力，将它分散给多个部门，虽不利于统一管理和行使，却可以有效避免专权和集权，后者更为美国人观念所重视。同时也顺应现代社会由犯罪专业化导致的警务专业化趋势。

大陆派警察机构集中领导，全国统一组织，中央警察机关支配地方机构任免，警察经费由中央统一编制预算。法国是典型的中央集权制警察管理体制，俄罗斯也是中央集权制警察管理体制。俄罗斯全境的警察机关统归俄罗斯内务部直接领导，警察机关的重要职务都由联邦内务部任免。

以其他国家的情况来看，有的偏向于集权，即所有警察属于一个机构，有的偏向于分权，警察分部门管理；有的倾向于中央政府管理，有的倾向于地方政府管理。英国、德国是分权和集权结合型警察管理体制，日本警察是中央与地方相结合，以中央为主的警察管理体制。韩国内政部、法务部等都有警察，靠近美国的体制。韩国政府设十几个厅，负责有关专门事务，由各部归口管理。各厅行政首脑为次官级，其中属于警察机构的有：海洋警察厅，1996年8月设，由海洋水产部主管。国家警察厅，内设检查行政局、犯罪防范局、刑事局、交通指导局、公共安全局、情报局、国家安全局等，由内务部主管。法务部负责检察、行使管理、出入境控制、保护人权、管理民事和刑事诉讼等法律事务，还负责管理监狱系统、移民和对检察官的管理。

英美法系和大陆法系警察体制的这种不同主要是由其不同的政治传统引起的。在英美法系国家，自由主义的政治哲学传统认为，国家是区别于市民社会的一种异已力量。为了防止国家权力对市民社会中个人自由的侵犯，就有必要对行使国家权力的警察机构从组织上进行分割制约。相反，在大陆法系国家，相对较长时期的集权主义传统培养了公民对国家权力的信任感，因此为了有效追究犯罪，自然要求警察机关上下一体、高度集中，以实现国家警察权力的高效运作。

四、各国警察机构的不同职权

早期海洋派的警察形式是民警，是不配枪的。大陆派的警察则以军警的形式出现。海洋派限制警察的权力范围，警察业务以治安、预防犯罪为主，注重警察的服务和公民福利，保持良好的警民关系。大陆派警察权力范围大，警察业务广泛，包括许多行政管理的内容，不强调警察的服务精神，以执行法律为主。海洋派警察制度在传统上以强调保障公民的个人自由而限制警察职权为其特征，大陆派则以强调有效治安为特征。

以英国警察机构为例，罗伯特·比尔从创立警察之日起，就把服务列为警察的主要职责，将公仆意识作为首要角色。早期警察是绅士帽、燕尾服，力求与平民服装近似，追求平民化，搞好警民关系。英国警察有许多为民众服务项目，公众遇事首先想到警察，小到猫爬上树，大到家中有病人都要找警察。近年来英国实行睦邻警察服务，通过服务来实现社区管理、预防犯罪等多重目标。英国警界认为，警察应是24小时、全天候、高度流通的社会服务力量，其中包括许多社会福利性工作，贯穿公民的生老病死。

美国警察机构是英国模式的继承，在职责上注重打击与服务并重，但在服务项目方面，远远落后于英国。至于属于大陆派国家的警察机构，其服务项目更少，主要职责是打击犯罪，其角色是“犯罪斗士”的形象。

两种警察职责模式有各自的理由。大陆派认为警察是专政的工具，警力是有限的，只能集中于制止和惩戒犯罪。五花八门、无所不包的服务要求会使警察陷入被动和尴尬之中。海洋派则认为法律和刑法是人类行为可怜的控制者。作为社会控制的正式手段，刑事司法体制通常在其他社会控制手段失败后才开始实行。英国警察之父罗伯特·比尔曾说：“高效率警察工作的主要任务是预防犯罪，其次才是刑侦和惩罚。为此，警察工作的导向应指向社区，这就是保护人民生命财产，提高人民群众的公众安全感。如果上述目标实现，犯罪就无法藏身。”[29]

警察机构职责的另一个差别在于政治作用的大小。作为统治工具，凡警察机构都有政治作用。但在参与政治事务上，各国警察情况各异。1933 年德国总统废除当时限制警察权力滥用的法律，宣布允许对人身自由权和财产权实施超过现行法律的额外限制。警察维护公共安全和秩序的功能附属于政治目标。在此基础上发生了各种警察过度使用权力的事件，如任意抓捕，参与对犹太人、政治反对派及社会边缘人群的迫害。二战后，随着民主宪政体系的重建，警察的功能再一次被限制回传统的范围内，并尝试对警察分权化、民主化和非军事化。[30]

五、各国军事警察机构比较

军事警察是穿着军装的警察，既是国家武装力量的一部分，又是国家警察力量的一部分。在世界各国，军事警察有三种形态：一种是英国、美国、俄罗斯式的军中警察；一种是法国式的宪兵；三是第三世界国家的武装警察。

1. 军中警察

美国分军种管理军事警察。陆军副总监兼军警主任对军事警察的活动实施直接领导。陆海空军都编有军警部（分）队。军事警察在战斗行动中主要遂行军队支援任务。例如，在朝鲜战争期间，与美国军人投机倒把和非法出售军用装具、燃油及食品的行为作斗争，成为军警的首要任务之一；在越战期间，军事警察所遂行任务的范围迅速扩大，军警分队被用来实施军队战斗保障行动，其中包括战场流通管制、警戒纵队、运输线路和桥梁、对搜索和清除越南地下交通线的战斗分队提供支援、对转移中的难民和在押人员进行监视。

俄罗斯1997年6月在武装力量中设立军事警察。当时受国家局势的影响，军队内部违法犯罪率居高不下，大部分犯罪案件与盗窃武器弹药有关，贪污受贿等经济犯罪和行政违法现象也较为普遍，高级军官犯罪的比例有增无减。为此，设立俄国防部军事警察总局，对军事警察部队实施领导。军事警察最主要的职能是在卫戍区、部队驻地、军人家属生活区维持法律秩序；警卫参谋部、指挥所及其他指挥机构；发现、预防和制止军人及营区内其他人员的犯罪和行政违法行为；配合护法机关对违法军人进行侦察、拘捕和押解；在公路上对军事运输工具实施监控。此外，军事警察在战时还将担负军事警察战斗、战役保障，包括监控部队机动和保障安全，看押战俘，维护法纪和法律秩序等。

英国国防部警察人数在5000人以上，部署在国防部大约100个需要提供武装保卫的场所，隶属于军警局。该局在编制上列入国防常务次官所属部门。其主要任务有：对武装力量军职和文职人员行使警察职能，其中包括在军事目标及其毗连地区进行巡逻；在军事目标区内采取搜查和侦讯措施；拘捕和侦讯嫌疑人；检查军车；执行警备和巡逻勤务。在战时，它所担负的任务是实施辐射和化学侦察、看守和押送战俘、寻找和集合掉队与部队失去联系的分队和单个军人。

2. 宪兵

宪兵在多数国家类同于美国、俄罗斯和英国的军事警察，一般不负责社会治安，主要职能是平时负责协助军队维持内部纪律，监督军队中的一切违法、违纪行为，确保军人人身安全等。但各国宪兵的职能范围不尽相同。法国宪兵是大陆派警察的典型代表。

法国最早的公共警察源于13世纪由圣·路易斯在巴黎创立的宪兵，司令部设在城市监狱内，指挥一小部分军队和由全体男性公民参加的更夫队伍。今天的法国宪兵受国防部长管理和指挥，集行政、军事和司法三种任务于一身，负责未设国家警察（民事警察）地区的地方治安，主要是农村地区，占整个法国领土的一半。宪兵还负责这一地区与治安相关的事务，如反酗酒、防止流行病、管理枪支、环境生态保护、管理捕鱼打猎、道路交通安全等。

3. 武装警察

亚洲的印度、马来西亚、也门、阿拉伯联合酋长国，欧洲的丹麦、芬兰、卢森堡，美洲的海地、巴拿马，非洲的索马里、圣多美和普林西比、塞内加尔等20多个国家建有武装警察部队。这类部队的警事性较强，如印度中央后备警察部队和各邦武装警察部队，分别受联邦和邦内政部警察署领导，负责全国范围或各邦地方的治安。2003年时分别编有16万和40万人。马来西亚的人民武装警察部队担负着逮捕犯人，调查有关治安事项，执行法律规定的起诉事项，协助对港口、机场、基地等要害部门的军事保护等13项勤务。巴勒斯坦安全部队是民族权力机构履行军队职能的警察部队，是巴权力机构最主要的部队。该部队负责派出巡逻队在加沙地带的巴勒斯坦区域维持安全、处理突发事件等。紧急情况下，安全部队负有保护巴勒斯坦权力机构免遭外部威胁的职责。安全部队有4个旅，共约8500人，3个旅以加沙地带为基地并负责北部与南部地区，西岸地区有一个旅。

武装警察不执行一般的民事警察任务，而专职履行使用武器的强制性警务，并在需要时配合军队执行国防任务。成立武装警察的目的，有的国家侧重于帮助国家警察执行警务，有的国家则侧重于帮助军队执行军务。前者是因为国内治安形势严峻，武装性违法案件较多；后者则因为军事力量不足，又不便扩军以引起军备竞赛。历史上一些战败国在受到国际社会对其军事力量的严格限制时，往往把军力转向武装警察，使武装警察部队成为军队的储备队。在此种情况下，武装警察部队的警事性已经很低，军事性更强。巴勒斯坦的安全部队也是为了顶替军队的角色。由于以色列不承认巴勒斯坦，更不允许巴勒斯坦有军队，巴只能以武装警察部队来满足自己的军事需要。

从理论上讲，武装警察部队与内卫部队、保安部队、边防部队、国民警卫队等存在本质的差别。武装警察毕竟是警察，具有警事权，即具有侦察、拘押、审讯等全部或其中一项权力，其他部队不具备这一权力。如巴西各州军警负责制止犯罪和维护公共秩序，在各项警务权中，仅具有逮捕现行罪犯的权力。但在一些第三世界国家，军队和警察区分并不严格，武装警察部队更是亦军亦警，警察机构具有民事和军事合一的性质，大多隶属于武装力量系统，有的虽有一定的独立性，平时自己履行责任，但在非常时刻，听命于武装力量总部或总司令部。在这些国家，警察总监或警察局（署）长，与陆海空军种长官并列为总司令的下属长官。中小国家警察机构隶属军队管辖的原因，主要是这些国家军队较少甚至没有军队。军事任务需要警察的支持。大国可以把国防力量和国内治安力量分别配置，小国则没有这样的资源。另外，一些中小国家有军政府的传统，民事和武装警察合一有利于军政府的统治。但从国家权力平衡角度来看，军警合一，以军统警，将严重加剧军队对国家政治秩序和社会生活的干涉，是一般文官政府极力避免的局面。

军警严格区分是社会进步的表现，也是第三世界国家以后的发展方向。如印尼警察部队与武装部队于 1967 年合并。长期以来由于军警职责不分，引起公众反感。瓦希德执政后，落实军警分家的计划，规定警察部队的任务是维持社会治安和秩序，警察部队不再隶属国防部，改由总统直接管辖，从而进一步限制了军方的权力。瓦希德还要求警察改变军人的形象和作风，树立良好的警察形象。

第五章

各国情报机构比较

情报机构是一类涵盖广泛的社会组织，包括科技情报、经济情报、文化情报机构等。本章论述的对象专指其中与国家安全直接相关的情报机构，主要有外交、内政和军事情报机构。这一类情报机构是国家安全体制的重要而特别的组成部分。它与各国国防部、内政部、警察机构之间，在机构性质区分、职责划分、权力交割诸方面都存在复杂的关系，并因国别而呈现很大的差别。

第一节 国别情况概述

一、美国情报机构

美国情报机构的设置始于独立战争时期。1776 年，华盛顿曾委托本杰明·塔尔梅奇负责组建海军谍报机构，这不仅为美国海军情报工作的发展打下了基础，同时也成为美国设置情报特务机构的开端。美国现代情报机构则以 20 世纪 40 年代组建中央情报局为里程碑。目前，美国拥有世界上最庞大的情报机构，按其隶属关系和职责分工可分为四个层次：第一，国会立法建立、总统直接领导的国家情报局、中央情报局；第二，国防部管理的、为政府决策服务的国家情报机构，如国防情报局、国家安全局等；第三，由国务院和各行政部门管理的情报机构，如国务院情报和研究局、财政部情报分析处；第四，军事情报部门，如陆军情报局、海军情报局、空军情报局等。

目前美国共有 16 个主要的情报机构：中央情报局，从事对外情报与秘密颠覆行动。国防情报局，隶属于国防部，从事外军情报活动。国家安全局，隶属于国防部，从事电子通信侦察。在美军内部机构是中央安全署。国家侦察局，隶属于国防部，从事间谍卫星侦察。国家地理空间情报局，隶属于国防部，从事军用地图绘制。陆军参谋部二部，担负陆军战术情报任务。海军情报局，担负海军战术情报任务。空军情报局，担负空军战术情报任务。海军陆战队总部情报处，担负海军陆战队战术情报任务。能源部研究与发展局，从事核武器与能源情报活动。联邦调查局，从事反情报与反恐怖活动，隶属于司法部。情报与研究司，隶属于国务院，从事外交情报活动。财政部情报分析处、国土安全部信息分析与基础设施保护局。海岸警卫队总部情报处，隶属于国土安全部，担负海岸卫队战术情报任务。

国家情报局协调领导以上 15 个情报机构。其中主要情报机构简况如下：

1. 国家情报局

2004年12月7日和8日，美国国会众、参两院分别通过了50多年来美国最大规模的情报机构改革法案——《2004年度情报改革和预防恐怖主义法案》，主要内容之一就是创设统管全美15个情报机构的国家情报局长。2004年12月，美国总统签署了《情报改革与预防恐怖主义法》。该法是自第二次世界大战以来最重大的情报改革方案，也是美国情报体系变化的主要依据。2005年4月，内格罗蓬特被任命为首任国家情报局长。

“9·11”事件暴露了美国情报界深层次的体制弊端，迫使美国对情报系统进行了自1947年成立以来的最大改革。美国分散式的情报体制使众多的情报机构之间难以协调。已存在的情报协调机构分属于国家安全委员会，国家对外情报委员会，以及中央情报局。前两者的协调过于泛化，后者本身既是协调机构，又是具体的情报搜集和分析机构。因此中情局长常常是只顾及本部门的业务，协调功能只是空有其名。“9·11”发生后半小时，美国总统不知道向谁了解情况，与国家安全事务助理赖斯通电话，赖斯回答说撞击世贸大楼的飞机是一架双引擎飞机，并表示这是她了解的全部情况。总统的情报顾问，中央情报局长也不知道他的国家正在发生什么，各情报机构都“蒙在鼓里”。在“9·11”事件发生的100多分钟里，美国情报战线陷入茫然之中。设立国家情报局正是为改变这一现状。

新设立的国家情报局长作为总统的首席情报顾问，负责监督和协调美国情报机构在国内外的情报搜集活动，进而阻止恐怖袭击。原中央情报主任退居为真正的中央情报局长，向国家情报局长报告工作。国家情报局长虽不是政府内阁成员，但属于部长级。他对整个情报系统有预算权及人事权，据此拥有了管理情报系统的实质性领导能力，是实现美国情报界全面整合与协调，强化整体情报能力的首脑人物，从某种程度上结束了原来各部门割据的格局。可以说，设立独立于任何机构之外的国家情报局长一职的重要因素之一，即为在紧急状态下总统能够直接地找到情报负责人，获取情报支援，能公平、客观地协调各部行动。同时，建立联合情报界委员会来协助国家情报局长工作，由国家情报局长当主席，其他成员包括：国务卿、财政部长、国防部长、能源部长、国土安全部长和司法部长，以及总统指定的其他官员。同时，授权国家情报局长办公室建立“统一情报收集组织”。通过以上措施，情报部门在目标确定、收集范围、数据管理、战略规划与投资等方面各自运作的时代将宣告结束。

国家情报局长由总统提名，经参议院批准，直接对总统负责，但要出席国会听证会；作为总统的首席情报顾问，参加国家安全委员会、国土安全理事会的相关会议，但不是内阁成员。国家情报局长的主要权力有：制定预算、执行预算、经费转移和重新计划；采购权；人事任命权，包括向总统推荐与提名其副手、国家情报机关和政府各部情报机关主官任命；人员调动权；情报作战权，包括任务分配与确定目标与优先等级并对国家情报的收集、分析、生产与分发进行管理等。国家情报局长的职责是：保证全面和最迅速的情报共享及提供可操作信息，特别是针对美国的恐怖活动情报；建立情报机构的情报标准、政策和计划；监督国家反恐怖中心及未来的国家反大规模杀伤性武器扩散中心；在局长办公室内设立一个国家情报委员会，评估整个情报界的情报收集和生产；接替中央情报局长成为情报界总管，向总统提交《每日情报简报》。建立联合情报界委员会以协助国家情报局长工作，由国家情报局长当主席，其他成员包括：国务卿、财政部长、国防部长、能源部长、国土安全部长和司法部长，以及总统指定的其他官员。

其下属机构有：

国家反恐中心。2004 年底，根据布什第 13354 号行政令以及《2004 年度情报机构改革与预防恐怖主义法案》的相关规定，在“恐怖主义威胁综合中心”基础上成立国家反恐中心，设于国家情报局长办公厅，从事“战略作战计划”，包括使命、实现目标、履行任务、作战活动的协调以及作用与责任的分配等。中心主任兼反恐任务总管，并成为国家情报局长有关反恐问题情报行动的首席顾问。国家反恐中心的任务主要包括：整合、分析国内外一切有关恐怖主义和反恐事务的情报；对反恐行动进行战略规划；为美国政府中承担打击、消灭、逮捕或扰乱这些集团或个人等职责行动部门提供全源情报支援。国家反恐中心主任将监督战略性作战计划的落实情况并从各部局获得计划执行进度的相关信息，在预算与情报事务方面向国家情报局长报告工作，并需要向总统报告联合反恐作战的进程。

国家防扩散中心。2005 年 3 月，根据《大规模杀伤武器情报能力委员会致美国总统的报告》的建议，美国政府在国家情报局长办公室内设立国家反扩散中心，负责整合有关大规模杀伤性武器的所有情报资源，提供有关大规模杀伤性武器的分析、评估和预警，制定防扩散的战略作战计划。此前美国许多国家安全机构都有这项任务，常常工作交叉、缺乏协调。为此布什责成内格罗蓬特着手进行组建“防扩散中心”。

设立国家情报局的宗旨就是将 15 个情报机构统合在一起，以解决各情报机构长期存在的各自为政、资源分散、缺乏协调等问题，从体制上消除恶性竞争的情报失误，提高情报工作效率。但从实际情况看，这是一个相当冒险、很理想化的改革行动，前景并不被人们看好。将 15 个情报机构纳入一个整体是极其庞大的工程，是一个深层次的问题，仅靠一届政府的几个行政命令很难完成，简单地依靠“一元化”领导无法解决。特别是在全美 15 个情报机构中，超过一半的情报机构（8 个）归属国防部，美国情报机构总预算的 80％也由国防部支配，美国军方的态度是此次改革能否成功的关键。原国防部长拉姆斯菲尔德的态度就是一个问题，他已经采取一些对立措施，旨在限制国家情报局长对国防部情报系统的干预。参与情报改革的一名前政府高级官员称：国防部与政府其他部门对情报主导权的争夺战已经打了 50 年，每回都是国防部赢，这次也不会例外。

2. 中央情报局

中央情报局是根据 1947 年《国家安全法》成立的。它原是美国最主要的情报机构。其职责包括：（1）向国家安全委员会提供联邦政府各部门和机构有关国家安全的情报活动情况，提出协调各部门情报活动的建议；（2）评估与国家安全有关的情报，并以适当方式提供给政府部门及有关机构；（3）搜集、加工和转发有关反情报和外国情报机构活动的情况。涉及在美国境内的行动须事先征得中央情报局局长和司法部长批准，与联邦调查局进行协调；（4）搜集、加工和转发有关外国毒品生产与运输方面的情报；（5）在国外从事反情报活动，协调政府其他部门在国外进行的反情报活动；（6）依照总统指令，执行特殊任务；（7）研究、发展和采购执行情报任务所需的技术设备；（8）采取适当手段以保证其设施、活动、信息、资产以及雇员的安全；（9）为军方搜集、加工和转发有关军事情报；（10）履行其他有关国家安全的职责。

下设机构有情报司、科学与技术司、行政司、行动司。行动司是最大的部门，下设外国情报、隐蔽行动、反间谍、任务与方案、技术勤务、行动服务等若干个处，9 个地区分部及情报站。为了增强中情局的情报搜集与分析能力，2000 年 11 月，布什指示中情局局长拟定计划，增招数千名特工和情报分析人员，使中情局规模扩大二分之一。这些人包括具有国际政治知识、高科技情报分析能力及掌握中东和中非历史知识并能讲多国语言的人才，强化中央情报局的海外人力情报搜集工作。2005 年 10 月在中央情报局名下成立了国家秘密行动司，以整合中情局、联邦调查局、五角大楼等机构的谍报活动。同年，在中央情报局内设立公开情报司，集中领导公开情报工作。所属机构“国家情报委员会”成立于 1979 年，隶属中情局，前身是国家情报总评估小组。主要职责是通过对美所有情报机构掌握的情报信息进行分析，研判未来国际形势，预测影响美国家安全的因素，起草关于美总体国家安全形势的战略性评估报告。2005 年 1 月，国家情报委员会推出战略评估报告《2020 年展望》，认为未来 15 年内，中、印将崛起成为新的全球性大国，全球化将具有愈发浓重的非西方色彩。

根据《2004 情报改革与预防恐怖主义法》，中央情报局的职能有所削弱，中央情报局长失去国家情报主任和国家情报委员会主席的职位，变成了专职情报局长。这也促使中央情报局职能相对更加集中，主要从事收集人力情报、分析全源情报以及从事秘密行动等核心责任。它没有国内安全的职能，但在司法部长的同意下，可以同该部所属的联邦调查局合作，在国内搜集关于外国的情报和进行反情报工作。该局的组织、人员、经费和活动严格保密，即使国会也不能过问。

3. 联邦调查局

该机构既属于国家安全情报机构，也属于国家警察机构。联邦调查局的前身是“司法部调查局”，成立于 1908 年 7 月 26 日，1924 年改为现名。美国法典第 28 条 533 款授权司法部长“委任官员侦测反美国的罪行”。此后其他联邦的法令给予联邦调查局权力和职责调查特定的罪行。联邦调查局现有的调查司法权已经涉及超过 200 种联邦罪行。在美国警察机构中，联邦调查局是规模最大的机构，是美国最重要的联邦执法部门和最大的反间谍机构。

联邦调查局的任务：保护美国的国家安全，调查来自于外国的情报和恐怖活动。在法律执行方面向联邦、州、当地和国际机构提供帮助。协助各州和地方警察确认和追踪州与州之间的逃犯，发布有关最严重的通缉犯的消息，并提供寻找罪犯方面的训练和研究。在反暴行、毒品/组织犯罪、外国反间谍活动、暴力犯罪和白领阶层犯罪等方面享有最高优先权。联邦调查局每次调查情报资料后，递给适当的美国司法部官员，由他们决定是否批准起诉或执行其他行动。2002年5月，美开始对联邦调查局进行整改，明确该局首要任务是提高预防和打击恐怖活动的能力，保护美国和美国公民免于恐怖主义威胁。今后，联邦调查局的工作重心将由传统的调查犯罪调整为预防大规模犯罪和恐怖主义。联邦调查局将依照下列优先顺序改变作业方式：保护美国不受恐怖分子攻击、遏阻外国情报作业和间谍活动、预防电脑网络攻击和高科技犯罪、打击贪污、保护公民权利、打击犯罪组织和重大犯罪等。司法部取消以前对联邦调查局在国内进行调查活动所设置的一些限制，授予其更大的调查权和自由度。根据政府新的授权，联邦调查局特工以后可以对国内任何因特网站、图书馆、教堂、公众集会甚至政治组织进行监视。同时，联邦调查局在国内的各分支机构可以不必经过总部同意就启动有关调查程序。由此联邦调查局完成了几十年来最大的职能转变。此外，虽然原则上联邦调查局主要是负责维护美国国内的安全和稳定，而中央情报局则主要负责对外情报。但联邦调查局在国外的情报搜集中也并非“袖手旁观”，在美国有些驻外使馆中也设有代表。

该局总部设在华盛顿，下设10个由助理局长担任领导的职能部门，分管鉴定、训练、刑事调查、技术服务等工作，并在全国59个城市设立外勤办事处及从属于它们的400多个“地方分局”。较大的分局有上百名工作人员，较小的分局也有10多名工作人员。分局下再设办事处，遍布各个城镇乡村。每个办事处至少也有2名工作人员。在世界22个国家设有驻外机构，执行总部分配的任务。此外，该局建有刑事犯罪“科学实验室”、“中央指纹档案馆”和建有专门训练高级特工人员和警察的联邦调查局国家学院。近几年增设了十多个反恐新单位。如2005年6月，联邦调查局成立国家安全处，以综合司法部的反恐和情报部门资源，融合司法部反恐情报能力，加强反恐情报与执法的交流、合作。在美政府授权下，联邦调查局新设的恐怖分子甄别中心负责“已知和可疑恐怖分子”的数据库，以实现反恐情报共享。

4. 国务院情报与研究司

成立于1957年，隶属国务院。它是美国国务院长期设置的从事情报工作研究的情报部门，著名的密码破译机构“黑屋”就是隶属国务院情报研究司的。它本身没有搜集情报能力，情报资料的来源主要是驻外使馆电报、报告及公开资料。经整理分析，形成情报报告，供国务卿及有关部门参阅。主要任务还包括：对各种情报进行加工，依靠国务院的外交电讯及情报机构的情报，研究和散发有关美国对外政策的情报；散发美驻外各使、领馆发回的有关报告，并向使、领馆传递所需要的来自情报界的报告；协助驻外使、领馆负责人履行领导和协调使团活动。该司还负责国务院与各情报机构的协调联络工作，以保证各情报机构的国外情报活动符合美国的外交政策。该机构规模较小，人员一般在350人左右，年度预算经费约为2500万美元，因此受官僚政治的影响较小，开展工作的自由度较大，能对突发事件作出快速反应。

5. 国防部所属情报机构

属于国防部的情报机构有国防情报局、国家安全局、国家侦察局、陆海空三军情报局、反情报驻外活动、陆军参谋部二部、海军情报局、空军情报局和海军陆战队总部情报处等。

国防情报局1961年8月成立，直属国防部长领导，受负责指挥、控制、通信与情报的助理国防部长的业务监督并向参联会主席报告工作。主要职能是：负责统一各军种非密码情报的分析工作，编写与分发关于外国的情报与反情报材料；为国防部各部局、参联会、各联合司令部提供情报保障；颁发国防部情报程序手册和规定；掌管国防情报总规划；监督国防部监测与警报系统；管理国防武官系统。从赋予美国国防情报局任务看，国防情报局在军事情报体系中处于核心地位，负有对军事情报资源的统一管辖与调配权。总部设在华盛顿博林空军基地。

陆军情报局是美国军事情报机构中成立最早的一个，建立于1882年，局长由陆军参谋部助理参谋长担任。该局下属有外国联络部、外国情报部、反情报部和情报系统等单位。另外，陆军还有导弹情报局、外国科技中心和情报支持活动局等特殊的情报单位。在陆军的每一个师中，都设有陆军情报司。它主要搜集战术性情报，为地面部队服务。

海军情报局是美国三军情报系统中规模最小的一个。海军情报局局长由海军作战部部长助理担任。下设国外情报部、技术情报部、特别活动部等。它不仅负责海军系统的情报任务，还担负着美国国家安全局的电子监听任务。

空军情报局是美国三军情报系统中规模最大的一个，建立于1947年，由美国空军部负责情报工作的助理参谋长直接领导。下设国际联络处，负责掌握驻外空军武官搜集的情报；预测管理处，负责情报的综合，出版《空军情报摘要》，研究东西方国家空军实力；目标侦察处，负责整理分析敌对国家目标的潜在力量，研究战时美国所要攻击的战略目标。

6. 国家安全局

又称国家保密局。它是1952年根据杜鲁门总统的一项秘密指令，从当时的军事部门中独立出来的，以加强情报通讯工作。其最早的雏形可追溯到一战时期的美陆军通讯兵团，此后曾更名为美陆军安全局。目前已发展成为美规模最大的情报机构之一。总部设在华盛顿以北的马里兰州米德堡巴尔的摩市华盛顿公园几百米远的森林丛中。它名义上是国防部的一个部门，实际上则是一个隶属于总统并为国家安全委员会提供情报的秘密组织。

美国政府每天收到的秘密情报，约有85%是国家安全局提供的。因此一向有世界上最大的“超级情报机构”之称。其主要职能是：负责搜集外国的信号情报和对本国的通信、计算机和作战活动进行保密。在信号情报搜集方面，负责对全球电子侦听站、网和陆基、舰载及机载情报搜集系统实行业务领导；在保密职能方面，负责制定和颁发通信保密守则和程序，批准和管理总统及政府部门在危急情况下使用的密码，负责战略核部队的密码安全，管理国家计算机保密中心，保证电子通信和自动信息系统的保密安全。总部大楼里布满了世界上最先进的高性能电子装置。

国家安全局内设：行动司主要负责截收外国密码通信；生产处主要负责监听有关国家发出的电子讯号，破译各种密码和暗语；研究发展处主要负责特殊、高级密码的分析、译解工作以及用电子计算机处理密码和情报，研制无线电通讯的新式设备等；

通讯保密处主要负责编制密码和密码保密；保安处主要负责监视和审查国家安全局的各类人员，以确保本局的保密和安全等。除此之外，还有讯号情报处理办公室、通讯安全办公室和国家密码破译技术学校等。

国家安全局共有2.5万人左右。年预算经费100多亿美元。人员编制和预算拨款都比中央情报局多。该局总部有一流的密码编制家和数学家，并备有世界上最先进的电子计算机。国家安全局在美军内部机构是中央安全局。

7. 国家侦察局

该局成立于1960年8月，直属美国国防部，总部设在五角大楼内，是“U－2”飞机在前苏联被击落和美首批导弹与卫星发射失败后采取的反应措施。其负责人一般由主管情报工作的空军部副部长兼任。它是美国国家级的情报机构，也是美国情报界最机密的一个情报机构，从事间谍卫星侦察。它的主要职责是“通过侦察卫星获取图像和信号情报”，并负责“侦察卫星的日常运转工作”。其任务是为美国整个情报界统一安排卫星的侦察计划、设计、研制和维修，通过卫星和设置在全球各地的地面监听站，搜集相关国家的通讯信号，然后将其在计算机中筛选和分析。自成立以来，开展工作极为隐秘，机构名称直到1973年才为外界知晓。长期以来，国家侦察局所提供的空中侦察情报在指导美对外政策，尤其是国防和军控政策等方面发挥着重要作用。如从1972年尼克松政府与苏联签署的第一阶段削减战略武器条约开始，国家侦察局所提供的卫星侦察情报已成为美政府用来证明苏联是否遵守军控条约的有力依据。目前美国所有的航天侦察计划都归国家侦察局控制，负责管理美国的航天侦察计划，向国家决策者和作战人员提供所需情报。

二、俄罗斯情报机构

目前，俄联邦情报系统主要由国家安全总局所属情报机构和国防部所属情报机构两大部分组成。

（一）国家安全总局所属情报机构

1. 对内情报机构

反间谍活动是俄联邦安全总局的首要任务，下属相关部门有：反间谍局、反恐怖局、经济安全局、宪法安全局、分析预测与战略规划局、军事反间谍局、侦察局、调查局、内部安全局等。

军事反间谍局（又称联邦安全总局第三局）。普京颁发总统令，在俄罗斯武装力量和其他部队、作战组织和机关（含军事安全机关）中分别设联邦安全局的分支机构，统归军事反侦察局领导，拥有广泛的权力，参与军队、军事机构所有涉及其安全的决策过程，使之起到政治警察的作用，成为总统控制军队的一大利器。

内部安全局，组建于 1992 年，用于查明、制止和预防安全总局系统工作人员的违法活动，比如利用职权非法窃听公民电话、向外国间谍机关出卖情报以及勾结不法分子的事件。2002 年，在莫斯科音乐厅解救人质事件中，内部安全局与“阿尔法”

紧密配合，一举挖出了向恐怖分子通风报信的安全总局“内线”。

保卫宪法制度与反恐总局，1997年在联邦安全总局反恐中心的基础上组建。下属特勤中心编有“阿尔法”和“信号旗”两支特种部队。“阿尔法”特种部队于1974年7月29日由原苏联克格勃主席安德罗波夫倡议组建。1985年之前，它只听命于苏共中央总书记和克格勃主席本人。目前，“阿尔法”在莫斯科有250人，编有狙击手、爆破专家和通信专家等。日常工作是处理劫机、劫船、劫持其他运输工具以及劫持人质和爆炸等恐怖袭击事件。“信号旗”特种部队组建于1981年8月19日，和平时期主要用于处理核恐怖突发事件，清除俄罗斯核设施的恐怖分子。临战和战时的任务正好相反，主要用来摧毁敌方领土上的核电站、带核弹头的导弹以及其他核设施。此外，“信号旗”部队也可执行非核反恐任务，如在车臣进行的反恐行动。

2. 对外情报总局

前身是1920年12月20日俄罗斯苏维埃联邦社会主义共和国在内务人民委员部全俄肃反委员会内成立的外国处。1934年6月10日改组为苏联内务人民委员部国家安全总局第7处。1943年4月，对外情报工作又集中归口苏联国家安全人民委员部第一局统管。1952年1月，苏联部长会议通过决议组建苏联国家安全部第一总局，负责对外情报工作。1954年3月，对外情报工作转交苏联部长会议下属的国家安全委员会（克格勃）第一总局领导。1991年11月，对外情报部门脱离国家安全委员会成为一个独立机构，更名为苏联中央情报局。1991年12月18日，俄联邦接管苏联中央情报局，并将其改组为俄联邦对外情报总局，直接对总统负责。2003 年 7 月接管了联邦政府通信与信息局第三局的对外无线电电子侦察任务及无线电电子监视侦察卫星。2004 年 7 月 11 日，根据普京总统签署的有关改组国内情报机构的法令，对外情报局并入了新组建的国家安全总局。

1995 年 12 月 8 日通过的联邦《对外情报法》，规定了俄联邦对外情报总局中央机关的编成，1997 年底的编制员额是 1.2 万人。设局长一人，第一副局长和人事、科技、侦察、后勤四名副局长。对外情报总局拥有直达总统的情报上送渠道，局长每周一受总统召见，汇报对外情报工作。“俄罗斯联邦对外情报机构领导人应对情报的可靠性和客观性，以及提供情报的及时性向总统承担个人责任。”[31]下设情报侦察局、侦察技术局、经济情报局、信息技术局、科技情报局、情报分析局、境外反间谍局、经营保障局和情报科学院。此外，还设有局长直接领导的咨询委员会和对外新闻局。1996 年增加两个部门：一是经济情报处，负责保障俄罗斯经济安全，任务是努力使俄罗斯不以一个原料供应国的身份参与世界经济，维护俄罗斯现有武器市场并进一步开拓新市场；尽可能多地了解俄罗斯高科技产品在进入国际市场方面所遇到的障碍与阴谋。二是特别局，负责与外国、尤其是独联体国家情报机构的合作。主要任务是：参与旨在反对北约东扩的对外政策制定和实施，在提高国家整体防御能力方面和加快经济发展中发挥作用，开展包括军事技术和武器进出口在内的科技情报活动，全面搜集有关地区纠纷、军火交易、国际恐怖活动及毒品走私等方面的情报，活动方式以海外搜集为主。

对外情报局是俄罗斯对外情报系统的主体机构，主要负责对外谍报侦察和无线电技术侦察，获取重要的战略情报。俄联邦《对外情报法》规定，“俄联邦对外情报总局是俄联邦安全保障力量的组成部分，它使用某种合法的方法和手段捍卫个人、社会和国家免遭来自国外的威胁”。其目标和任务：保证个人、社会与国家安全免受外来威胁；向总统、议会和政府提供政治、经济、军事、科技和环境等方面的情报；为实施安全政策创造有利的国际环境；促进国家的经济发展、技术进步，维护国家的军事技术合作。其权力是发展秘密关系；使用掩护身份；与各级权力机关合作；与权力机关、企业、机关和组织签订必要的情报活动合同；用各种手段保护俄联邦驻外机构掌握的国家机密等。目前俄罗斯对外情报局的工作主要在政治、经济、国防、科技和生态等方面展开：获取世界主要国家、特别是与俄罗斯有关国家的预警性情报，保卫国家利益；跟踪可能对俄国家利益带来威胁的“热点地区”局势的动态；获取对俄罗斯和独联体国家构成威胁的新型武器、特别是核武器的情报；保卫俄罗斯经济利益，获取涉及俄罗斯利益的国际经济和财政组织活动的秘密情报，保卫国家经济安全；获取最新的科技成果、特别是有助于加强俄罗斯国防能力的军事技术。

联邦对外情报总局还负责协调联邦各对外情报机构的工作。在开展对外情报工作方面与相关部门有明确分工：俄联邦国防部对外情报机关负责获取军事技术、军事经济和生态领域的情报；原联邦政府通信与信息署所属的对外情报机关负责利用无线电电子手段获取政治、经济、军事、科技领域的情报；联邦安全总局下属的边防总局对外情报机关则负责实施边境侦察。

3. 联邦政府通讯和信息局

由原克格勃第8总局（密码和通讯）和第12局（负责窃听）、第16局（信号情报）组建而成。其职责是保障国家通讯的信息安全并进行监督。主要任务是负责俄政府要害部门的通讯安全、密码处理，利用人造卫星、间谍飞机、情报船和地面侦听站等搜集外国情报。根据《联邦政府通讯与信息组织法》规定，它还负责向俄罗斯高层国家权力机关提供有别于其他渠道的可靠和独立的专门情报（对外情报活动资料，在特别时期、战争状态和紧急状态下维持国家经济管理的信息，战争或紧急动员状态下的经济情报，社会经济监测信息），向这些机构提供在安全、国防、经济、科技、国际关系、生态和动员准备方面采取决策时所需要的情报。因此，它控制着一些重要的计算机系统和通信网络，包括政府通往银行的电话线、俄最大互联网络服务商的大部分股份，以及自动化股票系统。此外，它还以俄公司名义搜集商业情报，并积极探索利用互联网络和其他数据传递等新的途径与方法刺探情报和进行其他活动。联邦政府通讯与信息局的下属机构主要包括：政府通讯局、通讯安全局、电子侦察局、信息资源管理局、信息系统管理局、行政局、安全局、奥廖尔军事技术学院、密码科学院、国际合作中心和电子侦察部队。2003年3月11日，普京总统下令对强力部门进行改组。联邦政府通讯和信息局的大部分转入联邦安全总局，一部分划归军队系统。

（二）国防部所属情报机构

军事情报总局是国防部军事情报工作的主要职能部门。1918

年10月21日，列宁签署法令，成立“共和国野战参谋登记处”，这是一个在俄国各红军部队已建的军事情报机构的基础上建立的全国统一的军事情报最高领导机关。1920年，“登记处”完全脱离了全俄肃反委员会，组建了红军参谋部情报局，最初叫第一部，后来又改为第四部。主要任务是组织谍报侦察、前线侦察、无线电技术侦察、航天侦察和敌后破坏与游击行动。它由副总参谋长兼情报总局局长领导，局长直接隶属于总参谋长和国防部长，并不得与联邦总统以外的任何政治人物保持联系，但只有在总统召见时才可直接向总统报告工作。

军事情报总局内设12个业务局。其中第一、二、三、四、七、八局为谍报侦察局，主要负责向国外选派武官和其他身份的军事谍报人员，组织指导在国外的情报收集工作，并负责情报的整编；第五局是战役战术侦察局，编制内设有一个特种侦察方向，负责领导编制在各军区情报系统的特种部队；第六局负责无线电侦察和无线电技术侦察。该局的工作程序是：信息流从直属无线电侦察站、军区（舰队）的技术侦察设施发往第六局机关，由第六局进行汇总整理呈送，航天侦察局负责使用由太空兵发射和管理的光电侦察卫星和雷达侦察卫星，负责为陆、海、空三军以及空降兵、战略导弹兵提供陆上、海洋和空中的战略和战役情报；第九局负责搜索整理军事技术情报；第十局负责搜集整理军事经济、军工生产与军售、经济安全等方面的情报；第十一局负责跟踪和整理有核国家战略核力量的情报。总参情报总局还辖有一所军事外交学院，负责培养军事情报人员。

俄罗斯军队中的陆、海、空三军司令部内部都设有军事情报部。这些情报部门的活动，要接受军事情报总局第五局的监督和指挥，所获得的一切情报资料亦要上送给第五局。而海军情报部有一定的独立性，在对海洋侦察卫星的发射和使用上，无需得到总参谋部的批准。各作战部队军区的情报部的主要任务是搜集作战情报，搜集和掌握关于合成军团的各个军种、兵种独立或联合作战的有关战役情报，以及保障师级以下各个单位进行战斗所需的各种战术情报。各军队、兵种的情报部，主要负责搜集、掌握与本军种、兵种有关的情报，并配有完成这些情报任务的各种侦察手段。

值得注意的是俄联邦武装力量太空兵编有一个独立导弹袭击预警师，管理着太空预警卫星系统和地面远程雷达站，负责为国家军事政治领导人提供导弹核袭击预警情报，以便国家最高指挥当局在核战争中及时做出反击的决策。太空兵内还编有一个太空监视师，负责监视航天器在太空的运行情况和测定其轨道参数，为实施太空战提供目标指示。

附：苏联克格勃

即苏联国家安全委员会，是 1954 年 3 月 13 日至 1991 年 11 月 6 日期间苏联的情报机构。其任务是掌握秘密警察，进行特务活动，管辖边防军，向国外派遣间谍，以各种公开身份为掩护，从事搜集情报、招募特务和进行心战、渗透、暗杀和颠覆活动。

前身为 1917 年 12 月捷尔任斯基创立的“契卡”，即全俄肃清反革命和消除怠工特别委员会。此后名称屡次变更：1922 年 2 月称国家政治保卫局；1923 年 7 月称国家政治保卫总局；1934 年 7 月称国家安全总局；1941 年 2 月称国家安全人民委员部；

1941 年 7 月称国家安全总局；1943 年 4 月称国家安全人民委员部；1946 年 3 月称国家安全部，1947 年 10 月至 1951 年 11 月称国家安全部（对外情报机构归情报委员会管辖）；1953 年 3 月称内务部；1954 年 3 月称国家安全委员会（克格勃）。

克格勃历史上最有影响力的领导人是安德罗波夫和贝利亚。安德罗波夫最后担任了苏联的最高领导人，而贝利亚在权力斗争中失败，被赫鲁晓夫以叛国的罪名处死。

克格勃的领导机构是苏联国家安全委员会全委会，由 15 至 17 人组成，负责研究最重要的问题，并就这些问题通过相应决议，以国家安全委员会主席令的形式生效。决议生效以后，就成了所有国家安全机关必须执行的规定。全委会委员包括国家安全委员会主席、副主席、主要部门的主官以及几个地方国家安全机关的领导人。全委会由苏联部长会议决定任免。约定俗成的是，乌克兰国家安全委员会主席、莫斯科市及莫斯科州和列宁格勒市及列宁格勒州国家安全局的两位局长，传统上都是全委员会委员。根据条例，全委员会 1 个月举行 1 次例会，但有时候要多，这取决于该讨论的问题是否紧急和重要。

下属主要业务机构有：

第一局是对外情报侦察部门，对驻国外间谍机构实施领导，并从苏联本土进行情报侦察。

第二局从事反间谍情报侦察工作。实施反间谍斗争，并从事与外国代表机构和旅游系统有关的工作，同时还在苏联领土上进行某些侦察活动。

第三局负责制止外国特工机关对苏联武装力量的破坏，领导有关军事部门和部队的特别勤务处的工作。

第四局负责所有交通运输部门的反间谍情报侦察活动的实施。

第五局负责与意识形态破坏活动进行斗争。于1989年改组为“第三局”，不再从事原属第五局的工作，即反意识形态破坏活动的工作，而是集中全部精力，调查并制止外国特工机关实施的恐怖和破坏活动。

第六局负责各个国防工业目标和某些科研中心的反间谍情报侦察工作。

第七局的任务是对委员会感兴趣的目标实施屋外监控。是国家安全委员会所有业务方向都很需要的重要侦察部门。由于这个部门的活动，才得以经常发现并制止外国特工机关的间谍活动，判定他们的犯罪联系，查清他们打入苏联要害部门，与苏联公民联系、实施隐秘行动和通过目视途径取得情报的意图。

第八总局负责编制总部机关与地方机关以及情报侦察机关与驻国外情报机构通信联络的秘密电码集。该局拥有制定密码通讯体系的现代化技术和科学装备，能切实保证国家安全委员会的密码通讯，并绝对保障这种通讯能在离总部机关任何距离的情况下昼夜不停地工作。

第九局担负保卫职能。它负责保障国家高级领导人、国家最高规格的礼仪场合、外国代表团来访和苏联代表团出访的安全。警卫克里姆林宫政府机关、部长会议大楼和其他一些目标，其中包括远离莫斯科的地方目标，如黑海、波罗的海和其他地区的几个目标。

第十局集中存放国家安全机关在苏联时期以及苏联以前时期积累的业务统计文献和档案资料，通常称为“档案处”。

第十一至第十六局包括监听局，对苏联公民和外国人进行“全面监视”；目标设施局，在莫斯科及其郊区和苏联的某些其他地方，建有绝对秘密商定的、供特别时期使用的目标。它们包括统帅国家和武装力量的预备指挥所、不可或缺的储备库、政府通讯枢纽，以及其他在紧急状态中支撑国家生活、保证国家正常行使职能的设施，维持国家在紧急状态下仍有生存能力的设施。侦察技术局，设计、开发、生产和经营间谍和反间谍专用技术工具。边防军总局，领导边防军区、边防部队和哨所。

克格勃从它创建的那一天起，就在赫鲁晓夫、勃列日涅夫、安德罗波夫等苏联领导人的苦心经营下迅速发展，直至 1991 年被解散前。无论在机构设置、组织分工、人员编制、经费预算等方面，还是在活动的手段和规模方面，都在世界范围内名列前茅。它掌握着秘密警察，进行特务活动，管辖边防军，向国外派遣间谍，从事搜集情报、招募间谍特务和进行心战、渗透、暗杀与颠覆活动。前美国中央情报局局长艾伦·杜勒斯曾对克格勃作过这样的评价，他说：“苏联国家安全委员会，既是赫鲁晓夫在国内的耳目，也是他在国外的耳目，是苏联国家政权的一个具有多种任务的工具。”总之，它可以根据苏联领导人的意图采取任何行动。它远不止是一个秘密警察机关，也不止是一个间谍和反间谍机关，它还是一个进行颠覆、幕后操纵和秘密干涉外国内政的工具。它也是苏联在冷战中进行扩张的一种侵略工具。

三、英国情报机构

英国情报系统以内阁情报委员会、联合情报委员会为枢纽，由秘密保安局、秘密情报局、苏格兰场特情处、政府通信总部、国防情报局等机构组成。

1. 内阁情报委员会

情报委员会是英国内阁诸委员会之一，是情报工作的最高决策机构。内设5个委员会和1个情报保安协调室。它们直接对首相负责，可以越过外交、内政和国防大臣，直接指挥秘密保安局、秘密情报局、政府通信总部和国防部情报局的活动。所设的机构有：（1）常务次官情报委员会，作为内阁最高层的情报委员会，其职权是批准情报预算和情报工作计划，指导情报机关的活动，侧重于指导情报搜集活动；（2）国防情报委员会，前身是国防委员会下属的联合情报中心。它是最高的情报分析机构，其任务是根据英国和北约组织成员国提供的情报，参照报刊等公开资料进行分析、评估，做出“国策”情报分析，提供给常务次官情报委员会；（3）海外经济委员会，它是最高的经济情报分析机关，其任务是根据英国和北约各情报机构提供的情报，参照报刊公开资料，做出经济情报分析，提供给常务次官情报委员会；伦敦信号情报委员会，是直接指导政府通讯总部的机构；（4）保安委员会，它负责指导保安局的反间谍活动和掌握对所有接触机密的文职官员进行全面审查的政策；（5）内阁情报、保安协调室，职权是负责审查长期性的情报工作计划和安排，代内阁秘书长审查情报预算，并写出年度审查报告送常务次官情报委员会和联合情报委员会，并对情报机关及其附设机构的发展，做出 5 年规划。

2. 联合情报委员会

联合情报委员会是英国最高情报分析机构，是英国所有情报机构，包括军情 5 处、军情 6 处等部门的协调机构。由情报与安全协调人任委员会主席，成员有：外交与联邦事务部代表、秘密情报局局长、秘密保安局局长、国防部情报局局长、政府通讯总部主任、国防部副总参谋长、情报评估室主任、副主任。此外，参加联合情报委员会会议的还有来自澳大利亚、美国、加拿大的联络官。

职责是着重外交、军事情报，根据英国和北约国家情报机构提供的情报，参照报刊等公开资料进行分析评估，就英国政府正在审议的外交、国防等问题做出“国策”情报分析，提供给常务次官情报事务委员会。分为情报分析职能和情报指导职能。其情报分析职能主要是分析研究英国的安全形势，并提出预警；其情报指导职能主要包括：指导、监督、协调国家情报机构（秘密情报局和政府通讯总部）的工作，经报有关内阁大臣批准后，定期或不定期地向各情报机构下达情报搜集要点及指示，每个年度结束后对各单位的工作表现进行评价，以确保各情报机构经济、高效地运转，适应急剧变化的情报需求。根据联合情报委员会的要求，各情报机构长官每周交换一次情报，各自所搜集的情报被限制在其任务范围之内，其他机构主要对保安局情报搜集工作的不足之处进行补充，秘密保安局、秘密情报局和政府通讯总部是其主要情报客户。

2. 秘密保安局（军情5处）

秘密保安局成立于1909年，总部设在伦敦梅菲尔区柯尔曾大街一座八层楼里，后迁到泰晤士豪斯的造价2.3亿英镑的新总部。总部里存放着大约200万人的档案。除总部外，它在伦敦的梅菲尔、圣詹姆斯、布卢姆斯伯里各区都设有办事处、训练所。在英国掌管的其他领土上，保安局也设有情报机构和海外站。此外，它还与军情6处、苏格兰场共同使用格罗夫公园的侦察中心。

军情5处名义上曾先后归陆军部、内政部管辖，但实际上一直由首相直接控制。军情5处初期的主要职责是防范与侦察英国境内的德国特务。在两次大战与冷战期间，军情5处主要负责英国国内的政治安全，防范德国、日本、意大利和苏联的颠覆活动。冷战结束后，军情5处的主要任务是重点打击国际国内的恐怖活动，包括爱尔兰共和军在国内进行的恐怖活动，防止英国核武器、化学武器以及生物武器技术的扩散泄漏，调查国内工会以及其他"抗议组织"的政治活动，防范国外针对英国所从事的各种间谍活动。1989年，英国颁布的《安全机构法》首次将秘密保安局纳入法制范围，赋予其应有的法律地位。根据这一法案，秘密保安局的职责包括搜集情报，对付间谍活动、恐怖主义和破坏活动的威胁，保卫英国国家安全，确保英国经济利益不受来自海外的威胁。1992年，增加了搜集北爱尔兰共和军恐怖活动情报的任务。1996年又增加了一项新职能：为英国警方及其他执法机构发现并阻止严重犯罪提供支持。目前，其工作的重点是反恐怖、反间谍和防止大规模杀伤性武器的扩散，并提出安全建议以增强英国抵御威胁的能力。第二次世界大战以后，该局的主要职责是反谍保安，防止别国、特别是共产党国家的情报间谍活动。这一点和美国联邦调查局相似，但不享有警察的权力，不能进行人身搜查和逮捕，如需搜查和逮捕，必须会同伦敦警察厅进行。它依靠广泛地雇用秘密情报人员进行窃听、监视、邮检等手段实施自己的职责。尽管秘密保安局将工作重点放在国内，但在一个日趋全球化的世界，国家安全的概念已经延伸到了国外，许多对英国安全构成威胁的恐怖主义组织的基地也设在外国。因此，保安局与国外的同行进行了紧密的合作以确保英国国内及其在海外的安全利益，在许多工作领域中，保安局得到了秘密情报局的支持及外国安全和情报机构的协助。

秘密保安局设局长 1 人，向内政大臣负责。由局长、副局长、情报协调人、各处处长及法律顾问组成管理委员会。该局下设 5 个处：情报搜集、制作和信息管理处；反间谍、反严重犯罪及保安处；反对国际恐怖主义活动、防止大规模杀伤性武器扩散处；反对与北爱尔兰有关的恐怖活动处；人事、安全、财务及设施管理处。此外，该局还设有法律顾问处及专门负责清除国家安全机构内双重间谍的“鼬鼠委员会”。各处均以代号称呼。下设科、组、小组或按地区、工作方向分工的“片”。军情 5 处每年经费约 1.5 亿英镑，其中 44％用来打击国内恐怖活动；26％用来打击国际恐怖活动；反间谍和防扩散活动占 25％；反颠覆活动占 5％。

3. 苏格兰场特情处

在英国历史上，反间谍工作最早是由警察局负责的，后来才成立了专门的反间谍机关，即秘密保安局。但警察部门依然负有这种特殊任务。其中最重要的机构就是苏格兰场特勤处。苏格兰场或确切地叫城市警察局特别警察分局，是伦敦警察厅总部的别称，最初由于它建立在苏格兰皇室一处行宫的遗址上而得名。由英国内阁直接控制，拥有逮捕、审问和起诉权。

苏格兰场特勤处是指伦敦警察局特别行动处。它名义上隶属伦敦警察局，实际上由内阁直接控制，是反间谍、反破坏的执行机构。早在 1883 年，大英帝国为了打击芬尼亚运动，在伦敦成立了爱尔兰特别警察分局，或称之为伦敦警察局刑事侦察处政治科，直接受苏格兰场的领导。直到第一次世界大战前夕，苏格兰场为了配合英国情报机构特别是军情 5 处的反间谍斗争，将政治科改为伦敦警察局特别行动处。第一次世界大战后，英国的情报机构特别是反间谍部门的主要任务是对付大英帝国国内的进步力量和爱尔兰的恐怖组织。因此，伦敦警察局特别行动处进行了改组，负责对付英国的共产党、国际共运组织以及其他的进步力量。二战前，为了对付德国的间谍活动，适应时局，伦敦警察局特别行动处得到了很大的发展。它的主要任务是：保护英王室成员、政府重要人物以及来访的贵宾的安全；监视机场、港口；监视并守卫使馆建筑物；监视所有有颠覆破坏行为的组织；监视并检查进入英国的可疑份子；调查对公共安全有危险的人；侦察颠覆性组织，监听进入英国的外来人员等等。苏格兰场在反间谍工作方面，是保安机构的执行者，在适当的时机执行逮捕及协助进行最后阶段的侦察任务。苏格兰场特勤处与秘密保安局联手进行反间谍工作，双方人员在需要时可以互相调用。秘密保安局没有逮捕、审问和起诉权，需要苏格兰场特勤处的帮助。

4. 秘密情报局（军情6处）

前身是1905年英国陆军大臣R·B·霍尔丹实施军队改革时建立的陆军军情6处。此后曾对外称“政府电信局”或“英国外交部常务次官办事处”等。西方情报界把军情6处看成是英国情报机关的“开山祖师”，从伊丽莎白的开创初期至今，它和它的前身都是严格保密的。1909年，英国情报机关改组后，该机构不再归陆军，但军情6处的称号一直被沿用下来。

1994年的《情报机构法》确立了该局的法律基础，其工作受联合情报委员会指导及“议会情报与安全委员会”的监督。它是英国唯一可使用非法手段在国外搜集秘密情报的机构，主要负责在国内外搜集政治、经济和军事情报，从事间谍情报和国外反间谍活动。其特工人员可采取任何行动，包括使用秘密手段搜集情报、提供秘密通信联络、开展反情报行动及隐蔽活动等。它的工作人员大批派出国外进行情报活动，通常以担任英国驻外使馆的秘书、随员或低级新闻官等职务作为身份掩护。它的情报员大多数是外国人，他们都直接或间接地接受秘密情报局的指挥，即设在英国使馆里的情报站的指挥。情报员搞到情报后，首先直接或间接地送到负责招募他的当地情报站，然后由伪装成外交官的秘密情报局官员对其价值和可靠性进行初步估价。如果某份情报被认为是有价值的，就给它附上适当评语，送往伦敦总部。伦敦情报站负责招募特工，并对外国驻英外交官员进行监视，了解他们的习惯、兴趣和爱好。为了搜集情报，特别是有价值的情报，秘密情报局的特工人员采取任何行动，甚至暗杀都是被允许的。根据《情报机构法》，它还为维护英国安全、国防与外交政策、经济利益及发现或阻止严重犯罪提供情报支持，负责物色和招募居住在英国的外国人，以便在其回国后充当英国间谍。冷战后，其对外情报活动将更多的注意力集中在亚洲地区。同时加强在俄罗斯和独联体国家、巴尔干及中东地区的情报侦察，增设情报站。

秘密情报局受外交部监督，直属首相领导。其总部设在伦敦威斯敏斯特桥南边一幢 20 层楼内，后搬到沃克斯霍尔的一幢俯瞰泰晤士河的造价 2 亿多英镑的新总部里。秘密情报局下设人事行政部、支持服务部、社会联络部和业务部等。业务部下设 8 个地区处：欧洲、非洲、亚洲、俄罗斯、中东、本土、西半球和全球。该局在全球各地约有 50 个情报站。经费和人员编制从来都是秘而不宣的。1993 年 12 月，英国广播公司制作一个专题节目披露说，秘密情报局有特工 1500 名和 2000 名后勤人员，每年经费为 1.5 亿英镑。该局的情报产品被称为“CX 文件”，主要送往外交部、国防部及其他政府各部，甚至一些英国大公司也能收到与其有关的“CX 文件”。

5. 政府通讯总部

英国的电子侦察机构，负责搜集并向内阁、政府各部门及军队提供信号情报。属英国外交与联邦事务部管辖，是文职部门。其工作受联合情报委员会指导。

政府通讯总部前身是一战时两个负责破译军用密码的部门—海军情报科的 40 号房间和军情处的 MI－1（b）。1919 年，这两个部门的遗留人员组建了政府电码密码学校，受海军部领导。1923 年由秘密情报局接管。1943 年归外交与联邦事务部领导。

1946年改为现名。

其主要任务是监听并分析、破译所有进出英国的无线电、电讯、电话等通讯信号，编制密码以保护政府各部门及英国驻外使领馆的通讯安全等。政府通讯部下设6个局：信号情报与需求局，是通讯总部的行动中心，负责国外密码电讯的监听；通讯安全局，负责国内普通电讯的监听，并向政府各部门及军队提供有关通讯及信息系统安全建议和帮助，是英国信息安全技术的权威机构；组织与行管局，负责行政管理与后勤工作；信号情报规划局，负责政策指导和规划工作，下设政策处和规划处等；联合技术语言局，负责对各种语言人才的招募、审查和培训；混合信号组织局，负责对国内外各监听站的业务指导。

6. 国防情报局

隶属国防部，直接对国防大臣负责。组建于1964年，由原陆、海、空三军的情报处与文职的三军联合情报局合并而成，成为统一的三军联合情报机构。经过1984年、1988年两次调整，组织机构趋于完整。其主要任务是为国防部、武装部队、联合情报委员会及其他政府机构搜集和评估公开及秘密军事情报，如外国的核武器、弹道导弹系统、场和基地的指挥与控制机制、军械与弹药、防空、雷达、电信、民间防务、运输系统、供能与供水等防务系统方面的技术专业情报，以及与军事直接有关的政治和经济情报。其中包括战略防务情报分析，评估世界上任何对英国有重要利益地区的军事主导力量。

该局主要由两大部门组成：国防情报分析局，负责提供全球防备情报评估和战略警告；情报与地理资源局，负责监督国防情报局部内 6 个互不关联的政策机构，监督国防专业情报及地理信息的搜集与提供。总部设在伦敦牛津街凯琴武德公寓内，拥有 1000 多名军职人员。该局同时还主管其他两个情报部门：国防情报和安全中心及国防地理与图像情报局。

7. 军事情报参谋部

英国的军事情报机关，隶属于总参谋部。这个部专门从事高级政治和军事间谍工作，统管全军的谍报、技侦、派遣和情报整理等方面的工作。各部门的首脑都是武装部队里的高级军官，主要任务是综合、分析和判断来自各地各军的零散情报，向内阁提交政策和战略性情报。

四、法国情报机构

法国情报机构经过多次重大改革，基本形成由上至下 3 个层次的情报机构网络：第一层是由总理主持、国防总秘书处负责秘书工作的部际情报委员会，负责领导和协调各情报部门的工作，制定国家情报计划，是法国军事情报和军事战略的最高决策机构。第二层是国防部和内政部情报机构，即国防部的对外安全总局和军事情报局，以及内政部的国内情报司（由领土监护司和普通情报司合并而成），这是法国情报机构的中坚力量。第三层是其他外围情报机构，如国家宪兵队国防保安局、独立情报机构和各大企业的情报机构等。

1. 部际情报委员会

法国中央政府权力行使主要通过各种会议和委员会来实现。

内阁会议是最高部际会议。部际委员会是一种为解决专门问题而成立的常设机构，通过政令形式组成，通常由总理主持。情报委员会是部际委员会之一。长期以来，法国各情报机构之间的关系很不融洽，对外安全总局、领土监护局等情报机构各自隶属不同的部长领导，由于这些机构从事的都是秘密工作，各自的任务和工作范围互有交叉、分工不明确。常常出现各情报机构从部门利益出发，彼此互相保密，明争暗斗。到了20世纪80年代，法国开始酝酿成立一个专门的协调机构加强对各情报机构的领导，减少各情报机构间的争斗，更好地开展工作。1989年4月，法国成立“部际情报委员会”，直接向总理负责。因此，该委员会就成为法国最高情报协调机构，也使各情报机构牢牢地掌握在总理手中。“部际情报委员会”由6名成员组成，即：总统办公室主任、总理的情报协调人、对外安全总局局长、领土监护司司长、国防总秘书厅秘书长和国防保卫与安全局局长。这些情报机构的负责人定期开会：总理至少一年两次召开会议，制定国家情报方针及协调各情报机构间的工作；委员会成员则每周召集一次碰头会，对各情报机构所搜集的军事情报进行汇总分析后，有目的地将情报分发给相关部门。制定各情报机构的主要任务以及协调它们之间的工作，以加强对整个情报界的统一领导。国防总秘书厅负责部际情报委员会的秘书和日常工作。

2. 领土监护司

成立于1944年，是法国最大的反间谍机构，隶属于法国内政部的国家警察总署，具有特殊司法警察机构和治安机构的职能，负责国内的反间谍、反颠覆和反恐怖。其主要活动由总理府和总统府直接掌管。总部设在巴黎的索塞斯街，约有警察 2500 名。下设技术处、反间谍处、反恐怖处、保安处、行动处和秘密情报人员处。反恐怖处下设两个科：一个科负责对付欧洲和中东的恐怖分子，另一个科负责对付拉美和古巴的恐怖分子。为了区别于对外安全总局的职责和任务，领土监护司一般不从事国外的反间谍工作。该司监视 30000 名有外交豁免权的外交人员。

领土监护司成立之初的主要任务是在法国本土（包括海外领地）打击各种形式的间谍活动，粉碎境外敌对势力对法国政治、军事、经济、科技等方面的破坏。冷战后，该局根据国际形势的发展重新确立了 4 项基本任务：（1）国内反间工作。工作对象是以外交官或其他合法身份作掩护从事非法活动的外国情报机构的间谍；（2）打击恐怖活动。领土监护局从 20 世纪 70 年代中期开始关注国际恐怖主义活动，并于 1982 年将原来的中东处扩建为反恐活动处。同年底又设立了“行动小组”。90 年代中期，该处武器配置不断得到加强，不仅新添了照相、电话监听、新型防弹车等先进设备，而且还装备了防弹衣，并从局内外机构选调掌握多门外语的人才及阿拉伯问题专家和反恐怖活动专家充实队伍。（3）防止本国工业、科技及经济情报被窃取。该局一方面对高科技企业和实验室及研究所进行秘密监护，对公司中担任高级职务的外国人进行必要的调查，并防止外国代表团和参观团借机窃取法国经济情报；另一方面广泛进行保密和防备间谍的宣传工作，以提高人们对工业间谍的警觉性。（4）反信息犯罪。该局应用高科技手段，对计算机网络、因特网、电子邮件以及移动电话等进行有效的监控。

3. 普通情报司

归内政部国家警察总署管辖，其前身是1846年成立的铁路安全治安机构，1911年扩大职能范围，成为特种警察，两年后改为行政警察，以后逐渐演变成政治警察。1941年4月该机构定名为“普通情报处”，1年后改为现名。

全司分为3个部分：一是中央局，直属内政部，有4个副局级单位（即分析和评估局、赌马及博彩局、人事局和搜查局）。二是巴黎分局，实际地位与中央局相等，故其特工拥有不少特权。目前，分局下设3个处：一般情报处、暴力和恐怖主义活动处以及外国社团处。三是地方分支机构，一般设在防护区的首府，实行双重领导，既向中央局负责，又向所在省的省长负责，各局都有一个搜捕行动班。普通情报局特工遍布整个法国。

根据1967年3月的一项法令规定，普通情报司是一个多功能的警察情报和安全机构，具有政治和司法警察的多重职能，渗透到社会各个角落了解情况，如跟踪了解政党、工会、议员、选举活动等情况，负责监视罢工、社会运动、新闻机构，监管赌博行业和赛马场地，调查恐怖活动、暴力事件、武器走私和毒品贩运等。与此同时，它还有权监视和调查在巴黎地区居住和就业的外国人的违法行为等。主要任务是负责调查和搜集必要的政治、社会和经济方面的情报，并上报政府。它还负责跟踪了解政党、工会、当选者、选举活动的情况，负责监视了解罢工、社会运动、新闻机构的情况，它还具有司法警察的职能，负责对赌博行业和赛马场实行管理监视。它有权调查恐怖活动、暴力事件、武器走私和毒品贩运等情况，有权监视和调查居住在或就业于巴黎地区外国人的违纪犯法行为等。该司每天都要把情报研究成果汇编成册，一式四份，在当天下午 6 点左右分送到内政部办公厅、国家警察总长办公室、总理府和总统府。

4. 国内情报司

在法国的情报系统中一直并存着国土监护司和普通情报司这两大机构。这种特殊性经常造成信息沟通不畅和重复劳动。法国总统萨科齐在上任初期就提出要改革情报系统，使其更有效地运作。2007 年 9 月 13 日，法国内政部长阿利奥宣布，法国政府将对国内两大情报机构领土监视司和情报司实施合并，组建一个全新情报机构——国内情报司。按计划，领土监视司全部 2000 名警察和普通情报司 4000 名警察中的 80％将并入新的国内情报司。该司职责包括反恐，打击商业间谍，监管重大游行示威活动等。有媒体形容为打造法国版的“联邦调查局”。新的情报机构主要使命是反间谍、反恐、搜集经济情报和研究社会动态。该机构共有 4000 名工作人员，隶属于内政部。除了领土监护司和普通情报司，并入新机构的还有来自反恐司法警察局等机构的人员。

5. 对外安全总局

法国历史最悠久的间谍机构。其前身是二战后期组建的“特别任务总局”，1944 年改为“研究及调查总局”，1946 年改为“国外情报与反间谍局”，1981 年改为现名。冷战后，该局制定了长期工作规划，增加财政经费，扩大人员编制，增建国外情报网，提高全局的现代化建设和收集、分析情报的能力。如今已成为法国最大的情报和反间谍机关，有工作人员 3300 名，军人和文职人员各占一半，全年度的预算为 5 亿法郎。该局虽然在体制上仅仅是国防部的一个单位，但实质上却是一个国家级的情报和反间谍机关，它统辖着全国的秘密情报工作，其情报活动和美国中央情报局相当，而反间谍工作和美国联邦调查局相当。

对外安全总局的任务是全面搜集国外有关政情、军情、战略、经济、科技和恐怖活动等各种情报；侦破外国的间谍活动；向国外派遣间谍和特工队；破译国外通讯信号。该局不在国内采取行动，突出非军事化和技术专业化。1982年4月，该局更名为“对外安全总局”时，规定该局不再在国内采取行动，突出非军事化和技术专业化。

总局共设5个处：（1）行政管理和财务处；（2）战略处，根据客户需要搜集相应情报，与外交部保持联系，对法国政治决策进行研究，其60%的任务是为各部及国内行动提供战略依据；（3）情报处，搜集信息尤其是人文方面的信息，保证信息的开发和情报的传播，传统上负责军事情报，与行动处联系最为密切；（4）技术处，由原电子监听小组组成，负责战略层面的电子情报的搜集工作，在境内外设有许多监听站；（5）行动处，负责制定和执行在国外的政治、军事行动计划，是情报活动的尖刀部队。该处没有正式编制的队伍，主要根据任务组建临时小组，从空降兵部队调集人员。处里有个秘密行动部，集中了总局1/4的特工人员。它拥有一个被人称为“秘密行动分局”的秘密情报网，情报人员在法国和世界各地窃取情报，偷拆外交邮包，秘密拍摄导弹基地和策划颠覆活动，以及使用各种手段收买、暗害外国政界要人。

6. 电话侦控部

法国社会情报复杂，各种不同思想倾向和各种类型的人员，如旧海外殖民地的流亡者、难民、极左或极右的政治活动家、各国的间谍情报人员和各党派团体的成员等等。为了从这些复杂的人员周围获取情报，就设立了这种独特的电话侦听机构。

电话侦控部归总理直接管辖，其任务是专门窃听各种各样的电话。它设有电话倒查号码设备，能及时查出打电话的人所用电话的号码。据统计 20 世纪 90 年代，巴黎就有 3400 部电话被电话侦控部窃听。

7. 国防部情报局

又称法国总参二局。下设 7 个处：军事情报处、科技情报处、经济情报处、武官处、总务处、联络通信处、档案资料处。总部设在巴黎国防部大楼，有工作人员 1000 余人。主要任务是搜集军事情报和与军事有关系的经济科技情报。

8. 军事情报局

1990～1991 年的海湾战争证明了法国的军事情报部门工作不力，对美国情报有很大的依赖性，为此，法国于 1993 年正式组建了一个新的情报机关——军事情报局。该局把所有的军事情报机构集中统一起来，从而成为法国的军事情报中心，取代了由三军参谋长管辖的军事情报开发中心，汇集来自于总参二局（国防部情报局）、对外安全总局和盟国转来的情报，并和驻外武官保持密切联系。

主要任务是满足国防部、三军总参谋长、政府和各部机关以及各行动指挥部门在军事利益方面的情报需要；指导和监督防务专员的情报活动；负责战略指挥情报搜集手段的有效使用。经过几年的发展，军事情报局已成为一个巨大的军用情报信息库。该局根据情报来源不同进行分类：第一类为低级情报，全军官兵广泛收集、逐级上报的信息；第二类为中级情报，驻外武官负责收集的公开信息，以及根据情报局要求收集的信息；第三类是情报部门截取的情报，如图像和电磁等机构。通过无人驾驶飞机、飞行器、船只或卫星拦截获得的情报。

军事情报局的参谋部设5个处，分别是情报搜集处、开发处、反武器扩散处、技术处以及行政、财政和人力资源处。3个附属机构：三军影像判读成形中心、电磁来源情报分析中心及三军情报和语言研究学校。还有一些特别部门，较为重要的是1993年9月成立的情报和电子战旅，其下属有多个作战部队，如空降兵部队、炮兵部队、通讯部队等。

其中电子情报旅是法国于1993年成立的电子部队，人员编制为4000人，基本由步兵组成。它是由分散在法国各武装力量中的有关人员和搜集处理情报的单位合并而成的，统一由陆军指挥部调动指挥。该旅全部使用现代化情报工具，大部分是从美国购置的，如4个空中预警系统、2架C—160“协和”式飞机、1架DC—8“萨里格”式飞机和一些FICR“幻影”式侦察机，以及各种水面艇。“赫利俄斯”军用卫星也于1994年投入使用，从而打破了美苏（俄）对卫星情报搜集的垄断。

9. 竞争与经济安全委员会

法国为加强对经济情报的统一监管，于20世纪90年代中期成立的经济情报协调机构。法国经济部长任主席，该委员会的宗旨是加强政府与各企业之间在经济情报领域中的协调工作，以便更好地利用情报机构获取的经济情报。同时，保护本国企业的经济情报不被外国情报机构窃取。

五、德国情报机构

德国情报机构的历史可追溯到1740年。当时的普鲁士王国统治者弗里德里希被称为“德意志谍报之父”，他所设立的情报组织被后人看作是各国情报组织的楷模。情报工作一贯受到德当局的高度重视。德国的情报机构技术、人力和设备属世界一流。目前有联邦情报局、联邦宪法保卫局、联邦军事情报局等。

1. 联邦情报局

联邦德国中央政府机构的设置包括内阁机构、联邦总理办事机构和联邦政府各部三种类型。联邦情报局属于联邦总理办事机构，成立于1956年，前身是1947年在美国中央情报局帮助下建立的盖伦组织，是西方国家中仅次于美国中央情报局的第二大情报机关。联邦情报局直属联邦总理府领导，被称为“德政府的预警系统”，主要任务是：与联邦国防部所属军事情报机构和内务部所属联邦宪法保卫局密切合作，负责搜集外国的军事、政治、经济、科技等各类情报，经过分析研究后向联邦政府提出研究报告，其报告是德制定对外政策的最重要依据之一。联邦情报局可充分利用社会力量、技术和秘密手段进行侦查活动。联邦情报局的情报来源主要有三个：一是来自驻外机构的情报；二是来自技术局的侦察情报；三是来自公开材料的情报。第三类情报数量最大，约占总数的80%。它不仅同联邦国防部所属的军事情报机构及联邦内政部隶属的联邦宪法保卫局建立密切联系，而且还同美国中央情报局和北约国家的各情报机构建立业务联系和进行情报交流。1990年两德实现统一后，原联邦德国的联邦情报局成为整个德国的情报机关。

冷战时期，联邦情报局的首要任务是获取和分析有关共产党国家的重要情报，其中对原民德进行侦察是其一项重要工作。冷战结束后，德对联邦情报局的工作任务进行了很大的调整。一是将搜集情报的范围扩大到世界各地，工作的重点地区从东德转向俄、独联体国家，其次是近东和北非地区国家。二是更多地关注跨国问题，如国际恐怖主义、国际有组织犯罪、国际毒品交易、武器贩运、非法移民、洗钱等活动。三是鉴于欧盟一体化的不断深入，加强对欧盟共同外交与安全政策发展进程的介入。四是加强与盟国情报机构的情报交流与合作。

联邦情报局实行局长负责制，下设6个司，若干个处：（1）人力侦察司。负责搜集国外情报，并将汇集的情报经鉴别后转送情报分析司；向国外派遣情报人员并向德各驻外机构派遣人员。下设军事、政治、经济处等。（2）技术侦查司。负责无线电监听、广播监听等。下设无线电监听业务处、无线电广播监听处、电子处。（3）情报分析司。负责情报整理、综合分析及公开资料研究。将处理过的情报分析送总理办公厅、议会、外交部、国防部和其他有关部门。重大问题则由局长亲自向总理汇报。设有军事、政治、经济、军火、技术、公开情报搜集和文件、人事档案处等。主要人员是军事、政治、经济等各方面的专家。（4）行政、法律和中央服务司。主管人事、行政管理。设有财务、法律、行政、组织、人事、安全、训练、驻地警卫、信使业务、公共关系、心理战、新闻联络处等。(5) 人力情报分析、有组织犯罪和国际恐怖主义司(现由联邦情报局长直接领导)。(6) 技术支持司。负责向联邦情报局各司提供技术保障。

2. 联邦宪法保卫局

联邦宪法保卫局(类似于美国联邦调查局)成立于1950年，是联邦的宪法保卫机构和反间谍机构，属联邦内政部管辖。其任务是与各州宪法保卫机关合作，保卫自由民主的基本制度。活动项目包括：搜集和分析各类危及国家安全的情报，如国际恐怖主义、有组织犯罪、贩毒、武器走私以及敌对情报机构的活动情况；侦破国内间谍案件和颠覆、破坏、暗杀等活动；对安全和国防等重要部门的工作人员进行政审；参与制定各项保密制度和措施；监视国外情报机关和境内外激进团体在德的活动等。联邦宪法保卫局在获取情报时有以下权力：权力机关和其他联邦机关有义务向其提供所有与保护国家安全和宪法有关的材料；该局有权向任何部门要求提供有关具体人和事情的情况，并可查看各部门资料库而无须说明理由；有权使用现有人力情报。但无警察行政权，因此不能审讯和逮捕任何人。

冷战后，联邦宪法保卫局的工作重点由对付民德、苏联等国的情报活动转向制止经济和工业间谍活动。在继续防范俄、独联体国家的同时，也加强与中东欧和西方国家对德间谍活动的斗争，特别是加强对来自中近东国家窃取核技术间谍活动的监视。加强与恐怖主义、极右势力、新纳粹和贩毒活动作斗争等。另外，加强资料积累。联邦宪法保卫局情报信息系统内储存有150万个人物资料。计划进一步扩大资料积累范围，逐步与警察部门的数据库联网，建立起更加完善的、能为更多部门提供服务的情报数据库。

总部设在科隆市郊的埃伦费尔德。从联邦到州及地方都有自己的垂直机构。联邦宪法保卫局设有局长和副局长各1人，下设6个处：（1）中心处：负责组织人事、法律、财务、数据处理等工作；（2）一处：负责总部、专业技术问题、提交分析报告、数据保护监察等工作；（3）二处：负责反极右主义和右翼恐怖主义活动；（4）三处：负责反极左主义和左翼恐怖主义活动；（5）四处：负责反间谍、保密和反破坏活动；（6）五处：负责侦察和监视外国人危害德国家安全活动。各州宪法保卫局属州内政部管辖。

3. 联邦军事情报局

联邦军事情报局也称国防情报局或武装力量指挥参谋部第二局，成立于1955年，隶属联邦国防部武装力量指挥参谋部，是德国最高军事情报和反间谍机关，下设7个处。其主要任务是：保卫联邦国防军的安全，为保证联邦国防军投入战斗服务，防范外国情报机构对联邦国防军的渗透，防范威胁联邦国防军安全的政治势力，并向政治和军事领导人提交形势报告；搜集有关激进主义活动、危害联邦国防军安全活动、间谍以及秘密警察活动的情报信息；负责汇总各种渠道获得的情报，并加以分析、研究和作出评价；为联邦国防军政治、军事领导人授课和提供咨询服务；对德国驻外武官提供指导；负责审查国防部工作人员或将在国防部工作的人员的可靠性。

军事情报局的情报来源包括驻国外武官处和军事代表处以及

三军指挥参谋部情报处的情报，公开渠道（如媒体、公开调查和询问、各部队的报告）和其他情报机构传送的信息，也采取秘密手段搜集情报。它名义上不搞军队以外的情报工作，但实际上工作范围远远超出了军队。

军事情报局总部设在科隆，下设 14 个地区分部：基尔、汉诺威、威廉姆斯、杜塞尔多夫、明斯特、美因兹、科布伦茨、斯图加特、卡尔斯鲁厄、慕尼黑、阿姆贝格、莱比锡、格尔托夫和罗斯托克分部。此外，还在陆、海、空三军设有分部，其成员由军人和文职人员组成。

六、意大利情报机构

1. 安全与情报执行委员会

安全与情报执行委员会是意大利最高情报协调机构，1978 年建立，成员由总理、工业部长、财政部长及军事安全情报局局长、民主安全情报局局长及调查和特工中央局局长 3 个情报机构的主要负责人组成，总理兼任委员会主席。其任务是：分析研究各谍报单位搜集的情报，经综合整理后提供给总理，为总理制定总政策提供依据；负责情报安全政策的制定与实施；负责监督、管理、协调上述 3 个谍报机构的工作。安全与情报执行委员会的日常事务由秘书长负责。委员会每半年要就安全情报政策及所取得的成绩向议会书面汇报一次。

2. 军事安全情报局

隶属国防部长，是意大利最主要的情报机构。其主要任务是负责国防领域内的情报和安全保障，防范任何侵略、危险或威胁，同时进行反间谍行动。它创建于 1949 年，是在美国协助下，按中央情报局的模式建立的，最初的名称是武装部队情报局。1964 年，它因卷入政治丑闻而被改组为国防情报局。1979 年再次被改名为军事安全情报局。它的主要任务是负责意大利军事情报与安全工作，主管国外情报搜集与反间谍工作。

军事安全情报局下设 10 个处：国防外事处、反间谍处、谍报与武官处、情报整理处、技侦破译处、情报后勤处、特工培训处、盟国间情报处、军工产品与技术监督处等。军事安全情报局在意大利三军设立了战术情报机构，即陆军安全作战情报局、海军安全作战情报局和空军安全作战情报局。各局下设有情报搜集处、情报整理处、内部安全处、武官处等业务部门。三军情报机构的主要任务都是负责本军种作战方面的有关战术情报，由各军种的参谋长管辖，军事安全情报局进行协调。

3. 内务部民主安全情报局

隶属内务部长，在全国设有分支机构。主要任务是：捍卫意大利民主国家政体、打击任何形式的颠覆活动，负责国内秘密侦察和反间谍工作，对左右翼极端分子进行反颠覆、反间谍斗争。

七、日本情报机构

长期以来，日本情报机关在日本的安全体系中占有重要地位。战后，日本建立起来的情报系统非常庞大，且分支繁多，大体分为对外情报机构和对内情报机构两个系统。内阁官房情报调查室是所有情报机构的协调、领导机构。

(一) 内阁官房情报调查室

日本的最高情报领导机关，初建于1952年，“一开始就具有谍报机关（黑房子）的性格”。[32]第二次世界大战结束后，日本政府为了集中管理国内外的情报机构，在美国中央情报局局长杜勒斯的策划和支持下，于1952年首先成立了内阁总理大臣官房调查室。美国中央情报局原想把它作为统辖日本所有治安系统和情报系统的“日本中央情报局”，但由于遭到日本警察、外务、法务等各界的反对，未能如愿，结果成了内阁的承办机构，直属内阁官房长官领导。该室经过1952年、1954年和1968年的几次改组和扩充，于1968年正式定名为内阁调查室。

1986年，日本政府改组情报机构，将原来的内阁调查室改名为日本内阁情报调查室，由原来归属官房长官领导改为由首相领导并直接向首相汇报工作，并规定“以内阁情报调查室为中心”，每周召开一次情报交流会，以加强不同情报部门之间的横向联系，协调全国情报工作。

调查室本部设在东京总理府6号，除了秘书室，辖国内部、国际部、国内资料部、国际资料部、调查分析部、电脑数据资料部、经济部等部门和研究机构，如海外事务调查所、亚洲动态研究所、内外事务研究所等。所属内阁情报汇总中心设立于1996年5月，负责24小时不间断地收集、汇总国内外紧急、重要情报，并直接向首相等政府首脑汇报，在发生大规模灾害或突发事件时，负责进行召开紧急会议的联络工作。情报汇总中心的通讯设备有与各省厅相通的专线电话、与国内外通讯社的专线电话。此外发生灾害时，这里还可以实时看到来自警察厅、防卫厅、海上保安厅、消防厅等部门的，由直升飞机现场拍摄的图像。为了加强对情报卫星的运用与管理，日本于1999年3月1日在内阁情报调查室下新设了情报卫星运用准备室，并于2001年3月将其更名为内阁卫星情报中心，负责管理卫星的运营，搜集、整理情报。

冷战后，日本加快情报工作一元化领导的步伐。规定内阁情报调查室负责搜集、综合分析国内外有关政治、军事和安全情报，供内阁在制定决策时参考。其搜集范围非常广泛，包括国内问题、国际问题、经济问题等。工作内容主要有三个方面：一是在对有关国内外形势的情报、国内外媒体论调、学者建议等进行收集、分析后，将其重要内容定期或随时向首相、官房长官汇报。二是与相关省厅定期联合召开有关情报的收集、分析的协调会议。三是在发生大规模灾害或突发事件时，由内阁情报调查室下设的内阁情报汇总中心负责向各有关省厅与首相官邸之间的情报传递，并根据需要从民间的公共机构收集相关情报。

（二）对外情报机构

日本主要的对外情报机构是外务省国际情报局、防卫省情报本部和民间情报机构。

1. 外务省国际情报局

前身是外务省调查部，又称外务省调查局，是日本外务省对外进行情报活动的机构，成立于1984年7月。它主要依靠日本派驻世界的180个大使馆、总领事馆的外交官和各种国际机构的政府代表团的代表进行情报活动。1993年8月由原外务省情报调查局改组而成，原任务是情报搜集、制定外交政策和统管安全保障三大职能。1993年后成为单一的情报搜集、分析机关，从而强化外务省对国际情报的搜集、分析、传递职能，以利于开展积极的战略外交。其具体任务：首先是加强搜集、分析包括利用卫星图像等高科技情报在内的各种情报；其次是以上述情报为基础，对国际形势加以分析、判断；另外应对重大紧急事态，制定包括安全保障在内的综合外交政策也是其职责之一。国际情报局下设国际情报课、分析第一课、分析第二课、调查室、信息中心等几个主要部门。其中国际情报课主要负责制订有关情报搜集、分析的综合计划；分析第一课主要负责搜集、分析调查有关北美、中南美、欧洲地区的情报；分析第二课主要负责搜集、分析、调查有关亚洲、大洋洲、中东、非洲地区的情报；调查室主要对调查事务进行综合管理，并对公开情报进行搜集分析；信息中心为计算机系统中心。

国际情报局常常与民间垄断集团和各大公司的驻外机构互通情报，如三菱商社、丸红商社、松下公司、丰田公司等。这些商社合公司在世界各地的分支机构资金雄厚、人员齐备，情报活动十分活跃。因此，这些商社合公司也就成为外务省调查部进行情报活动的强大支柱。

2. 防卫省情报本部

1996年日本国会通过《防卫厅设置法》部分相关法令的修正案，决定在统合幕僚会议下设立三军统一的情报本部。1997年1

月20日，日本参谋长联席会议（统合幕僚会议）情报本部正式成立。这是日本在战后设立的第一个公开从事情报搜集与分析的战略情报机关，是日本改革国家安全情报体制的开端。情报本部由防卫厅和陆海空三军的谍报机构合并而成，隶属于防卫省（当时为防卫厅）。它是日军最大的情报综合搜集整理和分析机构。接受由防卫省事务次官和防卫局长、参谋长联席会议主席、陆海空军参谋长组成的“防卫情报委员会”的业务领导。

情报本部与冷战时期日本其他军事情报机构相比有以下特点：(1) 它是日本冷战后最大的军事情报机构，编制人员多，实力雄厚。情报本部由统幕会情报参谋室、防卫厅防卫局和陆、海、空三军自卫队幕僚监部调查一、二课（含二课别室）及资料队（公开情报研究机构）合编而成，编制 1582 人，其中军人 1220 人，文职人员 362 人。(2) 组织机构健全。情报本部下设总务、企划、分析、影像、电波 5 个部。总务部负责总务、会计、人事、教育工作；企划部统筹全盘业务、制定业务规划、管理情报资料；影像部负责卫星影像的情报分析工作；电波部负责处理通信情报；分析部主要负责情报汇总分析评估工作。在设立组织机构时事先考虑到日本即将发射军事侦察卫星，需要有一个影像部来开展卫星影像的分析研究工作。(3) 实现了全军情报工作的集中管理。情报本部将冷战时期分散的全军情报机构统一起来，并改变了冷战时期驻外武官由外务省管理的做法，实现了对武官的一元化管理。

2000 年，为加强应对紧急情况和在发生突发事件时及时提供情报保障，情报本部内又组建了由 60 名专家组成的“紧急动态部”，负责 24 小时监控周边国家军事动态。除自身搜集公开情报、电波、图像情报等外还汇总由防卫厅及各省厅通报的情报，加以分析、处理。下设总务部、计划部、分析部、紧急动态部、图像部、电波部和各地的通信站。它是类似美国国防情报局模式的情报机构，其目的就是要实现日本自卫队的情报机构的一元化领导，提高防卫厅整体搜集、处理、分析情报的能力。该部不仅具备独立的情报搜集分析能力，而且其情报搜集活动覆盖全球，已与美、英、法、韩等国情报部门建立了广泛的联系，进行人才和情报交流。根据发展趋势，情报本部极可能最终发展成为像美国中央情报局那样的核心情报机构。据分析，该体制的建立能大大加强日军的情报搜集、整理和分发能力，提高其情报工作的效率，并能密切加强同美国在情报方面的合作，是日本谋求军事大国地位所走出的重要一步。

除此外，日本三自卫队参谋部都设有调查部。陆上自卫队参谋部调查部，是日军情报战线的中坚力量。它由三部分组成：一是中央调查队，负责日本国内的反间谍和侦察工作；二是中央资料队，负责搜集国外情报；三是调查部特别室，类似美国国家保密局，专门从事无线电窃听。海上自卫队参谋部调查部，主要负责对俄罗斯、中国等周边国家海军实力的侦察工作，以及对日本的领海实施监视。航空自卫队参谋部调查部，主要负责针对日本周边国家空军实力的情报刺探工作，如作战部署、飞机配备和战术运用等。

2006 年 3 月起，各自卫队参谋部由原有的情报职能向专门的作战情报职能转变。各自卫队先后撤销了负责本军种情报工作的调查部或防卫调查课，将其职能整合到作战支援与情报部、指挥通信与情报部或作战支援情报部。上述改革旨在将原来分散在各自卫队参谋部的部分情报职能集中到情报本部，使各自卫队情报职能更加满足于作战需求。

2007 年日本在美国设立常驻情报联络处，这是日本防卫省第一次在海外设立常驻情报机构，此举具有重大意义。目前，日本政府部门和军队各拥有一套情报系统。而日本军方早在 1997 年就率先整合了陆海空自卫队情报单位，将之统编为统合情报本部。不过，防卫厅在海外一直没有常设的专职情报机构，许多海外情报平台还是需要通过外务省提供，主要担负这一任务的武官处还经常受到外务省的制约。日本外务省和日本军方的情报搜集重点并非完全一致，工作方式也不尽相同。军方和外交部门微妙的关系，在很多领域都限制了日本军方及时取得第一手或者自己急需的情报。因此对外情报搜集工作一直是日本防卫厅的薄弱环节之一。为了改变这一现状，日本防卫厅开始策划在海外派驻自己的独立情报机构，驻美情报联络处是第一次尝试。

3. 民间情报机构

日本情报工作惯于采取“委托调查”的方式，即由官方，主要是内阁官房情报调查室提供经费资助，委托半官方或民间的研究机构、商社的情报信息咨询部门进行情报搜集与研究，提供有关研究报告。据说，委托研究经费占内阁官房情报调查室全年预算的 70％—90％。参与这类研究的主要机构有：

（1）世界政经调查会。1961 年成立，由内外情况研究所、国际经济调查会、亚洲动态研究所、国际问题研究会等合并而成，主要调查研究政治、经济、社会情报。内设美国、俄罗斯、中国、朝鲜、欧洲等部门，是内阁官房调查室国际部委托调查的主要机构之一。

（2）国际情势研究会。1960 年成立，负责研究各国情况，尤其是俄、中及东南亚国家的政治、军事情报。

（3）商社市场信息部或技术开发部。在国际市场较为知名的日本商社有三菱商事、三井物产、伊藤忠、丸红、住友商事、日商岩井、日绵实业等，它们的市场信息部或技术开发部都以搜集国际性或地区性情报为主，包括国际政治、科技、外交、军事、文化与社会情报信息。这类具有良好的搜集、传递和分析能力的商社信息机构有成百上千个。它们形成特殊的情报网络，与政府情报机构有着这样或那样的联系。

（三）对内情报（反间谍反颠覆机构）

日本主要的对内情报机构是警视厅警备局、东京都警视厅公安部和法务省保安调查厅。

1. 警察厅警备局

1954 年 7 月日本修改的警察法设立，它是日本隶属于警察厅的主要治安情报机关，其主要任务是：负责对政府、政党要人的警卫和重大集会的警备；负责对本国一些政治团体进行情报和侦防工作；负责搜集国内外反间谍和保安方面的情报；负责监视、侦破在日本的外国人的违法行为。日本警察厅警备局与内阁情报调查室、法务省保安调查厅和防卫省的情报部门都有业务上的联系。

警察厅警备局的主要机构：在局长、审议官下设有公安一课，负责搜集左翼、工会等团体的情报；公安二课，负责对付右翼的工作和对政党要人的警卫工作；公安三课，负责搜集极“左”过激集团的情报和侦查工作；警备课，主要负责警备和使用机动部队、保卫重要人物等工作，为了独立搜集情报，该课的警备一室内专门建立了一支从事搜集警备情报的部队。此外，还有一个专门对付日本恐怖主义组织“赤军”的专业班子；外事课，负责搜集、整理设计外国人的警备情报及有关事务，监视共产党国家访日代表团及在日常驻的人员和外侨，侦破驻日外国人的“违法”活动，该课还把年轻的“优秀者”派遣到国外去，以日本驻外使馆的“秘书”身份进行情报活动，这个课被认为是“人们所不了解的最年轻的情报机关”，该课的情报网遍及全日本各地；调查课，负责保管公安资料，并从事涉外工作。

2. 东京都警视厅公安部

警视厅是日本首都东京的警察机关，成立于 1952 年 4 月，直属日本警察厅管辖。警视厅下设 8 个部，其中公安部的主要任务是对共产党、极左派和极右派的过激派、工会、文化团体以及在日本的外国人进行侦察和监视。

警视厅公安部在部长、参视官以下设有公安一课，负责对极“左”过激团体的情报搜集和侦查工作；公安二课，负责处理劳务纠纷；公安三课，负责资料搜集工作；外事一课，负责对欧美国家的警报搜集，并负责对这些国家的反间谍工作，对发生的案件进行调查和侦破；外事二课，负责对亚洲地区国家的间谍活动及对这个地区的国家进行反间谍活动，对已发生的案件进行调查和侦破。

3. 法务省保安调查厅

保安调查厅是日本法务省下属的情报机构，1952 年成立。作为日本国内侦查机构，主要配合各地警察、美军反情报部队的活动。保安调查厅的业务范围十分广泛，不仅搜集有关国家共产党、国内在野党的情报，监控执政党内部的派系斗争，还搜集外国特工的反间谍情报，为保卫国家宪法制度提供反侦察保障。其对象是以日本宪法禁止的方式达到自己目的的极端主义组织、政治急进党和运动。

在组织上，保安调查厅包括中央机关和地方部门。中央机关包括调查一部（管社团、工会、党派、学运），调查二部（对象是亚洲共产党国家的使团和商业、文化、新闻机构及团组活动），总务部和研修所等。地方部门包括 8 个分局和 40 多个府县级保安调查局。

八、韩国情报机构

国家情报院是韩国最高情报机构，其前身是 1961 年设立的中央情报部——仿效美国中央情报局建立起来的秘密情报机关，接受总统的指示和监督。20 世纪 70 年代，中央情报部在韩国国内拥有极大的特权，成为当局铲除政敌、镇压进步势力的重要工具，有“万能暴君”、“拷问机构”之称。为了改变中情部搞谋权、暗杀的形象，1981 年 1 月更名为国家安全企划部，仍属总统直接管辖。根据《国家安全企划部法》，其主要职责有：搜集、汇总和通报国外情报及国内保安情报；确保属于国家机密的文件、资料、设施及地区的保安业务；对下述犯罪行为进行搜查：内乱、外患、叛乱、资敌、泄露军事秘密、不正当使用密码罪及其他违反秘密法、国家保安法的犯罪行为；对安企部职员涉及职务上的犯罪行为进行搜查；负责对情报及保安业务进行规划和调整。

安企部总部设10个局，4个室。一局主要从事搜集国外情报资料，特别是国外公开情报资料的搜集以及从事秘密行动；二局负责监视国内舆论和新闻，并负责反共宣传教育；三局负责反间谍活动；五局负责国内保安工作，维护国内治安，镇压反政府行动；六局负责执行搜查、刑讯、绑架、暗杀活动；七局负责控制舆论和旨在对付朝鲜的心理战和策反活动；八局负责海外（不含日本）的间谍秘密派遣，经营活动；九局负责部署对朝鲜的秘密谍报活动；十局为判断企划局；十一局为南北协约局。4个室分别为秘书室、监视室、计划协调室、保安室。

安企部享有很多特权，如国会审查预算、进行国政调查，以及监察部执行监察任务时，只要属于国家机密，安企部可拒绝提供资料、证词及拒绝答辩；安企部执行公务时，可要求国家机关、公共团体进行必要的协调和支援，并有权审查行政机关的情报预算。安企部直接对总统负责，国会无权干涉它的任何事务。

1999年1月12日安企部更名为国家情报院。国家情报院通管全国的各军政谍报机构，形成了一套完整的间谍情报体系。其职能主要是搜集、评价有关国家安全保障的国内外情报并向安全保障会议报告，接受审议。此外，在发生大规模突发性危机时，国家情报院负责提供相关情报以供政府决策之用。鉴于南北朝鲜分裂的特殊情况，国家情报院还负责通过特殊手段保持与北朝鲜的联系。2003年卢武铉就任总统后对情报院的机构和职能进行了大规模调整，国内间谍活动被削减，“反共局”被取消，原先以收集军事和政治情报为主的特工，其职能进行了根本性的调整，转变为主要收集韩国公司海外竞争对手的经济情报。

九、朝鲜情报机构

朝鲜党、政、军部门都设有许多监督、指导与实施情报活动的机构。以金正日为主席的国家情报委员会负责制定所有情报工作的政策，确定情报搜集的目标，指导、监督和管理安全与情报部门的工作，具体实施情报活动的主要机构有3个，即朝鲜工人党情报部、朝鲜人民武装力量部的总参谋部和公共安全部的公共安全局。

1. 朝鲜工人党情报部

协调和执行国家情报委员会指示的主要权力机构，对各情报部门实施业务管理，向各情报单位收集情报，进行综合处理后分发给各有关部门。在朝鲜工人党情报部的下属机构中，联络部一直是朝鲜的首要情报机构。最初它主要负责搜集三八线以南地区的情报，后来转为收集世界各地的情报并采取秘密行动。它不仅对本部的情报资源实施控制，还对公共安全部的公共安全局和总参谋部的侦察局的情报资源实施控制。

2. 总参谋部侦察局和信号通信局

侦察局负责在世界范围内进行情报搜集、威胁分析、操纵特种部队的秘密行动。该局的资源包括信号情报和其他技术情报收集系统以及受训人员，必要时，朝鲜工人党情报部可直接调用这些信号情报收集资源。

信号通信局，负责对国家无线电通信和电信系统实施管理和执行具体业务，并对各种民用通信实施监控；同时该局也是全军信号情报业务的主管部门，编制中设有专门的信号情报收集部队，并为他们配有相应的设施。

3. 公共安全局

属公共安全部下属机构，主要负责各种内部安全事务，包括铁路安全、边防安全、海防安全、反间谍以及对政治犯的识别与监视。信号情报资源用于支援上述每项任务。此外，公共安全局还负责监听国外广播，搜集情报并搜寻违禁收听者。公共安全局的信号情报人员除支援内部安全行动外，还参与朝鲜工人党情报部直接控制的各种行动。

十、越南情报机构

越南主要的情报机构有总参谋部情报局、公安部谍报局和政治保卫局等。

1. 总参谋部情报局

它是越南军事情报系统的最高领导机关，隶属国防部，直接受中央军委领导。负责全面管理越军军事情报系统的工作，主要任务是：(1) 指导全军情报、侦察部门的工作，制定和审查全军的情报、侦察计划；(2) 负责战略情报的搜集和研究，综合、上报重要情报，并负责向军区、军兵种及有关部门通报情况；（3）派出驻外武官和派遣军事谍报人员，并指导他们的工作；（4）负责与其他谍报机构的联系和协调。下设特工军事情报作战处、技术侦察处、谍报处、武官业务处、情报整理处、档案资料处、政治处、行政处、技术处等，还设有一所情报训练学校。

越南的军区、军兵种均设有情报处，其任务是负责搜集本系统所需要的战术、战役情报，其中重要的情报上报总参谋部情报局进行统一处理。总参谋部情报局对各军兵种的情报处负责业务指导，制订和审定搜集情报或进行侦察的计划。军兵种的情报机构有：空军情报处、海军情报处、防空军情报处、各军区情报处、特工部队司令部等。特工部队司令部是国防部的一个下属机构，负责领导全军的特工部队，而特工部队是越军进行地面侦察活动的重要力量。

2. 公安部谍报局

又称派遣局，是越南的主要情报机关，名义上是公安部的一个下属机构，实际上归越共中央政治局直接领导。其主要职责是负责对外间谍情报活动，协调各情报机构工作。主要利用外交、外贸、交通、邮电和其他一些政府部门对国外进行政治、经济、外交等方面的情报搜集和分析，上报越共中央政治局，对国内的间谍情报系统进行协调，并发出指令。

其所属机构按地区与业务分为12个房（处），即中国房，美国房，老挝房，泰国房，柬埔寨房，欧洲房，日本、香港、台湾房，非洲房，训练房，技术房，机要通讯房和反间谍房。该局有很大的特权，可以为情报活动而对除国防部以外的政府所有26

个部发布命令和指示。

3. 公安部政治保卫局

内务部政治保卫局，是越南主要的反间谍和安全保卫、特别任务机构，负责搜集国家安全情报，对外国驻越机构和人员进行跟踪、盯梢、监视，也对国内某些人进行严密的监视和控制。下设6个房（处）：一房，负责针对美国、英国、日本、法国及台湾国民党的反间谍情报活动。二房，负责专门针对东亚的反间谍情报活动。三房，主管宗教方面的工作。四房，控制国内其他政党派别的活动。五房，监控驻越南的外国使馆及其外交人员。六房，主管越侨的反间谍情报工作。

十一、印度情报机构

内阁秘书处调查分析局、国防情报局、内政部情报局是印度情报系统的三根支柱，其上层建筑——领导和协调机构则是情报协调小组和联合情报委员会。

1. 情报协调小组

一直以来，印度情报机构的分工是：联合情报委员会负责军事情报，情报局负责国内政治情报，调查分析局主要承担国外情报搜集。这种情报体制有3个弱点：(1) 以总理为首的内阁政治事务委员会、安全委员会没有为其服务的专门情报机构。(2) 隶属于内阁秘书处的联合情报委员会虽然负责情报工作的协调，但实际上各部仅派职位很低的代表与会。因此，联合情报委员会在情报的综合研究、对未来某些特殊问题的估计以及情报工作的协调等方面未能发挥应有的作用。(3) 调查分析局、情报局、外交部以及三军情报机构都在各自的狭小范围内搜集情报，尤其是情报部门和各级情报用户之间缺乏一个目标明确的协调管理机构，从而造成了既不能满足国家对大量战略情报的要求，也无法应付一线部队对详细战术情报所需的局面。针对以上情况，印度政府认为，在需要有多个情报机构并存的同时，必须成立一个中央机构加以指导、协调和控制。

为此，2001 年 5 月 11 日，印总理瓦杰帕伊主持召开内阁安全委员会会议，宣布撤消原联合情报委员会在协调情报方面的职能，改为国家安全委员会的办事和秘书机构，授权国家安全顾问组成情报协调小组。该小组由国家安全顾问领导，其成员包括内阁秘书、研究分析局局长、情报局局长、国防情报局局长及其他有关部门的主官。这个小组的设立，主要是为保障高层决策而提供“综合情报监控”，在三大情报系统中形成“情报团体”的观念，从而减少军事与非军事情报机构之间的恶性竞争。情报协调小组每月召开一次会议，对国家安全委员会秘书处、政府部门及其他有关机构上报的关于国家安全问题的研究报告进行评估，督促各机构处理来源不同的各类情报，结束情报界军政不分、交叉重叠、各自为战的混乱局面。情报协调小组的另一重要职能是从宏观上把握动态情况的追踪研究和预测，向各情报部门下达年度情报搜集任务，对各情报部门的工作作出年度评价，审批各情报部门的拨款。

2. 联合情报委员会

1971 年成立，是印度政府和军队情报的综合、研判、指导机构。其任务既包括国外情报，也包括国内情报。国际部负责综合、研判、整理调查分析局、情报局及军队情报部门收集上报的情报；国内部负责综合、研判、整理情报局、省邦警察特别分局以及其他情报部门收集上报的国内情报。

3. 内阁秘书处调查分析局

成立于1968年，是印度最大的情报机构。其主要负责搜集、处理、分析和评估与印度国家利益有关的政治、军事、经济和科技领域的国外情报，并及时向所有需要情报保障的部门提供上述情报。具体分为3个部门：

（1）主任直接领导的特别行动局，主要负责国外隐蔽行动，包括暗杀、爆炸、训练雇佣军、实施心理战、进行颠覆活动等。

（2）副主任（一般由政府助理秘书兼任）直接领导的五个处，主要负责行政管理、谍报、监听以及安全保密工作，重点是人力情报的搜集。其中四个处分管全球四个地区的工作，分别负责巴基斯坦、中国及东南亚、中东和非洲以及其他国家。研究分析局的各项情报工作都按以上部门的职能进行归口、研究分析、处理整编、上报或下发。第五个处主管的电子技术科是研究分析局的尖端电子侦察部门，负责监听军事通讯，主要是监听和破译会直接或间接影响印度国家安全的邻国发出的无线电信号。

（3）由安全总监领导的安全总局，下设：航空研究中心和特别勤务局，重点是技术情报的搜集。航空研究中心主要是运用各型侦察飞机和侦察卫星对周边国家实施空中侦察和航天摄影，并为特别行动提供后勤支持。航空研究中心和电子技术科所获取的电子情报量占印度电子情报的30％左右。特别勤务局最初于

1966年组建，1968年划归研究分析局，是唯一能在国内活动的部门，主要是在边境一线活动，但工作重点仍在国外。特别勤务局的主要任务是组织、实施边境地区的浅近、纵深的武器渗透和侦察情报活动，也负责训练边民使用小型武器和通信设备，一旦发生战事时，边民既能自卫又能随同该局人员进行边境武装渗透。特别勤务局同时还担负反渗透、反暴乱和进行边境检查、制止非法越境的任务，并负责政府要人的安全警卫和保卫电厂、银行和桥梁等重要设施等工作。

冷战结束以来，尤其是“9·11”事件后，调查分析局做了相应的改革和调整，包括制定反恐怖斗争新战略，加强同其他国家情报机构的联系和合作力度；精简了一些辅助机构，如约3万人的准军事力量“和平保护部队”与中印边境的警察进行合并。调整部分职能和编制：（1）明确规定，调查分析局虽然仍隶属内阁秘书处，但“必须与外交部密切协作”。政府授权研究分析局在国外实施特别行动，包括“开展心理战”，而其他情报机构要在国外实施特别行动，必须得到“总理的特别批准”，必须与调查分析局进行协调。（2）原配属调查分析局的特别勤务部队划给印藏边境警察部队指挥，转为准军事部队序列。（3）除与情报局内部安全有关的秘密活动之外，将正在运作的大部分与国内安全相关的间谍活动、间谍网交给情报局负责。（4）全面负责印度国家情报的整理、分析和研究工作。

4. 内政部情报局

1947年组建，在20世纪五六十年代获得美国中央情报局经济资助和代培了第一批情报工作人员。该局一直隶属内政部领导。1968年印度情报机构调整时，该局负责国外情报的部门划归调查分析局，该局则专司反间谍和国内安全情报工作，被立法机关授予警察的逮捕、拘留、起诉权。

情报局的任务是：监视反政府势力、外侨和外国驻印度外交及半官方、民间机构与人员，重点监视巴基斯坦、孟加拉、俄罗斯、朝鲜、韩国、伊拉克、美国等的外交使团活动；遂行反间谍行动；搜集邻国情报等。该局对印度整个社会的控制较严，具有一定的社会威慑力。

2001年5月，根据印度情报专家小组报告，首次以法案的形式赋予情报局正式的法律地位，规定“情报局隶属政府内政部，是内政部的一个重要部门”，但是，“情报局局长在情报工作方面有权根据自己的判断直接向内政部长或总理报告情况”。同时授予情报局搜集和通报国内安全情报的特权。新的规定将使情报局从许多政治监视以及执政党强行要求搜集有关选举信息的工作中解脱出来。情报局局长将拥有比以前更大的权力，全面负责国内的所有安全工作——既包括搜集国内的安全情报，又增添指挥安全作战、反恐怖、反情报和维护信息安全的重任。具体是：（1）明确确立情报局在组织反恐和反情报作战方面的核心地位。指令情报局在2001年年底以前建立印度第一个专用于保安工作的计算机网络和恐怖主义数据库。（2）情报局将增加新的海外谍报行动，执行“深层渗透”任务，这主要是指在巴基斯坦境内进行“隐蔽行动”。（3）为情报局配备独立的信号情报侦察装备，使其拥有自主的信号情报搜集能力，能够监控所有形式的网络、陆上通讯、无线电频率和信息高速公路。同时，情报局将拥有自己的内部密码资源，借助于自动距离跟踪的方向定位探测设备，搜寻、定位正在克什米尔，以及印孟、印缅边界地区进行内战的恐怖分子的通讯电台。(4) 剥离情报局原有的情报分析职能，转交调查分析局从事专职研究。(5) 情报局将“更新并提高”人员素质，“扩大并加深”训练内容。

该局在全国及边境地区设置大量的情报分支机构，向所有敏感地区和国防工厂、军事设施所在地区派驻安全员。除编制有庞大的外勤监视特工情报队伍外，还在全国建立有庞大的现代化安全情报无线电通讯网络。

5. 人事部中央调查局

也是印度的反间谍机构，属人事部领导，其主要任务是监视政府工作人员和各政党领导人的活动，查办官僚、政客的贪污、受贿等不法行为及政府交办的其他重大案件。该局被授予警察的逮捕、拘留、起诉权。编制人数为3000人。

6. 国防情报局

隶属综合国防参谋部。为解决三军情报部门长期以来各自为政、情报互不共享、人力资源相对缺乏等问题，提高情报搜集、分析研究能力和情报效率，2002年3月，印度成立了国防情报局。把陆、海、空三军的情报系统全部纳入其领导管辖和指挥范围，特别是将原属于陆军情报局的国防图像处理与分析中心和武装部队通令情报处等主要技术情报机构改归国防部情报局直接管辖。国防情报局主要负责协调陆、海、空三军的情报搜集工作，实现军种间的情报共享；通过卫星侦察、高空侦察及其他高科技手段，监控印巴和印中边境的活动，并搜集国内外恐怖分子及国内安全方面的情报；对电子情报、人力情报、通信情报等进行分析研究；确保三军网络与国家情报局网络安全链接，统一掌管军事情报，避免了三军情报机构各立山头的现状。

国防情报局局长向国防参谋长报告工作。他是国防参谋委员会主席、国防部长和国防秘书的首席军事情报顾问，也是情报协调小组成员之一。因此，国防情报局也获得一些特殊授权，如在邻国搜集战术情报进行跨境行动时，派遣间谍到未加限定的区域。而原军事情报机构总管下达的情报搜集命令需受越境或控制线5公里的限制。从总体上看，国防情报局的成立，在一定程度上推动了印度陆、海、空三军情报搜集工作的整合，加强了三军的情报协作和情报共享。

十二、巴基斯坦情报机构

三军情报局成立于1948年，是第一次印巴战争的产物。三军情报局的人员主要由现役精英军官组成，隶属国防部，直接对总理负责并报告工作。它专门从事国外情报（包括军事情报及非军事情报）的收集、分析和评估工作。起初情报搜集重点主要是针对宿敌印度。20世纪50年代，三军情报局的职责扩大到确保巴基斯坦的国家利益、监视反对派政客和确保军队在巴基斯坦的统治地位上。于是，三军情报局开始与外国和国内其他情报机构协作，全面展开绝密的情报活动：监视巴基斯坦的政客、外国人、外国驻巴外交官、媒体和巴基斯坦驻外国外交官的行踪，截收和破译电子通讯，实施秘密攻击行动。

三军情报局由 7 个处组成。联合情报管理处：三军情报局的行政管理机构，负责为各分局和海外派驻间谍机构提供行政管理，也负责拟定情报评估和威胁评估；联合情报处：负责巴基斯坦国内外所有公开资源情报和人工情报的搜集；联合反情报处：负责巴基斯坦国内外的反情报工作；联合情报北方处：负责克什米尔和查漠地区的秘密行动，包括渗透和反渗透、宣传与其他绝密行动；联合情报综合处：负责在外国的间谍行动；联合信号情报处，负责无线电通讯、监视和照相侦察等；联合情报技术处：负责间谍活动的所有技术事务。

十三、以色列情报机构

以色列情报系统以情报与安全委员会为中枢，主要机构包括摩萨德、阿穆恩、外交部研究和政治计划处。

1. 情报与安全委员会

由总理直接领导，负责协调和监督各情报部门的工作，对已掌握的情报作出评估，以及对危机作出预测等。该委员会由摩萨德、军事情报局、国内安全总局等机构的正副首脑、外交部办公厅主任、研究和政治计划处处长，以及总理的政治、军事、情报和反恐怖等方面的顾问组成，警察总局调查处和特勤处的处长有时也参加。摩萨德局长担任主席，负责主持每周一次的局长会议，行使协调各局工作和规定任务的职能，并向总理和国防部长汇报整个情报系统的工作情况。该委员会制定的任何政策方针须经议会外交与安全委员会批准方可实施。

2. 情报和特殊使命局（摩萨德）

正式成立于1951年9月，只对总理负责，是一个专门负责收集境外情报、在境外执行特殊任务的秘密情报组织。摩萨德局长同时担任情报与安全委员会主席职务，是总理的首席情报顾问，因此实际上它起着以色列中央情报机构的作用。是以色列最重要的情报机构。摩萨德内设部门主要有情报搜集处，行动计划与协调处，政治行动与联络处，研究处，人事、财政、后勤与安全处，训练处，技术行动处和技术处等。其中，情报搜集处负责监督对外情报行动，对情报人员上报的情报进行分析和汇总。行动计划与协调处依照政府需求和形势需要，制订全局情报搜集计划，督察计划进展；协调局内各部门之间的关系；与国内情报系统的其他成员沟通情况，协调相互间的行动。政治行动与联络处，主要负责政治性秘密行动计划的制订和实施，以及负责与盟国情报机构的联络。其下属的“特别行动科”曾多次以阿拉伯恐怖分子和前纳粹分子为目标，展开卓有成效的秘密行动。研究处主要负责情报的综合分析与中长期形势跟踪研究、预测工作。该处通过对大量情报资料的综合分析和研究后，产生“成品情报”和相关对策建议。这些成果经局长审阅后，直接上报政府总理或其他相关部门等。技术行动处主要负责以现代科技成果搜集情报的工作，如窃听器、监视仪的安装，间谍卫星数据的处理与分析等。技术处除自己研制、开发现代情报手段和设备外，还设法从美英等国购买，甚至窃取其看中的最新情报科技成果，并设法让其尽快在本局情报搜集活动中发挥作用。

摩萨德的任务主要包括以下几个部分：（1）搜集情报。搜集重点国家和地区的政治、经济、军事和恐怖主义活动等方面的情报，经分析整理后连同对策建议一起上报总理府；(2) 特别行动。策划并实施以暗杀、破坏、绑架、营救人质、窃取军事设备为主的特别行动等，根除国家的“敌人”；(3) 政治行动与联络部门负责处理与以无外交关系国家的有关事务，如以多种秘密途径和方式，营救海外遇难的以色列情报人员及公民，并对肇事者进行报复。因此，在某种程度上，摩萨德有“第二外交部”之称。

2004 年，在极度机密的情况下，摩萨德进行了根本性的变革，这个间谍遍布全球、密切注视世界各国任何重要军事外交事件的对外情报局，放弃绝大部分间谍职能，改组成为一支特种战斗部队，在国内外进行反恐活动和特种行动，摧毁和破坏可能会对以色列造成重要安全威胁的敌对势力和武器设施。目前，摩萨德的许多国外分部有的已经关闭，有的根据新的组建原则进行了人员和业务上的调整，其目的是要建成一支精锐的战斗分队，维护以色列在世界各地的战略利益，保障国家不受包括伊朗核威胁、“基地”组织发动的恐怖主义袭击等外部威胁。其谍报人员和装备已大量缩减，主要情报任务已移交给以色列军事情报局。

3. 外交部研究和政治计划处

成立于 1975 年 1 月，隶属于以色列外交部，主要负责情报分析，尤其是对有关政治情报和国际形势的评估与判断，为外交政策和战略决策提供情报参考，包括动向情报和定期评估，并以研究报告和备忘录的形式，在每周一次的内阁会议上提供参考。同时，该处还负责向以色列驻外机构提供相关国家的情报汇报。

该机构与其他情报机构之间的情报资源交换非常密切，是以色列最重要的公开情报搜集和分析部门，负责从政治角度分析摩萨德和军情局搜集的有关情报。

4. 国防军总参谋部军事情报部（也称“阿穆恩”）

以色列的军事情报机构，归国防部领导，是总参谋部的一个组成部分。其任务是搜集、编写、分发有关军事、经济、地理、通讯和科技情报及各种新式武器样品；窃取敌方的秘密文件和采用现代化手段进行侦察；开展空中摄影、截获电波、窃听通讯和破译密码等；对各军事部门送来的情报进行分析，向政府和军事首脑提供分析评估报告。同时，阿穆恩还负责指导战场安全部队、地区司令部的情报机构、海军情报部和空军情报部的工作。下设4个处：情报编制处，负责编写国家级军事情报评估、部长级每日军事情报报告、简报和年度《国家战争威胁》等，直接呈送总理、国防部长、总参谋长和摩萨德首长。情报处，既是该局所有公开和秘密人力情报活动的策划者和实施者，也是整个国家电子信号情报搜集和处理系统的管理者。因此，它直接受军事情报局局长领导，由首席情报官具休指挥。对外关系处，是与外国军事机构交往的桥梁，负责驻外武官事宜。军事安全与审查处，是军内的反间谍单位，负责军事设施和人员的安全调查工作。

5. 国内安全总局

又称“欣贝特”，1948年6月成立，直属总理领导，是以色列的国内反间谍机关。主要负责国内和占领区的保安、防谍、防恐怖活动，搜集外国情报机关及其活动的情报资料，调查国内外敌对势力策划的各种行动，并承担总统、总理和国防部长的警卫工作，以及驻外官员和重要设施的安全保卫工作。“欣贝特”的建制分行动部和支援部两大部分。

行动部由 3 个处组成：安全保卫处，负责以色列首脑人物、驻外使馆和本国政府机关、重要国防工业和科研部门的安全保卫工作，负责招募、训练和管理保卫人员；阿拉伯事务处，主要负责监视以色列境内阿拉伯人的颠覆破坏活动；非阿拉伯事务处，是最大的也是最重要的一个处，职责包括反间谍工作，监视外国外交官和代表团的活动，打击政治极端分子的颠覆活动。

支援部由 5 个处组成：行政管理处，负责全局的人事、财务供应、运输和通信等；审讯和法律顾问处，负责反间谍、保安工作中的审讯，提供法律咨询；技术处，专门负责提供情报活动的技术设备；协调与计划处，负责全局工作的协调，制定计划、掌管卡片和档案；行动支援处，负责协助各行动部门实施各种侦察措施。

十四、巴勒斯坦情报机构

巴勒斯坦情报机构归巴勒斯坦安全总局管辖。巴勒斯坦安全总局是一个伞状型组织，它不仅包括警察部队，还拥有情报组织，负责维持和协调巴勒斯坦安全部门之间的关系。

1. 预防安全部队（PSF）

它是一支便衣警察部队，也是巴民族权力机构中最大的情报组织，主要从事防范恐怖分子和巴内部反对派组织的行动，同时也负责在以色列境内搜集情报。因拥有“特权”，该部门常采取一些“越轨”行为。

2. 情报总局（GI）

根据《开罗协议》，GI是巴民族权力机构官方的情报机构和巴安全总局最早的分支机构之一。该部门负责在被占领土内外从事情报搜集、反间谍以及与外国的情报机构建立联系等工作。

3. 军事情报部（MI）

它是一个预防性机构，主要负责抓捕和审问对巴政权构成威胁的反对派分子，同时也负责对巴民族权力机构中情报与安全部门的非法活动进行监督和调查。它是巴安全机构中的5个非官方部门之一，在《开罗协议》和1995年9月巴以签署的有关约旦河西岸和加沙地带的临时协议，也称“奥斯陆第二”协议中均未提及。

4. 特别安全部队（SSF）

成立于1995年1月，它是最新成立的规模最小的巴机构。根据巴官方口径，该部队的任务是负责搜集有关在国外、特别是在阿拉伯国家的政府反对派力量活动的情报。然而实际上，该部队主要负责搜集有关巴民族权力机构中一些安全部门的情报，且对这些部门进行监督。此外，特别安全部队还向阿拉法特提供有关巴官员腐败和从事非法活动的情报。然而，出于技术角度考虑，该部队未曾在任何协议中被提及过。

十五、澳大利亚情报机构

澳大利亚情报系统由国家评估局、秘密情报局、国防信号总署、国防联合情报局等构成。其中国家评估局是情报汇总分析机构，其余是情报搜集生产机构。

1. 国家评估局

国家评估局是澳大利亚最高间谍情报机关，是各情报机构的系统汇总机构。它成立于1977年。其主要任务是综合评估各情报部门提供的情报，监督、协调全国各情报系统的情报活动。它可以直接向总理汇报工作。评估局作出的评价报告，通常交给有关部门的领导和专家组成的经济评估委员会和国家评估委员会进行评价，然后提供给政府内阁及政府有关部门作为决策参考。下设有政治战略处、经济处、时局情报组和管理供应科。

政治战略处：负责编写全国的政治和战略方面的评价目录、报告和鉴定，包括核扩散、全球战略平衡、世界核战争的可能性、国际恐怖主义、中东局势发展等。《澳大利亚安全展望》一书就是由该处编写的。

经济处：负责编写事关全国的经济情况评价目录，如国外对澳大利亚出口产品的需求可能产生的变化，澳大利亚出口产品的竞争国及潜在竞争国的情况，东南亚及世界其他地区的金融危机对澳大利亚可能产生的影响等。

时局情报组：主要研究当前同国家有重大关系的国际事态，它的工作成果主要体现在其所编写的《目前局势报告》、《当前形势分析》、《一周回顾》、《观察报告》等刊物上。

管理供应科：其职责是为上述专业职能部门提供后勤保障，以及负责评估局的内部安全。

2. 秘密情报局

秘密情报局是澳大利亚最重要、保密程度最高的情报机构，成立于1952年。直到1977年，澳大利亚政府才正式对外承认该机构的存在。2001年，秘密情报局取得相应的法律地位。该局直接归总理领导，主要负责向海外派遣间谍，收集“人力情报”——包括利用非法手段获取情报。随着形势的发展，秘密情报局又被赋予新的任务，不光要收集情报，还要参与反走私及反恐怖活动。该局是在英国情报机构帮助下，并仿照英国军情六处的模式建立起来的，与英国军情六处一直保持着密切的工作联系，同时与美国中央情报局也联系密切。

秘密情报局总部设在维多利亚小岛上，该局在那里还设有一个秘密训练基地。在达尔文南部建有一座无线电通讯站，负责通讯、电子信号监听、密码破译。该站可与英国军情六处及东南亚各情报站进行联络和交换信息。该局还在海外设有永久性联络站，如新加坡、东京、开罗、雅加达等，并在国外招募情报人员。除搜集情报外，还负责对其他情报机构进行指导、协调，对来自不同情报部门的情报进行分析研究。

3. 国防信号总署

前身是建于第二次世界大战期间的几个监听站和信号情报密码小组，二战结束后，这些业务由国防部统一领导，成立了国防信号局，后来又改称为国防信号处，1977年正式命名为国防信号总署。国防信号总署有两个主要机构——通讯安全处和情报处。前者负责保护澳大利亚的国防、外交情报通讯不被外国情报机构窃听或泄露；后者负责监听、截收外国信号通讯和其他电子信号，进行分析、破译和研究处理，为政府及有关部门提供情报。此外，国防信号总署还在特殊信号情报工作方面为澳大利亚其他情报机构如秘密情报局提供服务。

4. 国防联合情报局

成立于1969年，隶属国防部，主要负责国防部的情报服务和全国国防系统情报的协调。下设7个处：军种情报分析处，负责汇总澳大利亚国防部队在采取军事行动时所需要的战略情报及对有关国家军事问题的研究。国防情报鉴别参谋处，负责提供开展战略研究的专门人才，起草对澳大利亚有利害关系的宏观战略报告。经济情报处，负责对世界特别是亚太地区诸国经济发展状况及趋势的研究。科技情报处，负责搜集、分析对澳大利亚有直接战略意义的防卫技术情报，以及世界前沿科技信息。地理和社会研究处，研究有关国家的政治形势及政府机构、安全机关及部队运作情况。军事情报计划参谋处，负责协调国防部联合情报局内部的军事评估。计划与研究协作处，是该机构中最大的一个部门，职责是辅助以上6个部门开展评估和分析工作，提供设施等后勤保障。

此外，澳大利亚的情报安全机构还有负责军事情报的陆海空各军种情报处，在国防联合情报局的协调下开展军事情报工作。

5. 司法部安全情报局

澳大利亚安全情报局成立于1949年3月2日，它是澳大利亚主管安全保卫、情报搜集和反间谍的机构，隶属于司法部。它成立后的主要任务是保卫澳大利亚领土、政府和人民的安全；监视国内反政府团体和各国驻澳人员，开展反间谍活动。业务上接受澳秘密情报局协调，并将搜集来的情报提供给后者进行综合分析研究。此外，还负责境内的国外重要人物的安全保卫，对那些可能给国家带来危害的人进行签证审查等。它的打击对象有：间谍活动、暴力破坏活动、政治颠覆活动、国际恐怖主义的袭击和外国的干涉、颠覆等。

冷战结束后澳大利亚安全情报局一度被冷落。但随着世界范围内恐怖活动的日益猖獗，特别是“9·11”之后，安全情报局再度成了一个举足轻重的机构。该组织目前直接受澳大利亚议会控制，在其所有的任务中，最重要的是搜集并分析与潜在恐怖袭击有关的情报，开展反间谍侦察工作，以防止澳大利亚遭到恐怖阴谋破坏和政治暴力事件。

十六、新西兰情报机构

新西兰主要的情报机构有情报委负会、安全情报局、海外情报局、国防情报局、政府通讯安全局等，它们均控制在政府总理手中。新西兰安全情报条例规定：安全情报局长向总理负责；海外情报局也通过情报委负会对总理负责；政府通讯安全局则通过参谋长和国防秘书向国防部长负责，同时通过情报委员会向总理负责。

1. 情报委员会

情报委员会是对总理负责的高级委员会，负责全面监督新西兰的安全情报工作。该委员会在总理府常设主席的领导下，在情报业务方面向政府提出意见并在确保新西兰的海外利益方面提供及时有用的情报。同时对海外情报局进行领导和给予政策性的指导。

情报委员会由常设主席、总理府成员、外交秘书、国防秘书、总参谋长、安全局长、海外情报局长（兼任委员会执行秘书）组成。情报委员会主席向总理报告有关委员会的工作情况。

2. 安全情报局

安全情报局是新西兰最主要的安全情报机构，它是管理国内军事安全的情报机构，直接向总理负责。其总部设在急灵烦塔拉纳基大街175号和176号甲。两个主要的办公地点则分别设在奥克兰和克箱斯特彻奇。

安全情报局的职责是“使新西兰免遭间谍、破坏和恐饰活动，不论这种活动的主谋或执行者是否在境内”。具体有如下几项：获取、传递、估价涉及安全的情报，并按局长认为有利于安全的方法，将这些情报传送给必要的人员；当有关安全的问题涉及到某些政府部门时，局长向主管部长们提出建议；新西兰国内外的政府机构或其他单位，凡能协助安全情报局履行职责的，都必须与之尽可能合作；局长对在新西兰境内可能发生间谍、破坏、恐怖活动的地区，建立监听系统，并通报新西兰情报委员会。

3. 海外情报局

海外情报局成立于1975年。其主要职责是：为适应新西兰政府需要，对有可能涉及新西兰利益的海外事态发展，随时向政府提供及时、准确和有益信息、情报和评估。同时也向国防情报局提供行政、勤务、图书和制图方面的服务，必要时，也向情报委员会提供行政、勤务和秘书等服务。

海外情报局既是情报研究机构，又是协调组织。它根据新西兰政府的要求，搜集、评价和提供有关政治、经济、社会、科技、战略、地理等方面的情报。在进行评估时，海外情报局还同有关部门协商。海外情报局所评估的大量材料都来自海外组织，其中多数源于澳大利亚秘密情报局、联合情报组织、国家评估局和英国秘密情报局。

4. 国防情报局

国防情报局隶属于国防部，主要负责编制和分发国防情报，协调各军事情报小单位的情报活动，指导海外情报网中的国防情报部分。在防务情报方面，国防情报局同英美情报机构保持着密切而友好的关系。新西兰国防情报人员每年都和英、美、加、澳国防情报机构的同行们，讨论共同关心的领域，互相比较情报分析的技术与方法，对共同关心的地区性问题作出正式的情报估计。

5. 政府通讯安全局

政府通讯安全局1977年建立，总部设在惠灵顿弗雷堡大厦的14层楼上，受国防部的领导。其主要职责在于制定国家通讯安全原则并在政府各部门贯彻。同时，还根据需要进行通讯技术安全检查，以保护新西兰有关政府部门和海外单位免遭窃听。

十七、埃及情报机构

埃及情报总局被公认为“非洲最先进的情报机构”之一，在对以色列战争中发挥了重要作用。其前身是1954年3月创建的情报总署。当时的内政部长扎卡里亚·毛希丁兼任该总署第一任署长，后于1954～1958年在他第三次继任内政部长期间将情报总署扩建为情报总局，隶属内政部，但直接向总统负责。主要职责是搜集、分析、提供国内外秘密情报，协调埃及各谍报机构的情报工作，开展反情报活动。

从情报总局发展看，在纳赛尔总统的直接领导下，至1962年已初具规模，对内、对外情报活动都很活跃，尤其是对以色列的谍报活动更为出色，不仅获取了以摩萨德为主的以色列间谍情报机构包括内部组织、规章制度、活动特点、指令传达方式和主要负责人等方面的详细情况，还得到了以色列的大量军事情报，包括防御战略、武器装备、兵力部署、作战企图等。

十八、南非情报机构

1994年，新南非民族团结政府成立后，非常重视国家的安全情报工作。在政府发表的关于情报工作的白皮书中明确指出：保持和促进国家安全是任何一个政府的基本任务，而情报工作则是完成这一任务的途径。目前南非情报系统由以下几部分组成：

国家情报局：由前国家情报中心的一部分与刑事调查部合并而成，主要负责国内情报的搜集及反情报工作。国家情报局搜集情报的主要手段是电话监听、邮件检查、设置窃听器、人员监视和举报者举报。

秘密情报局：又称秘密工作中心、秘密工作局、保密局。其工作方向是国外，所有与境外情报活动有关的任务都将由它执行。

信号情报局：负责与战略相关的信号情报搜集、分析和分发工作，但涉及具体军事行动和战术方面的信号情报仍归军方负责。

情报协调办公室：由情报部副部长乔·恩赫兰赫拉领导。其职能是协调文职情报系统内各部门之间及其与军方情报机构的关系。

南非警察机构内设国家调查中心：其前身是刑事调查部，是南非的一个准情报部门。主要任务是搜集非法武器扩散、非法移民、贩毒等方面的情报。

军事情报局：系军方的情报机构，下设四个分部：军事情报部、反间谍部、通讯行动部和特种部队。

十九、加拿大情报机构

1. 外交部情报机构

外交部的下属情报机构主要有 3 个：一是外交部对外情报司。成立于 1986 年，主要负责搜集、分析和分发政治经济情报，为外交部的决策部门服务。下设经济情报处、政治情报处、情报服务和接待处。二是外交部经济情报局。主要负责核对、储存和报告经济情报，向加拿大银行、财政、工商业、能源和矿业等部门提供情报评估。三是情报分析与安全局，下设行动中心、情报分析处和安全处。主要负责与别国政府及国内其他部门交换情报，对所获情报进行综合评估，并向情报咨询委员会和有关部门提出报告。

2. 国防部情报机构

加拿大国防部所辖情报机构有国防情报局和通讯安全局。国防情报局成立于1982年，主要职责是统管全军的对外情报工作，下设国防情报处、科技情报处、情报安全处、现代情报处和图像利用处等。通讯安全局的前身是“国家研究委员会通讯处”，主要从事秘密情报信号的搜集。1975年，该机构划归国防部，更名为加拿大通讯安全局。主要任务是：就通讯安全问题向政府部门提出建议和指导性原则，确保政府通讯系统不被他国渗透；通过拦截和处理加拿大与境外发生的所有国际通讯信号来搜集通讯和电子情报。此外，通讯安全局根据与英、美的协议，还担负着截听外国驻加拿大使馆和外国首都的电子通讯任务。该局下设生产、安全、技术、行政、财务和人事等处。

3. 监察部安全情报局

局长由总理任命，并向总理报告工作。其前身是原加拿大皇家骑警队安全处。该处一直从事反情报、反颠覆工作，并负责国家内部安全。根据1984年5月加议会通过的《安全情报局法案》，在皇家骑警队安全处的基础上组建了安全情报局。其主要任务是“为政府提供威胁国家安全的情报”；“调查间谍或破坏活动、外国损害加拿大国家利益的活动、政治暴力、恐怖主义和破坏政府的颠覆性企图”。安全情报局拥有从事秘密侦察的广泛权力，《安全情报局法案》规定：“安全情报局人员经联邦法院法官签署许可证，可以窃听电话、安装窃听器、拆阅信件、搜查住宅和办公室、查阅公共机构的档案”，可以采取执行任务所需要的一切“合理的必要手段”。该局设有反情报处、反恐怖处、公开资料研究中心、安全审查处等机构。

二十、巴西情报机构

巴西情报局成立于1995年1月1日，其前身是布朗科政府于1964年在社会关系研究所基础上建立的巴西国家情报局和1990年梅洛政府的战略事务秘书处。建立这两个机构的本意是让情报机构成为政府的行政组成部分，改变总统完全依赖巴西军方和联邦警察提供情报的局面。但至今国家情报机构仍在军方控制之下。

原巴西国家情报局的军方间谍们享有许多特权：国家情报局的活动经费属于最高国家机密，任何其他机构都无权过问，就连总统也不例外，它只对军方最高层直接负责；国家情报局局长是巴西总统内阁的铁定成员；政府每个部门，每家国营大公司和机构都要为国家情报局官员腾出一个位置，甚至连大学的最高管理层也得给国家情报局的间谍空出一个位置来；国家情报局直接管理和协调巴西另外3个情报机构——陆军情报中心、空军情报中心和海军情报中心的运作。

巴西情报机构的军事间谍监视的领域除了对巴西社会有至关重要影响的政治、工业和金融等外，还包括巴西印第安部落的迁居情况，国家领导人的活动情况，非政府组织与国际机构联系情况，社团活动情况，甚至连警方和消防队员的行动都被严格监视。所采取的监视方式主要是秘密监视、监督与窃听。

1990年，梅洛当选巴西总统后，建立了以文职间谍为主的战略事务秘书处，以取代军方间谍机构国家情报局。然而，1992年年中的时候，梅洛总统发现自己根本动摇不了军方间谍的基石。1992年10月，新就任的弗朗索总统任命佛洛雷斯海军上将为战略事务秘书处处长，军方间谍再度主导巴西的情报间谍机构。战略事务秘书处的特权再度膨胀，还把手伸到巴西的核、太空、导弹、军备等领域。以至于巴西政客们背地里偷偷地把战略事务秘书处称为“巴西超级部”——权力凌驾于政府各部之上。

1995年1月1日，巴西的卡尔多索总统任命非常有经验的外交官萨尔登堡出任情报部门最高负责人，并且宣布成立巴西情报局，其职责再次扩大到总统的安全保卫，甚至连外国元首访问巴西的安全保卫也归巴西情报局。然而，换汤不换药的是，把持着情报局的是军方的高级将领，间谍成员仍是军方的情报人员。

二十一、阿根廷情报机构

阿根廷不仅有联邦政府管辖的间谍情报机构，军队、警察、宪兵和监狱系统以及各省市也都有自己的间谍情报组织，形成了广泛的情报网络。其最主要的情报机构是国家情报中心和由总统直接掌管的情报国务秘书处。

1. 国家情报中心

国家情报中心是指导和协调国家情报系统的最高机构，统一管理陆海空三军、安全、外交、内政以及国防部的情报机构。该中心主要负责总结消化来自各个部门的材料，经整理后上报总统。

国家情报中心的具体职能是：向总统提出国家情报政策建议；阐明国家情报理论；提出或接受总统、内阁或参议院情报委员会关于搜集情报的建议和要求；提出获取情报的计划、手段及对已经取得的情报成果进行评估和提出使用意见；与参加国家情报系统的有关部委一起，共同协调对其他情报机构的监督管理；负责高级情报人员的培训；提出国家情报系统总预算及其分配计划，并对所属情报机构的预算进行监督。

国家情报中心主席在常设委员会的协助下开展工作。常设委员会成员包括：情报协调副秘书、部门情报副秘书、内政部国内安全副秘书、国防部防务情报副秘书、经济部经济副秘书、公共工程和公用事业部副秘书、外交和宗教事务部副秘书、科学技术部技术与国际事务副秘书、武装力量联合司令部参谋长等人。国家情报中心还设有主席顾问委员会，其成员由武装力量、安全和联邦警察局的情报负责人、各省政府根据内政部的有关规定而派出的代表等组成。

2. 情报国务秘书处

情报国务秘书处只对共和国总统负责。其任务是向政府提供战略情报和战术行动情报。它每天出版数量有限的新闻公报，提供给总统、内阁部长和国务秘书作为决策参考。另外，情报国务秘书处还每周两次用蓝色塑料夹呈报给总统一份绝密报告，内容包括国内、国外重大事件及相关信息等。

情报国务秘书处下设有3个局：

国内情报局：负责搜集和处理国内政治、经济、社会、颠覆等方面的情报。该局与许多国家的情报机构都有着密切的联系。

国外情报局：负责在邻国及世界上一些重要国家开展情报活动。该局下设四个处：周边国家处、美国和欧洲处、拉美地区处和其他国家处。

服务局：负责为前两局提供后勤服务支持。如进行情报和反间谍活动所不可缺少的交通工具、电话监听设备、窃听设备以及武器、化妆用品等。此外，该局建立的档案库储存有200多万阿根廷人的个人资料，如犯罪记录、职业、家庭情况、本人弱点、个人能力等，为业务部门服务。

情报国务秘书处还设有一所全国情报学校。该学校只招收大学以上学历的高知识人才，学生入校后进行情报专业的系统训练，毕业后直接进入情报部门工作。

第二节　比较分析

各国情报机构在规模、功能和社会政治功能方面表现出巨大差别。在有的国家，情报机构规模庞大，功能多样，甚至是政治生活的操纵杆；而在另一些国家，情报机构规模小，功能单一，甚至远离国家政治。比较分析各国情报机构，是国别政治比较的有利视点。

一、对内情报机构与对外情报机构

各国情报机构，按其任务大体分为两类：一类是对外情报机构；另一类是对内情报机构，也可以称为情报（间谍）机构与反情报（反间谍）机构。凡有情报机构的国家，都有对内情报机构，但不一定都有对外情报机构。具有两类情报机构的国家，又存在两类机构分立或合一的两种基本模式。

1. 对内情报机构

美国在第二次世界大战前没有对外情报机构，只有成立于1908年的负责反间谍、反情报的联邦调查局。如杜鲁门所说："在第二次世界大战以前，美国没有派遣军队到欧洲、亚洲、非洲和大西洋、太平洋的岛屿上去时，还看不到需要有一个规模庞大的国外情报系统。"[33]大战后美国才有了国外情报需求。从美国的案例可以看到，没有殖民历史，也没有现实海外驻军需要的国家，通常没有建立专门国外情报机构的必要。在这些国家，国家安全与境外政治、军事情报的关联度不高，且没有干预他国、充任地区和世界强权的需求和欲望，同时也没有相应的能力和条件。在这些国家，可能也有临时性、机遇性、兼职性的对外间谍、情报活动，但没有专门机构，而是由外交部、驻外使领馆等机构代行。

对内情报机构是在国内执行反间谍反颠覆任务的机构。反间谍与反颠覆是两个可以区分的概念。反间谍是预防和打击危害国家民族利益的行为和行为体（组织、人员），如窃密、谋杀、策反、破坏等。反颠覆是预防和打击危害政府、执政党利益的行为和行为体（组织、人员），如政治性暴动、骚乱、非法的政治活动等。有的国家设立两个机构分别从事反间谍和反颠覆任务，如法国领土监护司负责反间谍，情报总局负责反颠覆。这是在政府司局一级的区分，也有的国家在处科级进行区分，如德国联邦宪法保卫局，有的处担负反间谍，有的处担负反颠覆。考察美国联邦调查局的历史，可以发现其任务经常在是以反间谍为重还是以反颠覆为重两者之间徘徊。

尽管反间谍和反颠覆这两个概念是可以区分的，但作为治安活动，两者有许多相同之处，所以对多数国家来说，合署办公是常见选择，这样可以节约行政资源，提高工作效率。随着恐怖主义成为新的安全威胁，间谍和颠覆危险已不如冷战时期严重，它们之间的区别也不再那么重要。

2. 对外情报机构

设立对外情报机构的国家，都是国外情报需求很大的国家，如英、法、德等老牌殖民地国家，数百年形成的海外利益是其国外情报需求的来源。20 世纪后半叶的越南等国也有对外情报机构，它们是长期处于战争状态的国家，战争需要是其对外情报机构存在的理由。

按情报手段区分：各国对外情报机构分为人力情报机构和利用公开途径或技术手段，如截取信号情报等手段来搜集分析情报的机构。

美国中央情报局、原苏联克格勃（部分局处）、英国军情 6 处和以色列摩萨德，是全球最著名的 4 个间谍情报机构，称为谍海 4 强。间谍机构在战时和冷战期间十分活跃，冷战结束后，随着原苏联克格勃的消失，全球间谍机构的活动都处于萎缩状态。俄罗斯对外情报工作发生了重大变化，开始放弃全球布局的做法，将对外情报工作的重点放到对俄罗斯有切身利益的国家和地区。因此，驻非洲、东南亚和拉美的许多情报机构被关闭，国内的中央机关被大大压缩，幅度达30～40%。与此同时，对外情报工作方针也进行了重大调整，以往与各国特工部门的对抗开始让位于在有共同利益的领域开展国际合作。比如，加强了与英国、美国、德国、韩国、阿根廷在国际反恐、打击跨国贩毒、制止大规模毁伤性武器扩散以及保护生态环境等领域里的合作。

但“9·11”事件后，以反恐为理由，许多国家的间谍机构又有一定程度的发展。因两次车臣战争和频发不断的恐怖事件，俄罗斯国内的安全形势严峻，致使其总统下决心彻底改组联邦安全局。2004年11月，俄联邦安全总局改组完成，恢复了苏联克格勃时期的大部分功能，在从事反侦察和防止恐怖犯罪活动的同时，还从事侦察、政治刑侦和边防等勤务。再如日本在第二次世界大战以前也有间谍机构，战后取消了，但近期又有复活的迹象。2007年3月31日，日本外相川口顺子在接受英国《泰晤士报》采访的时候指出，日本将大力加强人力情报，让日本也拥有像“007”那样的优秀情报人员，从而降低日本遭受恐怖袭击的可能性。她说，避免恐怖袭击的最佳办法就是尽可能在情报工作上多下工夫，加强搜集情报，特别是人力情报的能力，加强国内各部门的合作，增强与盟国情报机构的联系。

人力情报机构并不是对外情报机构的主体，对大部分国家来说，对外情报主要靠技术方法获得。如信号情报机构靠截取对象国无线电或其他通讯信号、破译密码等技术手段来获取情报。

3. 对内和对外情报机构的关系

多数拥有两类情报机构的国家都实行两者分立的模式，如美国的中央情报局与联邦调查局，英国的军情 6 处（秘密情报局）和军情 5 处（秘密保安局），法国的对外安全总局和领土监护司，都是二元分立的机构。

美、英、法实行两类安全情报机构分立，这一制度设计来自三个方面的政治考虑。一是政府机构的专业分工，情报和反情报是矛与盾，是可以分开的两个政府行为。尤其是在大国，政府规模和拥有的资源允许将两者分开。相互分离，互相保密，也有利于秘密情报活动的开展。二是司法方面的考虑，情报机构没有逮捕、审问和起诉权；反情报机构则需要这些权利。两者混在一起，可能造成司法的混乱。法国对外安全总局在 1946 年改名为法国国外情报和反间谍局，兼有两方面的使命，1965 年 10 月摩洛哥反对派领袖迈赫迪·本·巴尔卡在法国被该局第七处特工秘密绑架而下落不明。为此第七处遭到了各界舆论的猛烈抨击，致使其瓦解，局长也被迫下台，该局的活动跌入低谷。1982 年 4 月，更名为“对外安全总局”，规定该局不再在国内采取行动，突出非军事化和技术专业化。三是政治权力的分配，相互制衡，防止任何一方的权力过大而造成对社会的伤害。例如韩国中央情报部，是 1961 年朴正熙任韩国总统后建立的秘密情报机关，特工队伍庞大，仅总部工作人员就有 2～3 万人，包括为它服务的各种人员在内的总人数多达 30 余万人，年活动经费约 3 亿—4 亿美元，相当于韩国 8 个正规军的年军费开支总和。如此庞大、隐蔽的情报机构，完全是冷战和韩国国内长期独裁统治的产物。20 世纪 70 年代，该机构在韩国国内拥有极大特权，成为当局铲除政敌、镇压进步势力的重要工具，有“万能暴君”、“拷问机构”

之称。

此外，德国联邦情报局与联邦宪法保卫局，以色列国内安全总局与摩萨德（情报和特工局），澳大利亚秘密情报局与安全情报局也都是二元分立，均属于这一模式。

尽管美、英、法、德等国都属于二元分立的模式，但它们之间也有差别。例如美国中央情报局具有协调所有情报机构的权力，英法的军情六处和法国的对外安全总局则没有那么大的权力。

除了分立，另一种模式是合并。所谓合并，是指情报和反间谍部门合为一个机构。这种机构设置的背景：一是政府规模较小，需要紧缩情报机构；二是统合两方面的力量，集中权力。与二元分立的分权思想不同，合并模式着眼于强化情报机构，而不是对情报机构权力控制。俄罗斯及受其影响的国家倾向于这一模式。

20 世纪 60～80 年代，苏联对内对外情报侦察工作时分时合，取决于当时苏联哪种路线在对国家机关的态度方面占主导地位。80 年代末以来逐渐形成一种做法，即不把全部反间谍情报侦察集中在一个部门。而是根据具体的工作方针把它们分散到几个部门。90 年代，俄罗斯时任总统叶利钦把当时权力极大的克格勃一举拆分为联邦安全局、对外情报局和联邦保卫局。拆分后，昔日的克格勃风光不再，随着俄罗斯国内民族矛盾的激化和国际形势的变化，俄联邦安全局在打击国际恐怖主义、民族分裂主义等行动中显得越来越力不从心。12 年后，普京又将这三个局合并为国家安全总局。此次大幅度重组国家安全机关，目的是为了提高安全部门的工作效率，打破机构重叠、职能混乱的格局，有利于保障政令畅通和机构的精干高效，更有力地打击恐怖主义、极端主义和外国间谍。

乌克兰国家安全局于 1992 年 3 月成立，其基本职能是在国内确保乌克兰社会政治局势的稳定，防止任何政治力量和社会组织进行反宪法的活动；负责境外的情报搜集工作、打击有组织犯罪和政府各级机关中的渎职、贪污、受贿等内部犯罪行为。越南内务部政治保卫局（对内情报机构）和谍报局（对外情报机构）统属公安部。

二、情报机构和行动机构

情报机构是一个大概念，其中又可以区分出狭义的情报机构和行动机构两类。

1. 情报机构

狭义的情报机构利用公开渠道或技术途径获取情报，不进行涉及公民权利的侦察活动，更不具备拘押、审讯的权力。它们的工作是向执法机构提供情报，自己并不执法。军队情报机构、外交部财政部等非司法部门所属情报机构以及民间情报机构，通常都属于这一类情报机构。它们不是国家权力机关，也不是警察机构。

在情报机构中，又分为情报生产和情报分析机构两大类。情报生产是主体。普通情报机构的情报生产主要靠公开渠道或技术方法获得。如信号情报机构靠截取对象国无线电或其他通讯信号、破译密码等技术手段来获取情报。这类机构往往是各国情报机构中占用人力最多的机构，常规的情报搜集主要靠这类机构。英国的信号情报是最发达的。政府通讯总部是英国秘密通讯电子监听中心，有工作人员等约1.3万人。美国国家安全总局是美国军事系统的信号情报机关。美国政府每天收到的秘密情报，约有85%是该局提供的，因此它一向有“超级情报机构”之称。

建立在情报生产基础上的是情报分析机构。这一类机构主要任务不是情报搜集，而是依托情报生产部门，汇总各种情报进行加工分析，以供应政府部门和社会。为政府服务的情报分析机构通常是部、局下属组织。如以色列外交部研究和政治计划处，成立于1975年1月，主要负责情报分析，尤其是有关政治情报和国际形势的评估和判断，为外交政策和战略决策提供情报参考。美国国务院情报研究司也是此类情报分析机构。

除了政府所设情报分析机构，还有与政府关系密切的社会情报分析机构，如英国的伦敦国际战略研究所，成立于1958年11月。该所自称是“独立的、不受各国政府控制的”私人机构，是一个“关于在核时代的国际安全防务和军备控制问题的情报和研究中心”，实际却是一个半官方的西方国际军事情报的研究机构。其经费的大部分来自美、英、加等国的基金会和研究机构的赞助。在伦敦的研究所总部里，有来自150个国家的1100余人工作。研究内容是世界各国的军事潜力、军事学说、武装力量状况、国际军事政治问题及其他有关问题。出版的刊物主要有《军事力量对比》、《战略评论》、《生存》等。此类机构是情报机构与学术机构的交合体。

2. 行动机构

行动机构是国家权力机关，无论是对内情报行动还是对外情报行动，行动机构都被赋予了特殊的权力。在对外情报方面，例如军情6处，是英国唯一可使用非法手段在国外搜集秘密情报的机构，主要负责在国内外搜集政治、经济和军事情报，从事间谍情报和国外反间谍活动。为了搜集情报，特别是有价值的情报，秘密情报局的特工人员采取任何行动，甚至暗杀都是被允许的。在对内情报方面，美国联邦调查局和法国领土监护司都是警察机构，都有警察的权力。

从理论上讲，情报机构和行动机构是两类机构，它们法定的权力不同。国家赋予情报机构以行动的权力，对提高情报工作的效率，充分利用情报价值是有利的，但也会使情报机构权力膨胀越界，构成对社会的威胁。社会对此类情报行动机构给予更多的关注和批评，限制其权力的呼声也一直不断。

情报系统的行动机构和警察机构都是国内安全机构，如何区分两者的责权，如何处理两者的工作和法律关系，世界各国表现出三种模式：

其一，由警察机构代行反间谍反颠覆的责任，不设专门的尤其是局一级专门的反间谍反颠覆机构。现代国家早期都实行这一模式，如英国早期就是由警察机构承担反间谍任务，以后才有了军情5处，但苏格兰场至今仍沿袭传统，始终介入反间谍工作。相当多的中小国家今天仍然由警察机构代行反间谍反颠覆任务，至多在警察局内设特勤处。小国、民族构成单一的国家，宗教单一的国家，不结盟国家，经济自给型国家，一般都没有反间谍反颠覆机构。这些国家较少受到外国间谍组织的渗透，国内政治与外国势力牵扯较少，国内政治安全压力不大。这一模式的好处是避免警察机构和反间谍反颠覆机构两者间无可避免的冲突，减少行政成本，甚至减少政治失衡。由相近工作造成的机构分立，往往是政治分野、权力瓜分的起因。当然，当一个国家间谍和颠覆威胁很大时，不得不设立专门的响应机构。随着世界经济一体化和国家政治经济联系的紧密，政治经济间谍和渗透活动会增加，一些原没有反间谍机构的国家可能会加设这一机构。如日本，目前犯罪调查全部由国家警察部门进行，其权力范围也仅限于日本国内。日本一直企图改变这一情况。当全球范围内的因特网犯罪日益严重时，日本警察厅要建日本版“联邦调查局”的意图更明确。

其二，两类机构分立，既有警察机构，又有专门的反间谍反颠覆机构，但对权责作明确界定，即反间谍反颠覆机构只能从事情报调查，具有调查权，却没有拘捕、审讯权。打击、镇压权力归警察机构。对警务权限制较严的海洋国家，多数实行这一模式。英国军情5处不享有警察的权力，不能进行人身搜查和逮捕，如需搜查和逮捕，必须会同伦敦警察厅（苏格兰场）进行。德国联邦宪法保卫局有权向任何部门要求提供有关具体人和事情的情况，并可查看各部门资料库而无须说明理由；有权使用现有人力情报，但无警察行政权，因此不能审讯和逮捕任何人。加拿大安全情报局拥有从事秘密侦察的广泛权力，可以窃听电话、安装窃听器、拆阅信件、搜查住宅和办公室、查阅公共机构的档案等。

其三，反间谍反颠覆机构是特殊的秘密警察机构，具有比较完整的警务权，即具有侦察、拘押、审讯等权力。如美国联邦调查局、俄罗斯安全总局、以色列国内安全总局等，都基本属于这一模式。这一模式对提高反间谍反颠覆效率无疑是有利的，但加大了反间谍反颠覆机构的权力，可能导致这类机构权力失控而对社会政治造成过度介入。秘密警察机构是一把“双刃剑”，既对国家安全有利，也可能伤害国家政治，盖世太保、克格勃即是一例。韩国总统金大中在野时，饱受秘密警察机构的政治干涉。他任总统后，禁止情报部门继续干涉政治，而将其工作重点转向海外情报。美国也想控制联邦调查局的警权，规定每次调查情报资料后，递交给适当的美国司法部官员，由他们决定是否批准起诉或执行其他行动。但这仅仅是对联邦调查局实行警务权时的一种程序法限制，而不是实体法限制。

三、政府各部情报机构的分立与协调

1. 政府各部情报机构分立情况

各国情报机构在初期都是分立的，政府各部设立自己的情报部门。分立有利于满足本部对相关情报的特殊需求，有利于情报独享，对保密和提高行动效率有利，也对提高或维持本部在国家安全中的作用和地位有利，所以分立是情报组织的基本倾向，是多数国家情报机构的现状，即情报机构属于政府各部，没有一个机构来协调和领导全国情报机构。

美国情报机构的基本态势是分立的，司法部下属有联邦调查局，能源部下属情报局，从事核武器与能源情报活动；毒品管制局下属国家情报处，从事缉毒情报活动；情报研究局，隶属于国务院，从事外交情报活动；财政部下属情报分析处；国土安全部下属情报分析处；海岸警卫队总部情报处，隶属于国土安全部，担负海岸卫队战术情报任务，等等。总之，各政府部门遍布情报机构。

分立情况还表现在许多国家军事情报机构的独立和强势。军队情报机构是国家安全情报机构中发育最早、最成熟的系统，经历了从战术情报、战役情报到战略情报的发展，相应的情报机构也从小型的、隶属战役部队的机构，发展到隶属国防部的大型机构，并形成典型的层级官僚机构群落。如美国，国防和军队情报机构有：国防情报局隶属于国防部，从事外军情报活动；国家安全局隶属于国防部，从事电子通信侦察，在美军内部机构是中央安全署；国家侦察局隶属于国防部，从事间谍卫星侦察；国家地理情报局隶属于国防部，从事军用地图绘制；反情报驻外活动隶属于国防部，是一个对外保密的项目，从事反情报活动；陆军参谋部二部、海军情报局、空军情报局和海军陆战队总部情报处，分别担负本军种战术情报任务。越南军队情报机构的层级结构是中小国家的典型：人民军总参谋部情报局是军队确保系统的最高领导机关，隶属国防部，直接受中央军委领导，负责全面管理越军军事情报系统的工作，负责战略情报的搜集和研究。越南的军区、军兵种均设有情报处，其任务是负责搜集本系统所需要的战术、战役情报，其中重要的情报要上报总参谋部情报局进行统一处理。

2. 政府各部情报机构的协调

分立体制有着明显的弊端。随着情报生产机构的增多，产生了两个问题，一是各个情报机构的壁垒分明，互不通气；二是情报的混杂、重复和矛盾。在第二次世界大战期间，美国陆军和海军都分别有自己的情报机构。战后杜鲁门深感情报机构分散的弊端，他说："在我就任总统后，我发现这种迫切需要的情报没有一处是一致的。各个部门在不同时间把报告送到我办公桌上，同一件事的报告却完全相反。"[34]他有意组建一个统一的情报机构，但"陆军部和海军部都坚决反对。他们坚持主张每一部门需要自己的情报，但也认为迫切需要一个中央情报机构，把所有与整个国策有关的情报集中起来"。"如果政府能够有一个互通声气地情报机关，那么日本偷袭珍珠港，即使不说不可能，至少也要困难一些。那时候，国务院所知道的事，军队方面却不完全知道，而外交人员更无从知道陆军、海军方面所掌握的情报。"[35]珍珠港事件的教训，促使杜鲁门于 1949 年建立中央情报局，以协调全国情报机构。

统合政府各部情报机构有两种方式：一是设立或指定国家情报机构，以此为龙头单位，汇总、协调和统领全国情报机构；二是设立协调委员会，起政策指导和权力分配作用。

所谓国家情报机构，是指直接由国家最高行政首长掌控的情报机构，如美国中央情报局。《杜鲁门回忆录》记载："每天第一个来见我的人往往是（中央）情报局局长。"[35]杜鲁门对国家情报机构的要求是："这个机关将成为情报汇总地，由各个情报机关供给情报。这个情报汇总地将使那些负责制定军事和对外政策的人们占有指导他们行动的权威情报。”[37]由此可以看到国家安全情报机构的基本特征：与总统（国王、总理、主席）有最直接的联系；负有汇总情报的责任；对情报的权威性负责。

各国国家情报机构多数不是内阁级，而是总局或局。也有例外，如伊朗政府设情报部，与国防部、内政部平行，彰显情报机构在该国的地位。

国家安全机构不一定直接隶属总统（国王、总理）工作班子。世界各国很少有直属总统、总理的情报机构，通常都挂在政府某个部、委员会之下。按道理这些情报机构不能称为国家情报机构，而只是部门的情报机构。但有些隶属部门的情报机构，实际上被总统、总理直接控制，成为事实上的国家情报机构。如英国军情5处隶属内务部、军情6处属于外交部，但它们都是国家情报机构。它们具有上述国家安全情报机构的基本特征。

类似这样的情报机构还有：巴基斯坦情报局，该局拥有3500人，主要负责巴基斯坦国内外的情报搜集工作。情报的汇报顺序是局长直接向总理、总统汇报。埃及情报总局，被公认为“非洲最先进的情报机构”之一，在与以色列的战争中，发挥了重要作用。特别是在第四次中东战争中，埃及情报总局为埃军提供了大量军事情报，使埃军得以闯“火阵”，破“沙堤”，一举突破巴列夫防线，并全歼王牌90装甲旅，令世界各国同行们刮目相看。该局虽隶属内政部，但直接向总统汇报工作，从总统办公室领取经费。

设立情报协调委员会是另一种调和方式。英国的情报协调机构是英国联合情报委员会，由英国顶级情报官、政府高官、内阁大臣等组成的绝密情报机构负责整编统合由英国军情5处、军情6处、国防情报局提供的情报素材，然后再把整理出来的东西上报给英国首相，作为首相制定国策的根本依据。以色列情报机构首脑委员会行使协调各情报机构工作和规定任务的职责，主席由摩萨德局长担任，主持每周一次的情报机构负责人会议，并向总理和国防部长报告整个情报机构的工作情况。

一些小国也有情报协调机构，如缅甸，设国家情报委员会，任务是制定有关情报工作的方针政策，协调各部门情报机构的工作，同时负责将各情报机构搜集的情报加以整理，上报总统和国务秘书。各部门的情报机构既要接受本部门主管部长的领导，也要接受国家情报委员会的指导。

设立情报协调机构的目的是建立一个多情报机构协调体制，但这一目的不是一蹴而就的。分立是各个情报机构的天然倾向，将它们协调一致并不容易。美国1949设立中央情报局就是为了协调各机构，但协调效果并不好，“9·11”事件就是情报失调的产物。“9·11”事件后，不得已又叠床架屋地在中央情报局之上再设国家情报局，将15个情报机构统合在一起。这是一个理想化的改革行动，前景并不被人们看好。这15个情报机构中，超过一半的情报机构（8个）归属国防部，美国情报机构总预算的80％也由国防部支配，美国军方的态度是此次改革能否成功的关键。原国防部长拉姆斯菲尔德的态度就是一个问题，他采取了一些对立措施，旨在限制国家情报局长对国防部情报系统的干预。参与情报改革的一名前政府高级官员称：国防部与政府其他部门对情报主导权的争夺战已经打了50年，每回都是国防部赢，这次也不会例外。

多部门协调体制的一个特点是由文职最高情报机构统管各情报机构，包括军事情报机构。这是一个困难的工作。情报机构起于军队，各国军事情报机构都是发育最早、根系最发达的，很难臣服于他人。除了美国之外，巴西也如此。

除了上述协调机构，许多国家还有情报监督和领导机构。情报与反间谍是国家的重大政治行为，需要国家最高权力的监控与领导，大国都设立了一些机构专门从事这一工作。情报领导机构不同于情报协调机构的主要地方在于它本身并不生产情报，专负领导、监督责任。而情报协调机构在通常情况下本身就是情报生产机构，它就像一个总装厂，赋有生产协调和生产的双重职能。如美国中央情报局长期以来就承担这样的双重责任。美国1946年1月20日建立中央情报组（1947年改称为中央情报局）时，杜鲁门说："我把这个机构置于由国务卿、陆军部长、海军部长以及我的个人代表李海海军上将组成的国家情报局监督之下。"[8]当时的国家情报局就是一个情报领导组织，自身并不生产情报。

法国部际情报委员会负责制定各情报机构的主要任务以及协调它们之间的工作，以加强对整个情报界的统一领导。新西兰情报委员会是各情报机构的领导管理机构，成立于1975年4月，主要职能是负责监督新西兰的情报工作，并确保各情报机构协调合作，对新西兰政策事务提出情报方面的建议。其成员包括总统室秘书长、外交部和国防部秘书长、参谋总长、对外情报局长、安全情报署署长。

有的国家不仅行政系统有情报领导机构，议会也有情报监督领导机构。如意大利，在议会设情报委员会。有权了解情报机构的组织与活动基本情况，总理就情报工作向该委员会负责。总理每六个月向议会提交一份情报安全政策及成果的书面报告。议会情报委员会可提出建议和意见，但总理可以拒绝。

凡具备上述4类情报机构（对内情报机构、对外情报机构、情报机构、行动机构）的国家都是情报大国。它们的情报机构数量多，类型广，且在各分立的情报机构之上设置协调、监督和领导机构，从而建立了一个情报机构网。庞大的情报网固然有利于情报机构之间的协调，但超大组织的弊端也在其中显露无疑。一个组织过于庞大，维持本身运作的部门机构就会占据很大的比重，监督、协调和领导机构成为大国情报系统的巨大的上层建筑，加大了情报系统的行政成本，叠床架屋式的政治设计会使一些情报业务问题政治化、行政化，从而降低情报机构的效率。

第六章

各国安全保卫机构比较

许多国家都有负责边境和海上保安，保卫重要设施场所、部门和人物的机构。这些机构既区别于军事机构，又区别于警察机构，是各国安全机构的另一重要组成部分，具有独立作用。

第一节 国别情况概述

一、美国海岸警卫队、国民警卫队、财政部安全勤务局

1. 国民警卫队

美国国民警卫队创建于 1636 年 12 月 13 日，是为保卫殖民地而在波士顿建立的一支民兵队伍。1824 年 8 月 25 日改名为国

民警卫队。国民警卫队是美军整体力量的重要组成部分之一，也是隶属于各州政府的地方部队。

平时，国防部对国民警卫队只有指导权而无指挥权，国民警卫队由各州政府指挥，受所在州专管国民警卫队事务的副州长直接领导，主要任务是根据国防部和各州州长的命令，维护国家和当地政府的安全利益，维持社会稳定和参加抢险救灾；战时，联邦政府有权调动国民警卫队部队服现役。国民警卫队经费开支由联邦政府和州政府共同承担。国民警卫队司令部机关的正式工作人员既是州政府工作人员，又是国民警卫队队员，按政府行政级别领取工资。国民警卫队队员大部分直接从地方招募而来，编组成各部（分）队。

美国国民警卫队的编制体制、武器装备、后勤供应、人事制度以及执行的条令条例均与现役部队相同。这种体制还是200多年前华盛顿总统创立的。因为其具有便于训练、便于迅速征召和动员等优点，所以一直沿用至今。按照规定，国民警卫队队员每年要利用48个周末参加兵营训练。另外，每年还有一次15天的现役集训，即与相对应的现役部队合练，以便战时能迅速对口补充现役部队。参加训练的国民警卫队队员着与正规军相同的军装，并按各自的军衔和训练日领取工资和补贴。这种实际上的双工资优厚待遇，对于维护和招募国民警卫队队员有相当大的吸引力。

陆军和空军国民警卫队均由国民警卫队局管理，其局长是参谋长联席会的一员。陆军国民警卫队现编有10个作战师、22个独立旅（团）、2个特种部队、1个侦察大队，共44万人。空军国民警卫队现编有92个中队、飞机1700多架，共11.81万人。为实现与现役部队的“一体化”，他们还装备了如M1A1坦克和F－15战机等先进武器。

尽管国民警卫队是美国正规军的重要后备力量，但除了在特殊情况下必须接受联邦政府的征召之外，国民警卫队仍由各州政府指挥，因此不能把国民警卫队与专为军事作战而组建和训练的后备役军队混淆起来。

2. 海岸警卫队

1915年1月28日建立，隶属财政部。此后主管部门几经变更，2003年3月1日，转隶新组建的国土安全部。总部设在华盛顿，有运营、系统、公民权利、采购、法律、海事安全和环境保护7个理事会。设有太平洋区域指挥部和大西洋区域指挥部，9个地方办公室，39个团体，提供本土监督、协调地方单位，并提供搜救、执法、航行救援和港口安全等服务；43个海事安全办公室，负责检查商业船只、调查事故、协调善后工作，并避免意外事件发生。

海岸警卫队是美国武装力量的一部分，任务是保卫美国近海安全，维护美国海洋权益，保护海洋环境。战时划归海军作战部指挥。美军把它称为“第五军种”。海岸警卫队由司令部、作战部队和附属机构三大部分组成。2005年，海岸警卫队有现役军人4.04万人。

美国海岸警卫队是一个特殊兵种，它执行救生、保护国家财产、执行法律、实施科学调查和保卫国家安全等方面的任务。在平时，海岸警卫队为交通部执行人道主义方面的任务。在战时，海岸警卫队是海军的一个高度专业化的组成部分。美国海岸警卫队是世界各国中最早的海岸警卫队，是美国海上唯一的综合执法机构，也是当今世界最强大的海上执法队伍之一。美国海岸警卫队是美国五大武装力量中唯一拥有执法权力的队伍。美国海岸警卫队的舰旗，相当于美国警察的徽章，是执法权力的象征。

美国海岸警卫队拥有大量的各类舰船。其中大中型舰船现役约200余艘，小型舰艇现役约1400余艘，还拥有200余架各类固定翼飞机和直升机。

3. 财政部安全勤务局

成立于1865年，是美国最早的安全保卫机构，主要任务：侦查和镇压伪造货币和证券的罪犯；负责美国总统的保卫工作，包括总统、副总统及其家属，卸任总统、夫人与孩子，主要总统、副总统候选人，当选而未上任的总统、副总统的安全；负责警卫访美的外国首脑和总统指令需要保护的外国人；负责出访的美国政府首脑的警卫工作和在国外执行特殊任务的美国官方代表的安全工作。

总部设在华盛顿美国财政部大楼内，下设保卫行动、保卫情况、技术安全、特别调查安全等处室。共有特工1600余名，另有白宫警卫队、财政部保卫队1000人。该局在50个州设立分局和办事处。

二、俄罗斯边防局、边防军、内卫军、联邦保卫局

1. 俄罗斯联邦边防局和边防军

俄联邦边防总局和边防军是在前苏联边防机关和边防军的基

础上逐渐演变而来的。十月革命胜利后，为了反击外国的武装干涉，苏维埃人民委员会于 1918 年 3 月通过决议，在财政人民委员部下成立边防卫队（这一天被定为边防军节）。1919 年 2 月 1 日，边防卫队被改组为边防军。7 月国内战争全面展开，边防军被全体编入红军现役部队，由军事人民委员部领导。1939 年 2 月，苏联内务人民委员部正式成立边防军总局作为边防军的领导机关。1949 年 10 月边防军转隶国家安全部，1953 年重回苏联内务部，1957 年 3 月再转隶国家安全委员会。1991 年 12 月 4 日，苏联颁布"国家安全机构改组法"，国家安全委员会被分解为跨共和国安全局、中央情报局和苏联国界警卫委员会——边防军联合司令部。苏联解体后，俄联邦于 1992 年 6 月组建俄联邦边防军，并将其编入俄联邦安全部。1994 年 12 月 30 日，联邦边防局和边防军总司令部被改组为联邦边防总局。2003 年 3 月联邦边防总局并入联邦安全局，2004 年 7 月联邦保卫局与联邦安全局、对外情报局合并，成立了国家安全总局。为管理边防军和边防机构，联邦安全总局设立特命全权联邦边防局，由安全总局第一副局长担任边防总局局长。

俄边防总局是联邦执行权力机关的特命全权机关，负责领导边防机关和边防军，组织保卫俄联邦国界、领海、大陆架和专属经济区；在双边条约的基础上，组织保卫独联体国家的边境；保护俄联邦的海洋生物资源，并对海洋生物资源保护领域的活动实施国家监督；组织检查穿越俄联邦国界的人员、交通工具、货物、商品和动植物；与俄联邦及独联体有关部门协同，组织边防机关和部队开展侦察、反侦察和业务调查活动；参加保卫俄联邦在国外的外交代表机构。1993 年 4 月 1 日，俄联邦通过“国界法”，对国家执行权力机关在保卫国界方面的权力做了如下区分：外交部负责外交和签证问题；安全总局负责指挥边防军；国防部负责保卫空中和水下国界。

边防总局由边防机关、边防军和边防组织构成。联邦边防总局系统包括：边防检查、对外侦察、作战和边防警卫等四类机关；远东、后贝加尔、北高加索、东北、西北和太平洋等六个边防军区；北极、西部、加里宁格勒三个国内边防集群；驻吉尔吉斯斯坦、塔吉克斯坦、白俄罗斯、哈萨克斯坦、土库曼斯坦等五个驻外边防集群和车里亚宾斯克一个地区边防局。

边防军分为陆上兵团、航空部队和海上警卫队等。陆上兵团、部队和分队是联邦边防军的重要组成部分，用于保卫和警戒俄联邦国界，查明、预防和制止陆上边境和沿海边境地区的违法和犯罪事件。边防军航空部队用于捍卫和保护俄联邦国界、内河、领海、专属经济区、大陆架及其自然资源，保障边防军兵团、部队和分队以及边防机关的活动与机动。边防军海上警卫队用于在保卫海上边界和其他水域边界方面落实俄联邦的边境政策，保卫俄联邦的内海水域、领海、专属经济区和大陆架及其海洋生物资源，并对海洋生物资源保护领域的活动实施国家监督。它与渔政监察、海关、内卫、边防、卫生监督、生态保护等部门的工作人员共同组织海上巡逻。2003 年边防军实有员额为 16.5 万人，另有文职人员 1.94 万人。俄联邦边防军在执行国防领域的任务时，接受俄联邦武装力量总参谋部和军区的指挥。当按职能使用时，由俄联邦安全局总局局长通过兼任安全总局第一副局长的边防总局局长进行指挥。边防总局局长经联邦安全总局局长提名由俄联邦总统任命，边防总局局长编制军衔为上将。

2. 俄罗斯内卫军

俄罗斯内卫军是内务部领导的社会治安力量，1994 年由内卫军总局升格为内卫军总司令部。内卫军编成：作战兵团和部队、特种摩托化兵团和部队、警卫国家重要目标和专用物资的兵团和部队、航空部队、海上部队、侦察部队、特种部队、行动保障机构等，编为 7 个内卫区，总员额 17 万人左右。组建的内卫军区与原内卫部队局相比较，更具有军事机构的特点，所属部队也更趋军事化。原内卫部队局掌管的大多为看押部队和一些警卫部队，现在的内卫军区则大量增加了作战分队，达到了全部兵力的 3/4 左右。此外，各内卫军区中还建立了快速反应部队（重点是莫斯科、圣彼得堡和高加索地区），以保卫高级领导人的安全和应付突发事件。

俄罗斯政府专门制订有《内卫部队法》，以规范内卫部队的行动。根据该法律的规定，内卫部队主要担负“维护社会秩序、保卫社会安全和国家体制；保卫国家重要目标；保卫司法机关、执行逮捕任务，在国家遭受外来侵略时保卫国家领土”的任务。1997 年 12 月，叶利钦签发的《国家安全构想》中称：国家安全所面临的主要威胁已不再是来自大规模的入侵，而是来自内部的经济与社会问题和民族的紧张关系。这又为俄内卫部队增加了一项新的任务，即维护民族冲突地区的社会安全。

为了完成国家赋予的繁重任务，内卫部队实行特殊的编制，根据不同任务编配有：担负应急预备队的作战师（团），主要用于应付突发事件和参与“热点”地区的“维和”行动；担负保卫国家重要目标的警卫旅（团），包括保卫核电站和其他要害部门；担负逮捕和看守犯人的看守旅（团）；担负地面支援任务的特种摩托化部队；担负空中支援任务的空中部队（主要装备有直升机）；担负海上执勤、作战任务的海上部队（装备内河和沿海巡逻艇）。此外，还有一些技术和后勤保障部队。

虽然俄罗斯法律赋予内卫部队很大的权力，但又严格限制内卫部队适用警察的权限，使内卫部队与警察部队严格区分开来。只有当部队担负维护社会治安的特殊任务时，才被允许采取相应的警察措施。如执行戒严任务期间，内卫部队可以根据相关法律盘查验证，限制人员、车辆通行，对胡作非为的骚乱者、袭击内卫执勤人员的暴徒、严重违抗戒严令的不法分子、持枪械和其他危险物品的流窜人员实施拘留等。只有遭到暴徒的袭击或为了击退武装暴乱分子对特殊重要目标的进攻时，内卫部队才被允许使用武器。使用武器后必须详细记录，并立即送交当地检察院。

俄罗斯当局通过立法对内卫部队使用武器进行严格控制，这有利于防止矛盾激化，符合原苏联解体后民众对民主与人权的要求。但另一方面又常常使平息闹事的工作遇到较大的困难，内卫部队也常因防护不及时而造成较大的伤亡。

3. 俄罗斯联邦保卫局

联邦保卫局的职能是在联邦法律和联邦总统令所规定的范围内，保障联邦总统和其他国家保卫客体在其常住地和出访地的人身安全，保障联邦总统家庭成员的人身安全；负责保卫联邦总统办公地、联邦政府办公楼、议会大厦；负责保障联邦总统在常住地和出访地保密电话线路的畅通，保障与外国国家元首和政府首脑国际加密电话线路畅通，保障总统通讯系统的可靠性和信息安全并采取措施对抗外国的技术侦听。

联邦保卫局由原克格勃第九局、第五总局中若干政治侦查单位、第八总局的若干单位以及“阿尔法”、“信号旗”两个突击队、克林姆林宫卫队组成，并且还指挥着原克格勃第118伞兵团和第27摩托化步兵旅。

三、法国国家宪兵

法国国家宪兵是法国的两支治安力量之一，另一支是国家警察。法国宪兵是世界上出现最早的专职警卫组织，自从它产生以来，一直受到历代王朝和政府的高度重视。经过数百年的演变，它形成了具有典型大陆风格的宪兵组织，并为其他国家所效仿。它与警察共同担负着维护社会治安，实施国内法律，打击、预防犯罪的任务。

法国两支治安力量的主要职能是相同的，只是执法区域的划分和隶属关系不同。国家警察在1万人以上的城市执法，国家宪兵则在1万人以下的城镇和乡村执法；国家警察隶属于内务部，而国家宪兵隶属于国防部。从形式上看，宪兵更具有军事性，执行军队的条令、条例和规章制度，实行军事化管理，装备有装甲车、飞机和重型武器；警察则更具有文职性，实行上班制，配备左轮手枪，参加公务员考试和管理。

法国国防部设国家宪兵总局，下设宪兵军区司令部、宪兵团、宪兵营、宪兵队和宪兵小队。宪兵的装备除配备手枪以外，还配备机枪、装甲车（150 辆）、装甲运兵车（190 辆）、直升飞机（41 架）、固定翼飞机（6 架）、舰艇（20 艘）、迫击炮（278 门）、军犬、军马等。国家宪兵在和平时期执行普通警察的任务，战时则执行作战任务，法国历史上的每次对外作战都有宪兵参加，并在战争中充当重要角色。

现代法国国家宪兵的职能主要有 5 项：一是执行行政警察的任务，如交通警察、乡村警察、治安警察、外事警察等，这也是国家宪兵的主要任务；二是履行刑事警察的职能（根据 1989 年的统计，全国刑事案件总数的 1/3 是由国家宪兵侦破、处理的）；三是担负军事警察的角色（在军队中执法，维护军人的纪律，调查有关军人的犯罪案件）；四是维护和恢复社会秩序，处置突发事件；五是边防巡逻，抢险救灾。

法国国土上共设 6 个宪兵军区，宪兵军区下设省宪兵部队和机动宪兵部队。省宪兵并不是各省的宪兵力量，而是担负固定任务的宪兵；机动宪兵则相反，没有固定的任务，只负责处理突发事件和其他临时性的事务。一些特种宪兵部队具有特殊性，在同一宪兵军区的空中宪兵队组成一个空中宪兵营；空中运输宪兵队也依照此种方法组织。

共和国卫队是一支闻名世界的部队，共有 3000 人组成，卫队长是一位将军，他指挥两个步兵团和一个骑兵团。共和国卫队的首要任务就是保证政府高级官员和来访外国重要人物的安全，担负国家最高级别的仪仗任务；协助巴黎警察局，维护首都的社会治安。它的骑兵队和军乐队，只在最高级别的官方仪式上进行高水平的表演。其中，共和国总统卫队组建于1983年1月，有100名宪兵和10名警察组成，主要负责法国总统的安全。该卫队由1名少校指挥，下设小队，每小队12人，小队下设组，每组5人。但在执行任务时，其组织形式要根据任务的具体情况进行调整，卫队队员全部是合格的跳伞员、急救员、具有较高的擒拿格斗技能，大多数人能处理爆炸物品。卫队还有两名电子专家，能识别和安装各种窃听装置。每个小队还有两名潜水员。

省级宪兵组织——省宪兵营。省宪兵营驻扎在省府所在地，宪兵营长领导营指挥部，下设省犯罪情报队。省犯罪情报队与国家宪兵技术中心的犯罪情报分析中心有密切的联系，该队的侦查员负责本省的案件侦破工作。省宪兵营还下设一个高速公路分队，负责维护高速公路上的行车安全，处理交通事故。

国家宪兵与国家警察既有合作竞争，也有矛盾冲突。宪兵的创建远远早于警察，直至19世纪后半叶，随着都市化和铁路的发展才建立了警察组织。1966年第66－492号法令，通过对法国过去各警察力量的集中化、国有化、统一化和专业化的改革，组建了法国国家警察。法国的两种警察力量的平行存在，对法国的执法工作有不少负面影响，但由于各种历史和政治上的原因，目前还没有人提出要统一法国的警察力量，国家宪兵和国家警察这两支社会治安力量将长期共存下去。

四、德国联邦边防队

联邦边防队是联邦的保安警察，受内政部管辖。因为成员通常身着绿色制服，头戴绿色贝雷帽，所以又称绿色警察。这是一支在训练和装备上半军事化的部队，各国通常称这类警察机构为宪兵队。

联邦边防卫队始建于1951年，当时的基本任务是边境巡逻以及对付东德的渗透者。然而，20世纪70年代初，由于德国国内恐怖组织猖獗且装备精良，如赤军旅，这促使联邦边防卫队基本任务发生改变，逐渐成为打击恐怖活动的最佳力量，被部署到德国各主要城市。1973年，联邦边防卫队改编为内政部安全部队。目前，联邦边防卫队是德国保卫国内安全和打击恐怖分子的主要作战部队。其基本任务是警卫边境以及为了边境缉捕而检查过境通道，特别针对有组织的越境犯罪行动。任务还包括保卫总统府、总理府、联邦各部、法院等，保护铁路和民用航空不受袭击。此外还包括联合国和平使命范围内的公安部分。具体任务有：在边境上维护安全、预防犯罪、打击恐怖活动；维护海运安全，打击波罗的海及北海地区的非法走私活动；保护政府的重要设施；维护国际机场安全，反劫机及保证乘客安全；保卫铁路系统的运输安全，维护车站及火车上的公共秩序；在保护要员行动中，为联邦犯罪调查办公室提供援助和技术支持；在重大行动中为当地警察提供援助。

目前，联邦边防卫队总兵力为40000名，其中有30000名是正式警员。拥有自己的指挥体系和基地，部队被编成班、连、营。总部设在柏林，下设5个边防司令部：北部边防司令部（总部设在巴特·布拉姆施泰特）：下辖5个边防处和2个作战营；东部边防司令部（总部设在柏林）：下辖4个边防处和2个作战营；中部边防司令部（总部设在富尔达特）：下辖3个边防处和2个作战营；南部边防司令部（总部设在慕尼黑）：下辖4个边防处和3个作战营；西部边防司令部（总部设在圣·奥古斯丁）：下辖3个边防处和2个作战营。每个司令部均设有训练中心，培训队员战术和专业技能。训练科目涵盖警察处理日常事务的各个方面，如武器操作、逮捕手续、巡逻、防暴和熟悉德国法律等。

五、罗马教皇警卫队

罗马教皇警卫队由瑞士士兵组成，历经了中世纪至今的风风雨雨，一直忠实地履行着一项重要的警卫任务。

瑞士军事力量曾在欧洲首屈一指，几乎统治了整个欧洲。他们的军事技术、装备状况和威望都表现得十分出色，经常为宫廷和皇室成员做贴身警卫。1506年，罗马教皇二世朱丽叶斯设立了一支由150名瑞士军人组成的个人警卫队，这就是现在的罗马教皇警卫队。进入这个小分队的警卫队员必须是19～30岁的未婚瑞士居民和天主教徒，身高至少1.75米，且都必须经过为期17周的瑞士基础军事训练。之后，还有两周的梵蒂冈补充训练，因为保护教皇的职责对他们的技能要求是非常严格的。这支警卫队最早显示自己才能的机会是1527年，当时侵略罗马的德军兵临梵蒂冈城下，所到之处，烧杀抢掠无所不为，他们企图攻破梵蒂冈，杀害罗马教皇。警卫队经过艰苦的战斗，掩护教皇转入了安全地带。在这次战斗中，189人的警卫队就有117人为保护教皇献出了生命，这件事被后来的每个警卫队员视为最大的荣耀。

瑞士警卫队最近的出色表现是2000年保卫教皇事件。当时，国际恐怖分子艾里默森试图偷袭教皇，他带领一伙人携带了大批武器，准备在教皇经过的路段进行偷袭，幸被警卫队员及时制服，才使教皇转危为安。

现在，这支警卫队编制100人，分为3个排，每排30～31人，最高指挥官是1名上校，手下有3名军官、3名高级军士、18名初级军士协助工作。上校指挥官由皇室成员担任，在梵蒂冈特权阶层中享有很高的威望。瑞士警卫队作为世界上最小国家的唯一防卫力量，在今天这个充满恐怖与危险的世界里，担负着保卫世界上最重要和最知名的宗教领袖人身安全的责任。

六、冰岛海岸警卫队

拥有护卫舰、巡逻艇、固定翼飞机和直升机，既负责国家的国防，又承担同其他国家海岸警备队类似的职责，是冰岛武装力量的一个重要组成部分。起源可以追溯到1859年，那时就有轻巡洋舰在冰岛海域巡逻。

1906年，第一艘专用巡逻舰来到冰岛。从1920年起，冰岛开始自主管理自己的领海。1926年6月1日，冰岛海岸警卫队正式成立。1926年6月23日，第一艘舰船到达冰岛开始服役。3年后，即1929年6月14日，海岸防卫舰加入舰队。1947年，开始从民用航空公司租赁飞机对沿海渔场进行巡逻。

海岸警卫队在1972～1975年间的“鳕鱼战争”中扮演了极为重要的角色，为了保护渔业资源免遭过度捕捞，在跟英国皇家海军对峙的同时，坚决割断英国和西德的拖网捕捞船上的拖绳。最终，迫于冰岛政府威胁从凯夫拉维克海军基地驱逐美国军队和退出北约组织的压力，英国政府同意认同冰岛关于渔场的主张。

海岸警卫队的主要任务是维护冰岛领海的主权，同时保护冰岛200海里专属经济区的权益，另外还承当诸如搜救遇难人员、扫雷（主要是二战遗留的水雷）、监视专属经济区外的国际水域作业的渔船是否违法捕捞（即盗捕行为，一旦抓到具有盗捕行为的渔船，这些渔船将被禁止享受东北大西洋渔业协会各成员的任何服务，从而达到抑制盗捕的效果）等任务。海岸警卫队依据跟丹麦达成的关于安全、救援和防务方面的双边协议，偶尔也在格陵兰和法罗水域活动。

七、日本海上保安厅

海上保安厅是日本国土交通省的下属机构，平时由国土交通大臣领导，是维护海上治安和确保船舶航行安全的专职行政机关，同时，海上保安厅也是日本防卫体制的重要组成部分，在紧急情况下，根据内阁政令，归防卫省管辖指挥，平时与防卫省保持密切联系，是日本的准军事机构，战时纳入海上自卫队的编成。必要时，该厅的舰艇、飞机直接接收情报中心的情报，得到海上自卫队兵力兵器的支援。为此，在每年举行的日本海上自卫队演习中，都演练海上保安厅与海上自卫队之间协同的科目。此外，海上保安厅还定期参加美国海军在西太平洋举行的演习。

海上保安厅的任务为：贯彻执行国家海上法令，实施领海、港湾巡逻警戒，维持海上治安；实施海滩救助，保护海运安全和渔业生产；防止海洋污染；实施海上警备，预防和制止海上犯罪，搜查、逮捕罪犯，防止海上走私、偷渡；管理海上交通，进行航道测量、航标管理，负责海洋资料保障等；处理其他海上事务。

海上保安厅成立于 1948 年 5 月。本部下设次长 1 人、6 局、23 科，内设行政部、装备技术部、警备救助部、海洋测绘部、海上交通部等 5 个职能部门。层级组织系统由本厅、地区管区（共 11 个）海上保安本部、地方海上保安部、海上保安署等 4 级机构组成。作为特别地方行政机关，全国设有 13 个海洋警察署，71 个派出所、266 个派驻所。

经过 50 余年的发展，目前海上保安厅的巡逻船艇已由初期的 100 余艘发展到 500 余艘，飞机由 1953 年的 2 架直升机发展到 11 种 75 架，人员由 0.8 万发展到约 1.23 万，成为世界上最大的海岸警卫力量之一。根据远景计划和发展方案，日本拟为海上保安厅部队改装、装备配有最先进侦察设备的新型军舰和航天器。海上保安厅工作人员全部是在相应的训练中心受过专门培训的志愿人员，且必须在此之前是在海上自卫队服役期满的士兵。

日本海上保安厅实现了海上执法力量的“准军事化”。将其 11 个管区与海上自卫队 5 个警备区实现了交叉重叠。一般情况下，由海上保安厅出面处置海上事端，自卫队舰艇予以保障配合。在有争议的海域，海上保安厅还根据具体事态，协调自卫队舰艇参与应急行动。每年双方各类联合训练达数十次。中日东海划界争端升温后，海上保安厅与海上自卫队联合巡逻次数迅速增加。日本海上自卫队也多次出动舰艇协助保安厅活动。如2004年6月，日本“鞍马”、“泽雾”号驱逐舰曾赴春晓油田进行抵近侦察。

八、韩国总统警卫室、海岸警卫队

1. 总统警卫室

在韩国，总统安全保卫工作由总统警卫室负责。总统警卫室是总统的一个直属机构，前总统朴正熙发动军事政变之后创立，任务是保卫总统的安全。总统警卫室设有专职的情报机构，接受韩国的几个主要情报机构所获得的情报，由专职情报员分析和综合研究，再提供给总统警卫室高层，由他们制定执行各种警备任务的对策。

总统警卫室的负责人称为室长，并设有副室长及特别助理协助室长的工作。室长的权力很大，他享有总理或副总理级待遇，可以出席内阁会议。当国家安全遭受威胁时，他有权调动警方和军队。能在总统警卫室任职的人自然非同一般，比如前总统全斗焕、卢泰愚以及汉城奥运会组织委员会副主任金云龙都曾在警卫室任职。韩国的国会议员、各部部长也有许多人曾是总统警卫室的成员。

2. 海洋警察厅

韩国海洋警察厅是韩国负责海洋管理和执法的机构，为准军事化海上力量，隶属海洋水产厅。主要任务是维护海上治安，打击国际海上犯罪活动，开展海难救助，保护海洋环境。

海洋警察厅下设警务计划局、警备救难局、情报调查局和海洋污染管理局等，共14个科。将周边海域划分为13个相互连接的警备区域，并相应建立了13个地方海警署，有近万名海洋警察。目前拥有各型警备舰艇260余艘，其中1000吨以上的警备舰艇达到18艘。

韩国采用海警、海军与空军三方联动的海上警备体制。韩国13个海警署分别与韩海军3大舰队实施联动。在专属经济区护渔、掌握“独岛”海域控制权等行动中，首先由海警船只实施抵近监视和检查，海军舰艇则承担警戒和火力支援任务，随时准备加入作战行动。近年来，韩国更加注重动用海军与海警力量联合保护其海洋资源。2001年6月，韩国海军与海上警察厅联合决定将海警舰艇的警备巡逻区域由以领海为主转换为以专属经济区为主，将阻断、封锁中国渔民的“非法”捕捞作为重点，构筑了“海军掩护、海警捕捉”的专项执法体制。

九、印度海岸警卫队和边境保安部队

印度海岸警卫队共拥有56艘舰艇，44架飞机和5000名人员。海岸警卫队的主要任务是在临近本土的200英里海域（包括印度洋和阿拉伯海）内进行警戒，应对包括毒品、爆炸物和污染在内的多种威胁。目前，海岸警卫队缺乏足够的权力要求任何在印度海域内的船只进行停船和检查，为此，海岸警卫队向政府提出了强烈要求。印度政府已经决定由沿海各邦政府成立海上警察部队，在海岸警卫队的监督下进行沿海区域的执勤。印度内政部

2008年1月28日批准了一项8000万美元的资金用于本国海岸警卫队增强能力，防止海上的恐怖威胁。海岸警卫队将应用这笔资金建造岸基站和码头，购买更多数量的直升机、近岸巡逻舰、拦截艇和通信设备。资金的使用最终由国防部控制。

印度边境保安部队组建于1965年，1968年正式命名，是担负边境警戒和防卫任务的准军事部队，隶属于内务部。主要任务是收集情报，保护边境居民的生命财产安全，防止和打击犯罪活动，处理较小的冲突和纠纷，为军队行动提供必要的支持。发生军事对立时，边境保安部队转隶军队指挥。总部设在新德里，下辖9个边境司令部（包括3个内部安全司令部和2个特种司令部），共160个营，每营约700人，编配军队制式武器装备，以轻武器和小型火炮为主。边境保安部队曾参加1971年第三次印巴战争，显示出特有的作用和作战能力，受到印度政府的高度评价。战争结束后，随着印度与邻国关系的改善，边境保安部队的职能逐渐扩大，除继续担任边境防卫任务外，更多地面向国内，用于对付毒品、黄金、军火走私及边贸犯罪，并用于国内反骚乱、反暴动等行动。

十、巴勒斯坦保安机构

1. 国家安全部队

巴规模最大的安全机构，主要负责巴控区（A区）的边界及城市内的治安任务。其中包括与以色列军队进行联合巡逻、保卫巴自治区城市边界的检查站以及参与执行其他一般性安全任务等。根据巴以 1994 年签署的《开罗协议》，国家安全部队作为“公共安全机构”，率先正式归属于巴安全总局。

2. 军事警察

隶属于军事情报部，主要职责是控制暴乱、逮捕罪犯、保护重要人物和设施、维护监狱安全、在各安全机构之间维持纪律和秩序等。与军事情报部一样，该部门在“奥斯陆协议”中未被正式承认。

3. 海岸警卫队

任务是保卫巴民族权力机构的领海，对付来自埃及的武器和毒品走私集团。其大多数成员是流散在外的“法塔赫”成员。这些人曾在一些国家海军服役，巴自治后接受了水陆装备突击队的特殊训练，从而具备了应付危险挑战的能力，使用价值大大提高。海岸警卫队是《开罗协议》指定的、最早的巴安全部队之一。

4. 地方警卫队

这支小型部队负责地方官员及其办公地点的安全保卫工作。此外，它还负责召集民众对政府进行质询，就地方发生的纠纷案要求政府帮助解决。该部队也未曾在任何协议中被提及过。

5. 总统安全卫队

这是一支精锐的安全部队。尽管根据“奥斯陆第二”协议，该部队隶属于巴安全总局，但实际上它直接受总统指挥。其主要任务是负责总统的安全保卫，以及保护其他重要政治人物及重要设施的安全。此外，它还负责逮捕反对派活动分子及有与以色列通敌嫌疑的分子。总统安全卫队下设两个分支机构：情报部门，主要任务是搜集有关反对派的活动情况及其他有关内部威胁的情报；总统卫队，为总统提供可靠的安全保障，谨防任何对其进行暗杀的行动。

十一、加拿大海岸警卫队

加拿大海岸警卫队是海洋渔业部的一个构成部分。任务是保证加拿大水域的安全及环境安全。它通过 5 项工作来完成这个任务：海运领航服务；海运信息和交通服务；破冰作业；营救、安全和环境保护以及船队管理。这些工作涵盖了很大范围，包括海事计划和政策以及为海运团体内的各行业客户提供服务。客户包括商业运输人员、休闲乘客、渔业、省市和地区政府、以及其他联邦政府部门和海运社团。

海岸警卫队还通过保护生态体系、保证水源不被泄漏的油或化学物质污染以及保护娱乐资源等方式来为普通大众服务。海岸警卫队的海运领航服务目的在于通过控制和保持领航帮助系统来提供安全、高效和可通行的航道，保证运输航道的安全高效使用、保障海洋运输环境的可持续发展以及保护航海的公共权利。

2001 年“9·11”事件以后，作为增强公共安全与保证商业流通的连续性的一种方式，加拿大和美国的海岸警卫队建立了对进入加拿大/美国水域的提前通告要求系统。驶向加拿大海域总吨位超过 300 的船只必须在进入加拿大海域 96 小时之前向加拿大机关发出海面驶入提前报告。

十三、巴西城市警卫队

巴西没有统一的市政警察队伍，但有些城市根据需要，由市长批准，建立了市政警卫队来负责保障学校、公共建筑和公园的安全并指挥交通。按宪法规定，市警卫队只负责市政府公有财产、服务设施、设备的保卫，维护市内交通安全。现在一些城市的市警卫队已经配合州军警执行维护社会治安的工作，成为维护公共治安的一支辅助队伍。据巴西全国市警卫队理事会统计，巴西已建立 409 个市警卫队（巴西共有 5561 个市），共有队员 6 万名，其中圣保罗州就占了 193 个。但是许多城市尚无这一经济能力，未建立市警卫队。

第二节 比较分析

保安机构是一个比较笼统的概念，在职责、性质和隶属上没有严格的界限。各国也没有将所有保安机构划为一个组织系统的历史和计划。通常情况下，保安机构的地位没有国防机构、警察机构或情报机构的地位高，绝大多数保安机构是局、处级机构。低级别、分散管理、职责多样、性质混同是这一类机构的特色。

一、各国保安机构的不同职责

与各国国防机构、警察机构、情报机构相比，各国保安机构的职责更广泛，既有军事任务，又有警务任务，还有民事任务。

军事任务：许多国家的保安机构以武装执行任务为主，如美国国民警卫队主要任务是根据国防部和各州州长的命令，维护国家和当地政府的安全利益，维持社会稳定。战时，联邦政府有权调动国民警卫队部队服现役。法国宪兵在和平时期执行普通警察的任务，战时则执行作战任务，法国历史上的每次对外作战都有宪兵参加，并在战争中充当重要角色。

警事任务：各国保安机构多数都承担警事任务，是警察机构的支援力量。如俄边防军在组织保卫俄联邦国界、领海、大陆架和专属经济区的总任务下，负责组织检查穿越俄联邦国界的人员、交通工具、货物、商品和动植物；与俄联邦及独联体有关部门协同，组织边防机关和部队开展侦察、反侦察和业务调查活动。德国联邦边防队在边境上维护安全、预防犯罪、打击恐怖活动；维护海运安全，打击波罗的海及北海地区的非法走私活动；保护政府的重要设施；维护国际机场安全，反劫机及保证乘客安全；保卫铁路系统的运输安全，维护车站及火车上的公共秩序；在重大行动中为当地警察提供援助。

民事任务：如加拿大海岸警卫队是海洋渔业部的一个构成部分，任务包括海运领航服务；海运信息和交通服务；破冰作业；营救、安全和环境保护以及船队管理。类似加拿大这种国际和国内安全环境都比较好的国家，其保安机构的民事性任务更多。其他国家保安机构也有一些民事任务，如日本海上保安厅的任务有：实施海滩救助，保护海运安全和渔业生产，防止海洋污染，管理海上交通，进行航道测量、航标管理，负责海洋资料保障等。

随着国家安全威胁的多样化，各国安全机构的职责会更加多元，除了军事安全和治安，生产安全、生态安全、交通通讯安全、救灾等都已经并可能更大量地进入保安机构的职责范围。由于各国安全威胁的构成越来越不相同，各国保安机构在职责方面的差别会越来越明显。

二、各国保安机构的不同性质

各国的各个保安机构，按性质大体可分为准军事机构和准警察机构。保安机构是介于军事机构、警察机构之间的社会组织，有的靠近军事机构，有的靠近警察机构，甚至与军事或警察机构系统有一部分交集。

准军事组织属于国家武装力量范畴，战时参加作战，平时实行军队编组，装备有火炮、装甲车、战机、战舰等重兵器。美国国民警卫队就是属于准军事组织的保安机构。俄罗斯边防军也是此类机构，他们主要以执行非战争军事任务为主。

准警察机构是具备侦察、搜查、拘留、缉捕、审讯等任一法律授权的保安机构。准警察组织通常是协助警察机构执行任务，必要时代行警察机构的部分职责。德国联邦边防卫队、巴西城市警卫队、韩国海岸警卫队等就属于这一类机构。他们主要以维持治安、协助警务为主。

有的国家严格区分准军事机构和准警察机构的界限，避免军警不分。如印度既设边境保安部队，又设边境警察部队。厄瓜多尔的武装力量由一支快速行动警察部队和一支快速行动治安卫队组成。法国学者莎尼娅·艾赫兹博珩教授不同意把法国宪兵纳入警察的概念范围。她认为，宪兵就是宪兵，是军人；警察就是警察，是国家公务员。俄罗斯法律严格限制内卫部队适用警察的权限，使内卫部队与警察部队严格区分开来。只有当部队担负维护社会治安的特殊任务时，才被允许采取相应的警察措施。大体而言，各国称为“保安部队”的一般军事性较强，而警察部队的警事性较强。前者如印度的国家安全警卫队（3000 人），菲律宾的国民警卫队（6.5 万人），蒙古的国内保安队、边防队（共 1.5 万人），泰国的国家安全志愿队（3.3 万人），波兰的民兵警卫队，捷克和斯洛伐克的公安部队等，除了担负维护社会治安任务外，还负有明确的战时任务。后者如马来西亚的“武装警察部队”，担负着逮捕犯人，调查有关治安事项，执行法律规定的起诉事项，协助对港口、机场、基地等要害部门的军事保护等 13 项勤务。亚洲的马来西亚、也门、阿拉伯联合酋长国，欧洲的丹麦、芬兰、卢森堡，美洲的海地、巴拿马，非洲的索马里、圣多美和普林西比、塞内加尔等 20 多个国家都建有称为“武装警察部队”的保安机构。

但也有许多国家对保安机构的性质没有严格界定，这些保安机构具有准军事和准警察机构的双重性质，如美国海岸警卫队、日本海上保安厅等。当今世界有意大利、英国、日本、印度、西班牙、巴林、美国、加拿大等 100 多个国家拥有海岸警卫队。俄罗斯也准备在 2010 年组建海上警卫队。各国海岸警卫队是全球保安机构的一个庞大组成部分，其亦警亦军亦民的性质成为各国行政的一个特殊现象。用准军事机构或准警察机构执行边境海上保安，是越来越多的现代国家所采取的方式。它适应现代海边防冲突多数是低强度冲突的现实。准军事力量既有能力控制冲突，又可以避免动辄造成军队间冲突的局面。

三、保安机构的不同隶属

隶属内政部是各国保安机构的常例。如俄罗斯内卫军、印度海岸警卫队、边境保安部队、边境警察部队、德国联邦边防队等都是如此。英联邦国家及受其政体影响的国家都有一个职责广泛的内政部，保安机构同警察机构、情报机构一起纳入内政部管辖。这种体制对统一处置国内安全是有利的，但一个过于庞大的内政部会造成政治和行政的失衡。在利弊权衡下，其他国家采取了另外的行政设计。如法国宪兵局隶属国防部、美国海岸警卫队隶属国土安全部、俄罗斯边防军隶属国家安全总局等。还有一些保安机构隶属民生系统，如日本海上保安厅归国土交通省管辖，加拿大海岸警卫队归海洋渔业部管辖。

除了部属保安机构，也有直接隶属政府的，如尼加拉瓜的国家海区警卫队、洪都拉斯海岸警卫队、冰岛海岸警卫队等。1991年12月4日苏联颁布“国家安全机构改组法”，国家安全委员会被分解为跨共和国安全局、中央情报局和苏联国界警卫委员会——边防军联合司令部，边防军由此成为政府独立机构，但苏联解体后很快又被归入国家安全总局。

上述各个保安机构都是中央政府所属保安机构，还有隶属地方政府的保安机构，如隶属州政府的美国国民警卫队，隶属城市政府的巴西城市警卫队等。

保安机构的不同隶属与国家政体有关。例如保安机构隶属民生部门，同服务型政府有关，保安机构地方化则同国家的地方自治体制有关。保安机构多种隶属、分散隶属，与保安机构对政治的介入远远低于国防机构、警察机构和情报机构互为因果。

第七章

各国紧急事务机构比较

与国防机构、警察机构相比，各国紧急事务机构是历史最短的社会组织。它们是应对国家安全威胁多元化、非军事和非政治威胁比重上升的产物。

第一节　国别情况概述

一、美国国土安全部紧急管理署

1. 发展历史

20世纪30年代，美国联邦政府对灾害问题越来越重视，专家们提出需要通过立法来加强联邦机构之间的合作并授权总统协调各项工作。20世纪60年代和70年代初的连续自然灾害，如1962年“卡拉”飓风和1972年“艾格尼丝”飓风袭击了美国，于是要求美国住房和城市发展部所属的联邦救灾管理局从国家的角度作出反应并开展恢复工作。另外，1964年阿拉斯加的地震和1971年圣费尔南多的地震，对阿拉斯加、加利福尼亚南部等地的冲击很大。虽然，抢救和救援工作还算及时，但是，当时处理紧急事务和灾害的工作是不系统的，涉及灾害、危险和紧急事务的联邦机构有100多个。美国各州和地方政府也制订了一些相同的计划，增加了联邦政府减灾工作的复杂性。由此，全国州长协会建议精减州和地方政府设立的机构，并请示当时的卡特总统将紧急事务的职能进行统一集中管理。

经过不断努力，1979年卡特总统宣布行政命令，将众多分散的与灾害有关的机构和职责合并，形成一个新的机构——联邦紧急管理署，接管联邦保险局、国家火灾预防和控制管理局、国家气象服务组织、服务总局的联邦预备局及住房和城市发展部的联邦灾害管理局的一些工作。根据1947年《国家安全法》规定，联邦紧急管理署是美国平时或战时进行紧急动员、民防、救灾等活动的协调机构。具体职责包括：协调应对核进攻、核电站事故和核武器事故的准备工作；在情况紧急时协调资源动员；确定战略物资及其储备标准；支援州及地方政府的救灾计划、救灾准备、减灾和灾后恢复工作；对联邦、州和地方政府的应急管理人员进行培训等。作为一个协调机构，与国防部、商务部、内政部、农业部、联邦勤务总署等机构协调进行经济和工业动员准备工作；与国防部、选征兵役局、劳工部、退伍军人事务部等机构协调进行人力动员准备工作；与运输部、商务部、能源部、海运局等机构进行运输动员准备工作；与财政部、联邦进出口银行和预算局等机构协调进行财力动员准备工作；与国家宇航局、能源部、国家科学基金会等机构协调进行科技动员准备工作；与卫生和公共福利部协调进行民防动员准备工作。

为指导和协调紧急管理署的工作，在国家安全委员会成立了“紧急准备和动员计划政策协调委员会”，由联邦紧急管理署署长任主席，成员包括所有内阁部和负有紧急事务职责的单位的高级官员。主要任务是制定国家紧急事务政策，协调各部门在执行国家紧急事务政策时的行动。

2003 年成立国土安全部时，该机构纳入该部紧急事态准备与应对司。

2. 部门与职责

紧急事态准备与应对司设立联邦紧急事态管理署、全国战略储备与全国灾难医疗系统、核事故应对小组、国内紧急事态支持小组、全国国内准备办公室等。其中联邦紧急管理署和全国战略储备与全国灾难医疗系统是该司的核心机构。

联邦紧急管理署的任务是在灾害发生时作出反应，制订计划，恢复受损场所，减轻灾害损失，并防止将来的灾害。目标是通过全面的风险减灾管理计划、预案、反应和恢复等措施，控制自然灾害和技术危险，保护生命和防止财产损失，保护国家关键的基础设施免遭各种损害。联邦紧急管理署通过“社区防灾活动”向全国提供防灾、迅速反应和恢复等方面的支持，在避免灾害和减少灾害危险方面发挥领导作用。联邦紧急管理署希望通过采取各种灾害预防措施既节约联邦政府的恢复重建费用，也减少人民生命和财产损失。其主要职责包括：评估损失；提供灾害援助；将有关灾害损失信息告知公众；促进建筑设计和施工质量；尽量减少灾害损失；通过开展培训，提高防灾能力和减少损失；帮助社区制订防灾计划；采取措施减少未来的灾害。

联邦紧急管理署总部设在华盛顿，全国各地都建立了分部。美国联邦紧急署由署长负责，下设地区执行局、快速反应和恢复局、联邦保险与减灾管理局、美国消防局、外部事务局、信息技术支持局、资源管理与计划局。联邦紧急管理署现有工作人员2600名，另有5000多名灾害预备人员，在紧急情况下参加救援工作。联邦紧急管理署每年向国会申请年度预算，2001年的财政预算约为36亿美元。主要用于：应急资金26亿美元；支持政府反恐怖活动，开展培训和抢救工作，大约需3450万美元；减少损失计划需1.374亿美元；防止火灾计划需6970万美元；紧急物资和食品需1.4亿美元。美国由于灾害造成的损失，每年平均为29亿美元。

全国战略储备与全国灾难医疗系统负责管理和协调重大灾难中的联邦医疗应对。它是由两个项目组成的部门，一个是全国战略储备，另一个是全国灾难医疗系统。全国战略储备主要是对在重大灾难中用于保护美国人生命财产和健康的医疗药品和器材进行大量储备，帮助州和地方政府为全国性的紧急事态做准备。后者是在重大灾难发生时对受害者实施医疗救援的体系，包括对受灾地区派遣医疗小组、实施药品和医疗补给，将病人从受灾地区向国内其他地区转移，参与受灾地区医院的实地医疗服务。

二、俄罗斯紧急情况部

1. 历史沿革

在苏联时期，民防的主要任务是在敌人发动空袭和核战争条件下使居民和国民经济做好对大规模毁伤武器的防护。1989 年，苏联对民防进行了重大改革，突出了民防在和平时期的职能和任务，其工作重点从防护大规模毁伤武器打击转向应付各种灾难性的工业事故、地震、火灾和自然灾害。同时，民防军不再是武装力量的组成部分，脱离国防部转隶政府领导。复杂的自然地貌和社会环境，决定了俄罗斯是个自然灾害和人为灾祸频发的国家。出于社会生产安全、技术开发应用、社会经济秩序和消除自然灾害后果的需要，1991 年进一步成立总统下属的俄联邦民防事务、紧急情况和消除自然灾害后果国家委员会。1994 年 1 月，叶利钦颁布总统令，将该委员会改组为俄联邦民防事务、紧急情况和消除自然灾害后果部，简称紧急情况部。

2. 职责

与美国国土安全部的性质不同，俄罗斯紧急情况部是一个非政治的、处理非军事紧急事件的国家机构。由于自然灾害、工业事故等紧急事件对国家社会安全的威胁越来越大、越来越频繁，所以紧急情况部在俄罗斯社会生活中的作用越来越重要，被认为是俄罗斯政府 5 大“强力”部门之一。该部也偶尔向俄罗斯领土之外派出自己的队伍，但主要精力还是放在自己的边界之内。其下属部队仅配备少量武器用于自卫，而不配备重装武器。该部只承担和平时期的任务，而不担负战时任务。该部工作日程不包含政治内容，也不谋求与政治团体结盟。紧急情况部可向任何人提供帮助，而不管其宗教和国籍归属如何。

1992 年政府立法中第 261 条强调了其在俄罗斯政府中的重要地位，规定其在发展和执行国家安全战略时对自然灾害和技术性灾害等突发事件（包括有害材料）有提供应急救援的职责。从自然灾害（地震、洪水、飓风、干旱和严寒等）到化学和电力工业突发事件等，无所不包。主要任务包括：制定国家民防政策和紧急状态预告及减轻后果的政策（包括消除放射性与自然灾害后果）。领导俄联邦民防部队和紧急状态部的搜寻与救援部队。保障国家消除紧急状态后果的功能和进一步发展。组织和实施国家紧急状态发生的准备和行动计划，以及完成预告紧急状态发生的一切措施。领导消除巨大事故、自然灾害和其他紧急状态后果的工作。协调联邦机构，执行机构，俄罗斯联邦各实体执行机构，地方自治机构，各企业、机构、机关与各种团体组织在消除放射性事故与自然灾害后果、监督实施措施的各项工作活动。组织制订和实施联邦专项任务和科技计划，以利于消除放射性和自然灾害后果，保护人民和国土安全，以及提高紧急状态下国民经济各部门职能的稳定性的工作。协调建立和利用紧急资源储备系统的工作，包括国家用于消除紧急状态后果的资源分配，监督联邦政府用于消除紧急状态后果各项措施的专用经费的支出。组织人民、管理部门的专职人员、民防部门组织与俄罗斯紧急状态系统行动人员的培训与训练工作。组织俄罗斯紧急状态部主管范围内各种问题（项目）的国际合作，等等。

俄罗斯紧急情况部是俄罗斯效率最高、最忙碌的部门之一，它不仅要负责消灭俄境内出现的“禽流感”、扑灭远东森林大火，还要向美国新奥尔良灾区提供援助、帮助阿富汗战后重建；一旦俄境内出现恐怖活动，它也必须第一个赶到现场组织救援。紧急情况部的诸多行动显示该部有能力对在俄罗斯境内外发生的突发事件作出快速反应。他们处理过伊尔库茨克和梅日杜列琴斯克的飞机事故，曾经在也门共和国疏散俄罗斯公民，曾向设在坦桑尼亚和扎伊尔的卢旺达难民营输送过人道主义救援物资，曾经远征挪威海救援出事的“共青团员号”核潜艇，处理过列宁斯克和哈萨克斯坦发生的煤气爆炸事件，曾在暴雨引发大坝决口的巴什科托斯坦进行搜救，也曾向前南斯拉夫地区输送人道主义物资。他们也参加了对2000年莫斯科连环爆炸案的处理、对2002年4月俄罗斯知名政界人士、克拉斯诺亚尔斯克边疆区行政长官列别德所乘直升机失事的救援、对远东森林大火的抢救以及对阿富汗战后重建的援助活动等。在伊拉克战争中，俄罗斯技术专家和侨民经常受到恐怖分子的袭击，生命安全无保障。为此，紧急情况部航空队派出飞机，分三批从伊拉克撤回600多名技术专家和侨民，以及独联体国家的公民。不仅在俄罗斯境内实施森林、油田等灭火任务，还到境外执行空中灭火任务。仅2002年一年，紧急情况部航空队的直升机参加灭火飞行达300小时，往火场投放了1600吨水。发生重大灾难（坠机、翻船等事故）后，紧急情况部航空队都要派出飞机参加搜索救援任务。包括空中侦察，将地面搜索救援人员运抵搜索救援地区。

3. 部门设置

紧急情况部设有民防司、国际合作司、财政经济活动司、组织动员司、干部和专业培训司、预防和消除紧急状态司、投资与基金管理司、国土监察和民防力量司、民防部队与救援部队司、航空管理局、安全局、联邦国土维护局、医疗局等部门，同时下辖俄森林灭火机构委员会、俄抗洪救灾委员会、海上和水域突发事件跨机构协调委员会、俄罗斯紧急事态反应协会等机构。该部通过总理办公室可以请求获得私人、国防部或内务部队的支持，也就是说，该部拥有国际协调权及在必要时调用本地资源的权限。以中心城市为依托，紧急情况部在全国范围内设立了 9 个区域性中心，负责 89 个州的救灾活动。每个大区和州都设有指挥控制中心，中心往往设在有化学工厂的城镇。

除上述机关，紧急情况部下辖若干危机处理机构：危机事态管理中心、搜寻救援部、民防部队、空中机动救援中心、高危救援行动中心、全俄预报检测中心等。

危机事态管理中心是对预防和消除紧急状态的国家力量进行日常管理的机构。任务是：对消除危机状态的力量的动员准备进行稳定、不间断的管理；为国家安全保障系统提供信息保障；协调国家安全保障系统所有环节的工作；负责紧急状态部的办公自动化、计划技术工作以及信息保障。危机事态管理中心设有行动分析局，信息技术局以及中心活动保障机构。

民防部队是俄联邦民防力量的重要组成部分。前身是 1932 年 10 月 4 日成立的地方防空部队。目前，俄罗斯国内民防部队约有 2 万人，代表着俄罗斯紧急状况部的中坚力量。平时参加事故救援工作，封锁和消除自然与人为紧急情况，撤离遇险居民，为其提供衣食等各种保障。战时用于实施核生化侦察，在污染和辐射区采取救援行动；参与排除失效航空炸弹和地雷的工作；参加恢复居民生活保障设施的工作；执行恢复机场、道路、渡口和其他后方设施和领土防御等任务。民防军编有独立救援旅、机械化团和直升机大队以及独立救援营、工程技术营、特护连等专业分队。分为中央所属和地方所属两种，2003 年民防军军人编制为 2.21 万人。

搜寻救援部的主要职能是在自然和技术灾害中进行搜寻救援工作，设有指挥部、59 个搜寻救援大队和后勤保障部，在各地区还设有搜寻救援分部。目前，搜寻救援部有 58 个搜寻救援大队，约有 1800 人，大部分搜救队员同时具有潜水、登山、跳伞、推土作业、煤气作业、矿山救护等多种专业技能，可以在多种地质环境和负责气候条件下进行海陆空全方位作业。

空中机动救援中心成立于 1992 年 3 月，设有搜寻救援大队、工程技术大队、通讯情报大队、运输大队和物质保障大队，共 400 人。高危救援行动中心成立于 1994 年 2 月，可对爆炸、空难、核放生化等事故进行专业性救援。

三、法国内政部民防与公共安全局

法国民防是在第二次世界大战中平民生命财产损失惨重的教训下建立和发展起来的，其职能已经从最初的防空袭发展到应对自然灾害、人为灾害、恐怖袭击等，以保护民众免受危害。内政部民防与公共安全局负责全国的民防工作，包括制定民防政策、规划、预案及措施等，发布民防指令，组织实施民防计划和紧急救援行动，协调地方民防工作，管理民防人力、财政和后勤资源，促进民防教育，培训消防人员等。

民防与公共安全局拥有平民、警察、军人和消防员等43种不同身份的人员2800多人。下设管理和维修、危机预测与民防、消防、营救与民防等4个分局和联合紧急管理行动中心。联合紧急管理行动中心是对民防和公共安全实施持续监控的独立机构，尤其是发生严重扰乱事件时，负责及时对事件作出响应，跟踪监视，协调人力或设备，组织国家或地方、公共或私人等各种营救资源。负责随时向内政部长汇报情况，提供行动方法建议，并对政府资源事务进行准备和协调。该中心下辖实施持续监控的行动中心、提供应急指挥的危机中心、管理通信网络设备的通信中心和负责信息资料的资料中心等机构。

民防与公共安全局负责管理法国民防部队。民防部队由预备役人员组成，包括3个紧急响应培训与行动部队、4个行动与后勤志愿部门、18个扫雷中心（其中2个在国外）、20个直升机基地和1个机场及后勤基地，编成22个机动纵队、308个收容大队和108个民防连，战时可扩编到30万人。从事消防工作的专职人员约3.6万人，还有由近20万人组成的志愿消防队，分散在各地区和省救火和救护中心执行民防任务。

四、德国内务部联邦救援局和各城市消防局

德国负责突发公共事件紧急救援的最高组织机构，隶属于联邦内务部。主要职责是协调政府各民防业务部门的合作，组织军

民合作，制定民防法规，维护政府部门的战时安全和秩序。在非战争条件下，德国紧急救援工作主要承担消防救护、化学救援、医疗救护、市民困难救助、大型设备救助等救援工作。各市民防机构设在消防局，实行一块牌子，两套班子。

德国设有专门的民防部队，分义务、志愿人员和专业人员，总数约150万人，其中95万人为消防救护人员，46万人为医疗救护人员。民防部队按地区组成抢救队、消防队、维修队、卫生队、三防队和空中救护队。装备有直升机和消防、急救、三防、通信指挥、工程抢险等车辆，配备大量无线电通信器材和挖掘、起吊、钻探、粉碎、爆破等专用设备。

五、瑞士联邦民防总局和各州民防局

1963年瑞士将联邦军事部门的防空救护部队和内政部的公共卫生局合并成为联邦民防局，隶属于联邦司法警察部。1998年起，瑞士联邦民防局由联邦司法警察部转归联邦国防民防体育部领导。在各州、区分别设立民防局和民防司令部，城市设民防厅。冷战结束后，瑞士根据欧洲新的安全形势，对民防政策进行了重大调整，在继续做好防空袭准备的同时，增加了民防在发生自然或人为灾害时负责救援工作。

联邦民防总局为中央民防领导机构，负责制定有关民防的编制体制、行政管理、训练、物资、民防工程建设的规划；监督州、市（镇）二级民防组织对联邦民防法的执行情况，负责研究民防发展的有关问题。联邦民防总局只对各州的民防组织实施业务指导和协调。

各州民防局为州民防的领导机构，由州环境和安全部领导，负责组织落实联邦有关民防的法律、法规，制定市（镇）有关民防合作的实施细则。州民防局下辖训练处、组织处、技术处。各市（镇）设民防处，负责组织落实联邦、州颁布的有关民防法律、法规，领导有关民防的组织、训练、物资和工程建设事务；协调民防机构与其他行政机构的关系；合理调配使用民防资源。在紧急情况下，该处处长可以统一指挥本市的消防、警察、民防和卫生机构，并可视情启动请求军队帮助的程序。市（镇）民防处下辖参谋、情报、通信、核化武器防护、居民保护、居民救助、文化遗产保护、快速行动、急救、卫生、后勤、食品与饮用水供应、建筑与物资运输等单位。

六、日本危机管理机构

1. 内阁危机管理总监

内阁官房即政府办公室，是内阁执行行政事务的主要助手，主管内阁日常事务，调查和搜集国内外情报，研究审议政府对内对外政策，为内阁提供决策的依据和信息，同时负责向外界发布国家安全事宜进展状况、政府对策等信息。在内阁官房内与国家安全事务有关的机构有：事态应付专门委员会（见“安全保障会议”一节）、情报调查室。另外，根据《内阁法》第 15 条规定，内阁官房设立了由首相任命的内阁危机管理总监（内阁危机管理总监一般由警察厅的高级官员出任，专门负责处理内阁官房中有关危机管理（除国防外）的事务）。在总监下设副内阁官房长官助理（负责安全保障、危机管理），直接对首相、官房长官及内阁危机管理总监负责。这种由内阁危机管理总监统一归口管理的方式，不但有利于整合人、财、物等资源，而且改变了过去各省厅在危机处理中各自为政、相互保留所获情报、纵向分割行政的局面。

2. 中央防灾会议

日本设有以内阁总理大臣为会长的“中央防灾会议”，负责应对全国的自然灾害。“中央防灾会议”的成员除了内阁总理和负责防灾大臣（一般由国家公安委员长兼任）之外，还有其他内阁成员以及公共机构的负责人、有识之士。中央防灾会议的主要职能是制订《防灾基本计划》、《地区防灾计划》并推动其实施；在发生非常灾害时，制订紧急措施计划，并推进实施；应首相及防灾大臣的要求，审议有关防灾的重要事宜（如防灾政策的综合调整、公布灾害紧急公告等）；就有关防灾的重要事宜向首相及防灾大臣汇报。日本政府设“中央防灾会议”，将灾害对策职能转到内阁直属机关，这样就可以更灵活地采取对策，处理危机。此外，政府还设立了紧急召集对策小组，以防止发生大规模自然灾害时指挥人员不到岗，出现混乱局面。如在东京发生 5 级以上地震，或东京以外的地区发生 6 级以上地震时，内阁官房副长官、危机管理总监、相关各省厅局长都将被召集至首相官邸，进行工作，以便内阁迅速采取对策。该紧急召集小组组长由内阁官房副长官担任。

3. 各种临时性安全问题对策本部

日本为应对各种问题，在内阁成立有多种对策本部，以推进政策或各种对应措施的实施。发生紧急事态时，一般都要根据内阁会议决议成立对策本部，如果是比较重大的问题或事态，还要由首相亲任本部长。成立对策本部时，要在首相官邸危机管理中心成立对策本部的事务局，负责各部门的联络、协调、指挥等具体工作。

4. 防灾省

日本防灾省的性质与俄罗斯紧急情况部类似。地震、海潮、台风，使日本这个岛国总是面临自然灾害的侵袭。在日本，从国家到个人都非常重视防灾。近年来，日本成立了“防灾省”，中央政府设有防灾担当大臣，建立了从中央到地方的防灾信息系统及应急反应系统。首相是危机管理的最高指挥官。内阁官房负责各个部门之间的协调和联络，并通过安全保障会议、内阁会议、中央防灾会议等决策机构制定危机对策，由警察厅、防卫厅、海上保安厅和消防厅等部门具体配合实施。

七、韩国非常企划委员会与中央灾害对策本部

1. 非常企划委员会

成立于1969年3月，由国家安全保障会议管辖，1984年8月随着《非常应对资源管理法》的出台，转隶成为辅助国务总理处理危机的委员会。非常企划委员会的职能是“全面负责、调整、确认危机应对工作”，制定危机应对工作的基本政策，负责危机应对的教育与训练，调查可动员资源，支援战争。韩政府认为，面对21世纪新环境，非常企划委员会的主要作用不能局限

于战时对应，应根据经济先行、意识形态对立弱化等时代特征的变化，有必要形成可应对多种形态纷争，形成战时与平时相联系的一元化的危机管理体系。

2. 中央灾害对策本部

为了预防大规模突发性事件的爆发，韩国政府特别设立了一个常设性的机构——“中央灾害对策本部”。它隶属于国家行政自治部，由政府23个部门的局长级干部人员组成，行政自治部长官担任本部长，行政自治部和建设交通部次官担任副本部长。这个常设性机构的职责是有效地推动各种防灾对策，审议国家的防灾基本计划，协调各地的防灾计划。此外，当出现大的灾情时，“中央灾害对策本部”负责发布灾害情况，并协调政府各部门投入人力和物力进行救灾抢险。“中央灾害对策本部”还负责对气象厅、交通部、水利局、韩国水资源公社等机构以及地方灾害检测单位提供的各种灾害信息进行综合统计和分析。

八、印度危机管理委员会和主管部

1. 国家危机管理委员会

印度危机管理的最高决策机构是由印度政府高级官员组成的国家危机管理委员会，负责处理印度重大的或产生全国性影响的危机。该机构由内阁秘书担任主席，由危机各主管部及各辅助部的秘书担任成员，并任命内阁的一位官员担当委员会的召集人。主管部中直接负责处理某一特定危机的部门领导也被选派为国家危机管理委员会成员。国家危机管理委员会在处理危机过程中会在必要时向主管部危机管理小组发出指示，主管部秘书负责确保将危机的所有进展情况及时报告委员会。

2. 危机管理中央政府各主管部

印度危机管理中央政府各主管部的具体分工是：内政部负责除旱灾以外的自然灾害类突发事件和内乱，农业部负责旱灾类突发事件，卫生部负责生物学类突发事件，环境部负责化学类突发事件，原子能部负责核事故和泄漏类突发事件，铁道部负责铁路突发事件，民航部负责航空突发事件。

按照印度中央政府和邦政府的职责划分，危机管理属邦政府职责范围，内容包括灾难准备、反应和减除措施。中央政府负责在国家层面上进行协调，经与专家委员会、财政委员会和邦政府协商，制定危机管理的政策和指导方针。比如说，印度政府制定了应对灾难产生的紧急情况的《国家突发事件应急行动计划》，并周期性地进行更新，该计划确保救灾行动的及时启动。《国家突发事件应急行动计划》确认自然灾难后中央各部局所需采取的具体行动计划，制定应急程序，以及确定管理系统中的关键环节。中央政府危机管理的协调通过主管部和辅助部进行。主管部主要负责采取各种行动应对某种危机。某些危机可能需要多个部门采取行动。主管部的秘书协调所有辅助部的行动。每一个主管部都制定了详细的突发事件应急预案以应对其职责范围内的危机事件，并将预案发给危机管理小组和各个辅助部门。这些预案随时有可能被修改或更新。

每一个主管部都成立了一个危机管理小组，以应对其职责范围之内发生的危机。危机管理小组主要负责应对危机局面，危机应对过程中的一切进展都要向危机管理小组汇报，必要时寻求其指挥和指导。基本上，每个主管部都设有指挥中心，指挥中心一得到危机报告即进入启动状态。该中心由一名高级官员主持，危机期间，工作人员昼夜值班。指挥中心拥有足够的通信设备，确保与危机爆发地、有关的邦政府、有关各部、中央政府特别是内阁秘书处指挥中心之间的联系。必要时经与电信部磋商可铺设热线电话。

以印度中央政府内政部为例。内政部是负责主要的自然灾害类突发事件危机管理事务的主管部门。内政部的中央救灾专员是负责协调灾难救助行动的主管官员。中央救灾专员从中央气象局或水资源部中央水务委员会不间断地接收有关自然灾害类灾难的预测和预警信息。与内政部危机管理工作相关联的是负有危机管理的一级和二级职能的有关部局单位，每一个部局单位都向中央救灾专员领导的危机管理小组派遣一位主管官员。主管官员负责制订危机管理的部门性行动计划或应急支持功能规划。

内政部的危机管理小组由内政部中央救灾专员担任主席。该小组由来自各相关部的主管官员组成。该小组的职能包括对各个部局单位在各自部门中制订的应急规划进行年检、对应对自然灾难所需的措施进行评估、协调中央各部和邦政府的灾难准备和灾难救助活动并从主管官员处获取关于上述措施的相关信息。在发生自然灾难时，危机管理小组频繁开会，对灾难救助行动进行评估并向受灾邦提供有效抗灾所需要的援助。受灾邦的常驻专员也参加这样的会议。

内政部指挥中心（应急行动中心）昼夜值班，以帮助中央救灾专员履行职责。指挥中心的活动包括收集和传递自然灾难和救灾信息，密切联系受灾邦的政府，在救灾方面与中央其他部局单位保持互动，保留含有中央各部等单位内的行动和联络点相关信息，保留中央和邦级有关官员的最新详细资料。

九、澳大利亚紧急事务机构

澳大利亚紧急事务机构包括若干跨部门委员会和一个联邦责任机构，即紧急救援局，以及若干州责任机构。

1. 联邦抗灾工作组

联邦抗灾工作组是负责应急管理的联邦最高机构。它是一个向国防部长负责的跨部门委员会，负责提供有关应急管理事务方面的政策指导，协调联邦紧急重建工作。它在发展联邦相关机构政策和对民防的支持上起着领导作用。

2. 国家应急管理委员会

国家应急管理委员会由澳大利亚紧急救援局长担任主席，每个州的州应急管理委员会的主席和执行官任其成员。该委员会每年召开会议，为协调和促进联邦和州在应急管理制度和程序上的利益提出建议和方向。在冲突发生时期，这种会议的召开次数将更加频繁。

国家应急管理委员会的授权工作范围包括“给予民防政策指导”。这能确保民防事务能够在澳大利亚最高层次的国家应急管理咨询小组考虑范围之内。

3. 国家民防顾问团

国家民防顾问团由国家应急管理委员会成立并向其汇报。负责发展民防方面的提议工作，由澳大利亚紧急救援局领导。委员会由澳大利亚应急管理局成员和相关联邦政府的部和州应急管理组织代表组成。

国家民防顾问团的授权工作范围：

（1）形成广义的澳大利亚民防概念。

（2）提出民防政策提议。

（3）就相关领域的政策执行情况提出建议，领域包括：规划；立法；培训和警示教育；资源、财政；技术咨询；职责分工；咨询、合作以及协调。

4. 紧急救援局

二战期间，有超过 30 万人积极加入澳大利亚的民防组织。战后保留下来的只有少数规划人员。1955 年，澳大利亚重新在各州建立了民防组织，其建构和训练主要是为应对核攻击的威胁。20 世纪 70 年代初，由于认为核威胁有所缓解，国内不再强调民防问题，而将更多的注意力放到平时应急管理工作上。随着冷战的结束，较为独立的澳大利亚防务政策强调更加可靠、快速预警的应急防务能力。1993 年 1 月 1 日，澳政府将原来的应急机构改名为澳大利亚紧急救援局，隶属于国防部。主要负责开发、协调和支持高效的国家紧急救援计划，提供有关灾害的紧急服务。澳大利亚的防务要求有一个能调动民间与军方间的合作、广泛的国家基础设施和能满足国家防务需求的国家结构。

根据既有的行政规章，国防部长负责民防。作为国防部长下属的一个办事部门——澳大利亚应急管理局，要对联邦的民防政策和项目的协调、发展负责。在敌对时期，澳大利亚应急管理局可以从联邦的部处接受指令引导，对整个澳大利亚应对协调负全责。宪法规定，联邦政府负责澳大利亚的军事防务，各州则通过包括民防在内的应急管理措施保护人民的生命财产。

5. 州的责任机构

每个州都将通过其应急管理组织向特定机构布置民防任务，并根据在国家框架内发挥竞争力的特定要求制定自己的民防规划。各州责任机构有：新南威尔士州应急管理委员会、维多利亚州应灾管理委员会、州抗灾组织昆士兰中央控制集团、西澳大利亚州应急管理顾问委员会、南澳大利亚州救灾委员会、塔斯马尼亚州救灾委员会、澳大利亚首都行政区应急管理委员会、北部领土抗灾委员会、诺福克岛应灾委员会。

各州责任机构承担的主要责任：为国家政策的制定提供咨询；保持并发展与民防相适应的各项能力；筹备能适应州自身特定州的环境和要求的计划和项目；与联邦和其他州进行合作，最有效地实施国家政策计划；根据国家方针在必要时筹备相关立法工作；面向社区适时筹备并发布信息与指导。

民防项目的筹资是根据费用分摊规章由联邦和各州共同承担。澳大利亚紧急救援局对参与民防发展筹备工作的各州给予财政支持。联邦政府将根据民防措施实施中可能出现的情况与各州共同协商，修改平时费用分摊安排。有关威胁种类和紧急程度的诸多不确定因素，决定平时不可能有确定的费用分摊。

十、国际民防组织

总部设在瑞士日内瓦，对所有主权国家开放，宗旨是推动世界各国防止和减少和平时期自然灾害和战时对平民提供保护，对伤员提供医疗救护。职能主要有：传播世界范围的民防活动信息，开展国际民防间的救助合作，促进国际间的人道主义救助行动，计划和组织民防培训，对与该组织保持直接接触的国家民防当局提供技术援助，推广所需的民防现代化器材和设备。

国际民防组织的组织机构有：大会、执行理事会和秘书处。大会是该组织的最高权力机构，由各会员国代表组成，每2年召开1次；执行理事会是执行机构，成员由16个国家代表组成，经大会选举产生，任期4年，每年例会1次；秘书处是常设办事机构，驻地日内瓦，秘书长由大会选举产生，任期4年。

第二节　比较分析

各国紧急事务机构是近期发展较快的政府机构，与国防、内政等传统安全机构相比较呈现更多的不确定性，尚处在变动之中。美、俄等大国的紧急事务机构引领着一些国家紧急事务机构变动的方向，但更多的中小国家还会在相当长时间内维持原有紧急事务管理架构。各国在紧急事务管理体制、紧急事务机构构成上，在一段时间内还会表现出明显的差异。

一、分散管理体制与集中管理体制

典型的分散体制，如印度，其危机管理由中央政府各主管部分工负责，内政部负责除旱灾以外的自然灾害类突发事件和内乱，农业部负责旱灾类突发事件，卫生部负责生物学类突发事件，环境部负责化学类突发事件，原子能部负责核事故和泄漏类突发事件，铁道部负责铁路突发事件，民航部负责航空突发事件。以色列也由多个部门分管紧急事务，包括国防部紧急状态委员会、后方司令部及其全国性救援部队、内政部消防旅和卫生部急救中心。

分散体制除了中央政府各部分别设立紧急事务机构外，还包括地方自治机构，紧急事务主要由地方政府相应机构负责，中央政府只负责制定政策，给予财政支持等。如澳大利亚各州都设有紧急事务的责任机构，其责任是保持并发展与民防相适应的各项能力；筹备能适应州自身特定的环境及要求的计划和项目；与联邦和其他州进行合作，最有效地实施国家政策计划；根据国家方针在必要时筹备相关立法工作；面向社区适当筹备并发布信息与指导。

各国紧急事务机构框架早期都是分立的，是为应对不同安全威胁而一一建立的。随着安全威胁的多元化和综合化，一些国家开始经历过由分散向集中体制过渡的历程。如美国在20世纪60—70年代，涉及灾害、危险和紧急事务的联邦机构有100多个。美国各州和地方政府也制订了一些类似的计划，增加了联邦政府减灾工作的复杂性。由此，全国州长协会建议精减州和地方政府设立的机构，并请示当时的卡特总统将紧急事务的职能进行统一集中管理。1979年卡特总统宣布行政命令，将众多分散的与灾害有关的机构和职责合并，接管联邦保险局、国家火灾预防和控制管理局、国家气象服务组织、服务总局的联邦预备局及住房和城市发展部的联邦灾害管理局的一些工作，形成一个新的机构——联邦紧急管理署。俄罗斯1991年将民防事务、紧急情况和消除自然灾害后果合并为一个国家委员会，1994年再将该委员会改组为俄联邦民防事务、紧急情况和消除自然灾害后果部，简称紧急情况部。

集中体制有若干种表现形式，其集中统一程度依次递增。第一种形式是政府任命一个总监、总协调人，负责国家紧急事务的协调控制。如日本官房设内阁危机管理总监。这是简单的方法，使全国紧急事务机构联系在一起。但由于总监或总协调人没有一个权力机构作为依托，因此其监督协同能力是有限的。第二种是组成一个内阁级或部际委员会，将各紧急事务机构负责人联系在一起，共同决策，共同行动。但委员会式的协调和联合仍然限于指导性而非指令性。第三种办法是法定最大的紧急事务机构为协调者、牵头单位，如澳大利亚国防部紧急救援局、美国国土安全部紧急管理署。这一方式可以在相当程度上实现对全国所有紧急事务机构的领导和统合，但超级机构对其他机构的权力威胁，总会引起后者的自立、分离倾向。最终的办法是将原有的各个机构或其中大部分机构整合为一个机构。俄罗斯即如此。但成立这样的机构面临两方面的行政难题，一是能否归口管理所有的紧急事务？完全归口是难以实现的，遗漏过多又将失去整合的意义；二是成立这种集权型机构，是对整个政府机构的重新洗牌，是按新的规则重搭组织架构，对各紧急事务机构原来所在的组织系统都是一个破坏。此外，还会面临更大的政治难题，即冲击原有部门、党派或利益集团的利益格局。

随着安全威胁的多元化，整合原有各个紧急事务机构，形成一个相对统一的应对力量，将是今后一个时期多数国家的共同选择。但是选择哪一种整合方式，各国将出现纷杂的局面，这将与各国面临的安全形势，传统的集中或分治政体有关。

二、协调机构与责任机构

属于协调机构的有印度政府高级官员组成的国家危机管理委员会，负责处理印度重大的或产生全国性影响的危机。该机构由内阁秘书担任主席，由危机各主管部及各辅助部的秘书担任成员，并任命内阁的一位官员担当委员会的召集人。澳大利亚联邦抗灾工作组、国家应急管理委员会，日本以内阁总理大臣为会长的“中央防灾会议”，韩国非常企划委员会也都是这类机构。这类机构的职责是领导、监督、控制、协调有关机构的紧急事务。

属于责任机构的有俄罗斯紧急事务部、澳大利亚国防部紧急救援局和各州责任机构、日本的防灾省等。这些机构是政府的实际事务部门，履行规定的救援处置责任，具有相应的救援处置能力。

美国国土安全部紧急管理署具有协调机构和责任机构的双重角色，它本身负有紧急救援处置的具体责任，又负有协调和调动全国紧急救援处置资源的责任。

紧急事务分散管理的国家一般实行“协调机构＋执行机构”的模式，各责任机构为基础，其上是一个协调机构，呈金字塔官僚组织模型。而在紧急事务集中管理的国家，单纯协调机构的重要性在降低，由主要责任机构负责协调是基本模式。美、俄都是如此。从俄罗斯的紧急事务委员会向紧急事务部的沿革中可以看到，紧急事务的紧迫性、行动性特征要求相应的机构更具实务性质。

三、民事机构与准军事机构

很多国家的紧急事务机构都是由第二次世界大战期间成立的民防组织演变而来的。随着战争威胁的降低和其他安全威胁的增加，民防组织被赋予了越来越多的民事救援任务，但其早期就具有的准军事性质依然保留，利用武装完成任务的手段依然保留。澳大利亚紧急救援局、俄罗斯紧急事务部都是如此。澳大利亚紧急救援局隶属国防部，负有平时和战时双重任务，是一个能调动民间与军方间的合作、征用广泛的国家基础设施和能满足国家防务需求的国家机构。俄罗斯紧急事务部下辖民防部队，约有 2 万人，代表着俄罗斯紧急状况部的中坚力量。平时参加事故救援工作，封锁和消除自然与人为紧急情况，撤离遇险居民，为其提供衣食等各种保障。战时用于实施核生化侦察，在污染和辐射区采取救援行动；参与排除失效航空炸弹和地雷的工作；参加恢复居民生活保障设施的工作；执行恢复机场、道路、渡口和其他后方设施和领土防御等任务。

更多的紧急事务机构是纯粹的民事机构，不具有武装，依靠民用设施完成紧急任务。这些机构在诞生之初就是应对地震、风灾、水灾等自然灾害的。在分散体制的国家，各类专项的紧急事务机构，将长期保持其民事性质。

近期的趋势是：准军事性质的紧急事务机构将增多。原因有两个，其一，随着综合安全观在各国的普及，集中统一的庞大的紧急事务机构会在更多国家出现。当把战争动员、民防、海外救援、维和救援等事务也纳入集中统一的紧急事务机构中时，机构将不可避免地带上准军事组织的色彩。也就是说，托拉斯式的紧急事务机构难免准军事性质。其二，随着世界范围裁军进程，许多国家都把一些作战部队改建为准作战部队，用于救灾等民事活动或维和等非战争军事行动。国家军事力量的分解和专门化，既有利于用不同部队应对不同安全威胁，也有利于平时的军控与裁军，减少军费支出，寓军于民。这些准军事力量在战时可以很快转为作战部队，依然是国防的支柱。

第八章

各国反恐机构比较

第一节 国别情况概述

在各国安全机构中，目前尚没有以“反恐”为名称，或以反恐为主要任务的内阁级机构，但以“反恐”为名称，或以反恐为主要任务的局、处机构和团、队组织遍布世界，成为全球性国家机构变化的重要现象。它是“9·11”事件后世界安全形势变化的直接结果。

一、美国反恐机构

在美国，反恐机构分两类，一是反恐情报，另一是反恐执法。情报部门一般没有执法权，而执法部门一般也不执行情报任务。这主要是为了分散权力，防止滥用权力，也可以提高效率。

(一) 反恐情报机构

根据美国1947年、1984年和1996年的国家安全法和2002年的国土安全法规定，美国情报机构共有16个不同部或局组成。这些情报机构，自“9·11”事件后，相继设置以“反恐”命名的部门，赋予反恐情报任务。

1. 国家情报局所属国家反恐情报中心

2004年12月7日和8日，美国国会众、参两院分别通过了50多年来美国最大规模的情报机构改革法案，决定创设统管全美15个军方和非军方情报机构的国家情报局长。在国家情报局之下，法案增设了全国性反恐情报中心，成为美国政府关于恐怖威胁的“情报总库”。承担以下任务：加工、分析、合成美情报界掌握的所有关于恐怖主义及反恐方面的情报；对反恐行动进行战略规划；储存关于恐怖分子和集团的情报。国家反恐中心主任在预算与情报事务方面向国家情报局长报告工作。

国家反恐情报中心是唯一汇总所有恐怖分子资讯的机构。在“9·11”事件之前，美国中央情报局、国防情报局、联邦调查局和国务院都有各自独立的恐怖分子名单。此外，美国其他政府机构还有13个独立的恐怖分子名单。在“9·11”事件之后，由于深感政府各情报机构各自为阵，缺乏沟通和协调，布什政府重组美国的情报机构，建立汇总机制。目前，美国政府共有26个机密的恐怖分子资讯资料库，向国家反恐情报中心提供恐怖分子情报，如联邦调查局、中央情报局、国家安全局等机构。在得到不同机构提供的恐怖分子嫌疑人名单后，国家反恐中心的专家对这些资讯进行分析和汇总。

2. 中央情报局反恐中心

2004 年美国情报机构改革前，《美国新闻与世界报道》曾经形容说，如果把全球反恐力量比拟成一个完整的人体躯干，那么中情局的反恐中心就是这个有机体的中枢神经，“9·11”事件使中枢神经系统被激活。中情局反恐中心一度成为全球最大的反恐情报搜集中心，在全球 130 多个国家和地区设立了近 200 个情报站。如果把美国本土的情报机构比做一只硕大的章鱼，那么，无数个海外情报站则可视为这只章鱼身上的千百条爪子，吸吮着全世界对美国有价值的情报。

然而，这只巨大的“章鱼”在五年的反恐战争中未见成效，其中失败的标志是中情局于 2005 年撤销了“拉登处”。许多人认为，这说明美国的反恐政策发生了变化，是中情局发展史上的一个里程碑。但国际反恐怖研究机构认为，此举表明中情局在反恐斗争中打了一场败战，导致美国中情局在这场战争中失败的根本原因是“思想陈旧”！中情局的思想仍停留在冷战时期，那就是将“基地”等恐怖组织当成一个“国家实体”来看待，以至于将自己陷于“不对称”的战争中，最后是传统的情报方式无法应对非传统的恐怖威胁。目前，该中心地位已降至国家情报局反恐情报中心之下，但仍是美国最重要的反恐情报机构之一。

3. 联邦调查局反恐部门

联邦调查局也有很强大的反恐分析和行动部门。设立有反恐事务执行局长和局长助理两个重要职位。“恐怖分子筛查中心”

接受国家反恐中心汇总的“国际恐怖分子嫌疑人”名单，再将自己手中的美国本土恐怖分子嫌疑人名单与反恐中心提供的名单结合在一起，建立一个统一的恐怖分子名单，提供给相关政府部门。进了这份名单的人，交通部不允许其乘飞机，外交部不会发签证，国土安全部不允许其从边境入境等。对于这份名单，联邦调查局讳莫如深，连名单上有多少人都拒绝透露。

在美国各情报机构中，只有联邦调查局的反恐部门是有执法权的。所以其他的部门所发现的情况，如果走法律途径的话，一般都要靠联邦调查局来执行。

4. 财政部反恐金融情报司

2004年3月，美国财政部决定成立反恐金融情报司，负责协调有关部门截断流向恐怖分子资金的工作。

5. 国防部成立专门情报机构进行反恐情报搜集

“9·11”事件后，国防部立即组建“战略支持局”，派遣专项行动小组在美对手内部甚至一些友好国家“某些政府照顾不到的偏远角落”秘密搜集情报。2003年3月增设一名负责情报的国防部副部长。国防部下属的情报与安全司令部计划筹建全球最大的情报资料数据库——“情报全面识别系统”，通过各种媒体及各国情报网络搜集情报，筛选、汇集后供情报分析人员随时调用。该系统将帮助情报人员在恐怖分子发动攻击前提供预警情报，抓获罪犯。为明确国防部在预防和应对恐怖袭击中的地位，2005年7月，美国防部公布了第一个国土安全和民间支持策略。策略规定，将在国防情报领域建立一个专门的恐怖情报专家分析组，将专家组中的部分人员分别安插到美国的国土防御和反恐情报中心。

（二）反恐执法机构

美国执法部门很多，仅属联邦政府、可持枪执行逮捕、搜查任务的机构就有 70 个左右。更不用说广大的县警、州警了。反恐执法事务由联邦政府主导，地方警察部门也密切配合参与。政府牵头单位是联邦调查局。每个联邦调查局地方分局设有一个联合反恐行动队。同时联邦调查局总部还直接配有一个联合反恐行动队。联合反恐行动队在行政上隶属于相对应的地方分局。其构成人员除了来自联邦调查局和地方警察，还有来自于移民和规划局、国家保密局、海关总署、毒品管制局以及其他各类相关的各级执法部门。司法部（联邦调查局的上级部门）有计划设立一个反恐局，来领导美国反恐执法行动。

二、俄罗斯反恐机构

俄罗斯一直饱受恐怖主义迫害。导致俄罗斯恐怖主义泛滥的原因很多，其中，重要一条就是反恐体制的失效与不适。2006 年新《反恐法》出台后，俄罗斯初步建立了符合俄反恐实际需求的反恐机制，各专门反恐机构开始富有成效地履行自己的职责。

（一）国家反恐委员会

1997 年 1 月，俄联邦政府颁布第 45 号令，决定成立联邦跨部门反恐怖委员会；1998 年通过的《反恐法》再次规定，联邦总统或政府可视情成立联邦或地方级反恐怖委员会，并对联邦级反恐怖委员会职权进行了明确规定。此后该机构并未发挥应有的作用。2005 年初新版的《抵制恐怖主义法》，对反恐协调与指挥机制进行了较大调整，消除了原反恐怖机制中协调与指挥脱节、反恐怖委员会形同虚设、关键时刻政出多门、难以发挥整体作用的弱点。2006 年 2 月 16 日，俄罗斯总统普京签署了《关于打击恐怖主义措施的命令》（以下简称“反恐令”），决定成立国家反恐委员会，并任命俄联邦安全总局局长担任该委员会主席。反恐委员会的成员跨越了多个部门，包括俄总统办公厅副主任、俄内务部长、紧急情况部长、外交部长、司法部长、卫生与社会发展部长、经济贸易和发展部长、俄军总参谋长以及国家杜马副主席等。而且，在俄罗斯各联邦主体行政管辖区内，也成立了国家反恐委员会的分支机构。各地方行政长官、立法机构负责人、各强力部门负责人，作为反恐委员会指挥部成员，负责预防、打击恐怖主义。

俄罗斯国家反恐委员会、联邦各主体反恐分委会和联邦主体反恐指挥部，构成了一个覆盖全国的反恐网络。根据南部联邦区的特殊性，俄罗斯还成立了北高加索地区反恐指挥部，意在加强该地区防范和打击恐怖活动的联动。俄罗斯国家反恐委员会下设由俄罗斯内务部长亲自挂帅的联邦指挥部，有助于确保相关反恐措施和决议的实施。

国家反恐委员会的主要任务包括：（1）向总统提出反恐建议，完善反恐法令；（2）协调各联邦机关和地方机关的反恐行动；（3）制定反恐的具体措施；（4）参加反恐国际合作，制定该领域的国际条约；（5）提出具体建议，对参与反恐行动的人员实施社会保护；（6）制定反恐怖的其他法律。

国家反恐委员会的成立是俄罗斯完善反恐机制的标志性事件。与原联邦反恐委员会相比，国家反恐委员会不但是反恐行动的协调单位，还是制定反恐战略和战术的机构。以前的联邦反恐委员会只负责协调各强力部门之间的反恐事务，现在的国家反恐委员会则是协调联邦各执行机构、联邦各主体及地方自治机构一切反恐事务的单位。另外，委员会的主席由联邦安全局领导担任并对总统负责，从而避免总统直接对恐怖事件的结果承担责任，但这也造成了联邦安全局成为高于其他反恐机构的机构，它不仅是强力部门，还是政治机构的协调机构，总统可以通过委员会直接对强力部门以及联邦主体领导人行使领导权，总统在反恐事务中的权力更为强大，总理和议会的作用被削弱。这也引起一些“民主”人士担心“克格勃政治”重新凌驾于国家政治生活之上。有可能因为此，其国家反恐委员会的地位并未在新的《反恐法》中明确指出，而1998年版《反恐法》明确指出了联邦反恐委员会在国家反恐事务中的地位。

（二）联邦安全总局各反恐部门

俄罗斯反恐怖职能机构最初主要是隶属于联邦安全总局的反恐怖局，1996年改为反恐怖中心，1997年改组为反恐怖司，1999年将专门负责打击政治极端主义的宪法安全局并入反恐怖司（全称是宪法安全与反恐怖司）。2002年莫斯科人质危机后，俄将政治极端主义与恐怖主义相区分，在联邦安全总局反恐司内分设了反恐怖局与保卫宪法制度和打击政治极端主义局。2004年7月，普京再次对其进行改组，增设了打击国际恐怖主义局，主要对付外来的国际恐怖威胁。

（三）内务部所属反恐部门

内务部成立有打击有组织犯罪与恐怖主义总局，后鉴于刑事性恐怖案件多发，在其下成立了反刑事恐怖主义中心，在各级内务机构也成立相应的机构，统一协调内务机构与内卫部队的反刑事恐怖行动，并同安全总局保持密切关系。其他强力执法部门也不同程度地履行与反恐怖有关的职能。“9·11”事件后，俄罗斯还有意仿效美国设立国土安全部的做法，改组和加强内务部，组建隶属于内务部的国内反恐怖特种部队。同时，突出内务部在反恐怖斗争中的主导地位。联邦安全总局2003年将车臣反恐怖行动指挥权移交内务部。

三、英国反恐机构

英国是遭受恐怖活动祸害比较严重的国家。自20世纪60年代以来，北爱尔兰地区的恐怖主义活动持续不断。“9·11”事件后，英国积极参与了美国主导的反恐战争，取得了打击恐怖主义集团的部分战果，但也引火烧身。2003年11月20日，根据“欧洲战略情报和安全中心”布鲁塞尔会议的“危险评估”，英国本土成为继美国之后最受威胁的国家。

为了对付恐怖活动，英国于1973年通过了《北爱特命全权法》，于 1974 年通过了《防止恐怖主义法》，于 1978 年 6 月 30 日通过了《反恐怖斗争法》，以确保有效反恐；2000 年，英国通过了第一部综合性的反恐怖法案，即《2000 年恐怖主义法案》；2001 年，英国又通过新的《反恐怖主义、犯罪和保安法》。2006 年 4 月 13 日，英国《2006 年反恐法案》正式生效，这使英国政府在 2005 年伦敦遭“7·7”爆炸袭击后出台的强化反恐措施在法律上得到确认。

在各项法案的推动下，改革情报机构，形成反恐合力。为了更加有效地采取反恐行动，英国努力改革情报机构，增加情报人员的数量，并把各情报机构的工作重点转向反恐。

一是英军情五处六处打破“壁障”扩权。根据英国情报部门的任务分工，军情五处主要负责英国国内的情报工作，军情六处则负责海外情报工作。由于近年来恐怖组织的袭击行动日益国际化，军情五处没有在海外搜集情报的权限，严重限制了英国反恐情报的搜集，延缓了英国应对恐怖袭击的速度与效率。在挫败恐怖分子的炸机阴谋时，军情五处的情报人员最初只注意到伦敦的一些恐怖嫌犯，并对他们进行了密切监控。但事实上，这些恐怖嫌犯中的主谋多次前往巴基斯坦，并在那里与“基地”恐怖组织秘密接触。由于没有海外情报工作的权限，负责反恐情报搜集的军情五处一直未能掌握到这些至关重要的情报。军情五处通过分析电话和窃听记录提供的零碎信息，最终逐渐拼凑出这一恐怖组织的真实面目。至于这些恐怖分子与巴基斯坦、北非有何联系，以及幕后的操纵者到底是谁，军情五处一直不得而知。在取得海外情报权后，军情五处不仅可以与其他国家的情报部门交换反恐情报，还可以直接招募卧底，以便更加有效地防范恐怖分子对英国发动袭击。

二是建立新的反恐特种部队。组建名为“侦察监视团”的反恐特种部队，其任务是渗透到“基地”等恐怖组织内部展开谍报工作，并设法对恐怖分子进行策反。这一机构的编制达600人，将由具有特种部队资历的一名陆军中校指挥，直接向特种部队指挥官报告情况。该机构总部设立在南威尔士地区，被授权在全球各地执行任务，并与英国特别空勤团和英国海军特种部队紧密合作，同时，与美国中央情报局、以色列摩萨德等外国情报机构进行秘密联络。招募对象仅限于英国海、陆、空现役军人，并优先考虑具有中东或地中海人外貌特征者、少数族裔和穆斯林。报名者必须参加为期半年的高强度培训，学习秘密侦察、通讯、驾驶、急救、近距离格斗、各种武器使用等。培训合格者将被送到位于英格兰东南部的一所英军语言学校学习阿拉伯语课程。

三是成立联合反恐分析中心。在情报工作的流程中，情报分析是十分重要的一环，如果无法及时对获得的原始资料进行分析并上报，情报的价值就无法体现。在“9·11”事件前，美国情报机构已经截取到了可能有重大事件发生的信息，但由于没有及时进行分析处理而失去了宝贵的预警时间。英国十分重视反恐情报保障中的分析工作，于2003年6月正式组建了“联合反恐分析中心”，其人员分别来自国防部、秘密保安局、秘密情报局等部门的反恐专家和相关技术人员。该中心在编制上隶属秘密保安局，受安全局领导直接领导，但业务上相对独立，直接向外交、国防和内政大臣负责。该中心的主要职能是：（1）整合情报信息。英国各情报机构以及欧盟和其他国家搜集提供的有关反恐情报均须经过该中心分析研究并提出处理意见后，才能分发到有关部门或上报内阁，以确保情报质量和及时发挥情报效能；（2）对反恐威胁进行预警。该中心对各种反恐情报信息进行处理后，将形成权威情报成果，确定恐怖威胁等级，并及时提供给各部门。政府向国民发布恐怖袭击警告和各职能部门拟采取反恐措施时，都必须基于该中心提供的情报成果；（3）协调各部门的反恐任务。该中心针对不同的恐怖威胁制定相应的措施，协调有关职能部门搜集、处理和上报反恐情报，提高反恐工作的效率。联合反恐分析中心可以提供24小时服务，由于它集中了各部门的分析力量，所以它可以提供更加有效的服务。

四是英国国防部成立了反恐科技中心。中心主任向由国防部、政府其他部门、工业界和大学代表所组成的监督委员会汇报工作。2006年4月已经初步具备工作能力，它由国防科学技术实验室管理，利用现有的技术及业务基础设施，人员来自国防科学技术实验室和原子能武器研究所的专家，主要提供以下几个方面的技术报告：为反恐和安全作战提供防止简易爆炸装置的技术支持；降低化学武器、生物武器、辐射和核武器的威胁；网络分析。在重点满足国防要求的同时，它还为涉及反恐的政府其他部门提供支持。

四、印尼反恐机构

印尼是世界第四人口大国，又是世界上穆斯林人数最多的国家，伊斯兰教徒占总人口的85%。印尼也是东南亚地区大国，自然资源和人力资源非常丰富，在本区域地位举足轻重。近年来，由于伊斯兰复兴运动的兴起和国内局势动荡，社会贫富差距拉大，种族矛盾激化，印尼成了恐怖活动的高危地区。反恐成为印尼政府当务之急、当务之重，其政治的稳定和伊斯兰势力的动向令国际社会关注。

2002年10月12日，“巴厘岛恐怖爆炸事件”发生几天后，即10月18日，印尼政府颁布了由总统梅加瓦蒂签署的两项紧急反恐法令。该法令的主要内容是：成立一个由警方、军方、情报机构以及安全部有关人员组成的特别反恐机构，统管全国反恐工作。12月23日，印尼政治安全统筹部长苏西洛宣布成立由58人组成的反恐办公室。这是反恐条例公布后的后续措施，目的是与有关机构协调和策划反恐政策，监督反恐工作。反恐办公室的成立对军队、警察和其他相关职能部门起到了协调统筹作用。

鉴于恐怖活动与洗钱犯罪活动有着千丝万缕的联系，2004年1月1日，印尼总统梅加瓦蒂发布了关于成立反洗钱犯罪委员会的2004年第1号总统令。新成立的反洗钱犯罪委员会由内阁部长组成，主席由政治安全统筹部长担任，副主席由经济统筹部长担任，秘书长由金融报告和交易中心主任担任。成员有外文部长、财政部长、警察参谋长、最高检察长、国家情报局局长及印尼银行行长等。该委员会主要有四项任务：协调处理反洗钱犯罪事务；就反洗钱犯罪问题向总统提出建议；评估反洗钱犯罪的实施情况；向总统报告反洗钱犯罪行动的进展情况。在执行任务中，该委员会将得到金融报告和交易中心的帮助。同时，努力提高军、警、情报部门的反恐能力。2004 年 8 月，印尼在首都雅加达又组建了一支代号为“特遣部队 88”的反恐特种警察部队。该警察部队成员共 75 名，由警察机动旅、侦探科、炸弹拆卸班、情报科等部门的警察组成。他们将协同雅加达的相关执法部门执行反恐任务。苏西洛出任印尼总统后表示，他将进一步加强军方与情报部门的协调，在全国设立一个全天候的监控系统，侦察并处理可能的恐怖威胁。

六、澳大利亚反恐机构

澳大利亚是南太平洋地区的大国，也是美国反恐统一战线的支持者。恐怖组织已渗透到澳大利亚，并在澳大利亚建立了分支机构，将袭击目标对准澳大利亚在海外的人员、使领馆及驻外机构。对此，澳大利亚政府出台重大反恐战略和反恐怖法案，组建反恐部队和安全机构。

2003 年 5 月，澳政府组建了名为“后备役反应部队”的反恐部队。他们在澳大利亚国内的任务是：恐怖袭击后控制人群、守卫重要设施和提供紧急的医疗、防化与运输支持。这些反恐部队部署在悉尼、墨尔本、布里斯班、阿得雷德和帕斯，被允许在执行任务时携带武器。

组建反恐机动警察队伍。2004 年 9 月，霍华德政府准备拨款约 1 亿澳元组建一支精锐反恐机动警察队伍，这支机动警察队伍将分为 6 个小分队，根据情况随时派往东南亚各国帮助澳邻国对付恐怖袭击。它们包括 2 个反恐地区作战小组，每个小组由 10

名联邦警官和反恐专家组成，派驻遭恐怖威胁的热点国家，每半年轮换1次；2个反恐侦察小组，每个小组由8名联邦警官和专家组成，帮助相关国家对恐怖组织实施侦察；2个反恐怖犯罪侦察小组，每个小组由9名联邦警官组成，与相关国家的情报机构分享反恐经验与情报。此外，澳大利亚还将组建1个反恐语言专家小组，由精通各国语言的专家组成。其中有些部队将派驻邻国，对恐怖袭击展开先发制人的行动。机动警队中将有一个小分队派驻印尼，另一小分队可能派驻菲律宾。其余的部队将留在澳大利亚，随时准备飞往国外执行紧急任务。

2003年10月成立新反恐情报机构——国家威胁评估中心。这一新机构将加强澳大利亚反击恐怖主义、增进安全的能力。该中心位于堪培拉的澳大利亚安全情报局内，共有40多名情报专家。他们来自澳大利亚安全情报局、澳大利亚联邦警署、国防情报组织、外交部、安全评估局以及交通部门。国家威胁评估中心24小时全天候工作，帮助确认、分析各类情报，并评估澳大利亚国家和民众以及海外澳大利亚利益所面临的威胁。国家威胁评估中心的报告将被用于帮助确定海外出行警告和恐怖袭击警报等级（由四个级别构成：低度警戒、中度警戒、高度警戒和极度警戒），并帮助澳大利亚政府作出反恐决策。

七、新西兰反恐机构

在几乎席卷全球的恐怖袭击和反恐行动中，位于南太平洋上的岛国新西兰也发出警告称，一些与国际恐怖集团有联系的伊斯兰极端分子把新西兰当成一个避风港；此外，一些外国间谍组织也盯上了那里。2004 年 12 月 20 日，新西兰总理宣布组建一个新的反恐机构，对新西兰及其利益可能面临的恐怖威胁进行评估。这是一个由多个机构组合而成的部门，它除了对恐怖和其他威胁进行评估外，还将与美国、英国、澳大利亚以及加拿大的相应执法机关保持联系。新西兰政府希望，这个由警察、安全机关、情报单位和国防部门联合组成的反恐机构可以应对各种威胁，有效地维护新西兰的国家利益，使新西兰既不受恐怖袭击，又不会沦为恐怖分子避难的天堂。

八、上海合作组织地区反恐怖机构

上海合作组织成员国为中国、俄罗斯、哈萨克斯坦、吉尔吉斯斯坦、塔吉克斯坦和乌兹别克斯坦。2002 年 6 月在上海合作组织圣彼得堡峰会上签署了关于成立地区反恐机构协定，根据文件规定，地区反恐机构是常设机构，总部设在乌兹别克斯坦首都塔什干，官方语言为俄语和汉语。上海合作组织成员国按其国名俄文字母顺序轮流领导地区反恐怖机构理事会工作。上海合作组织地区反恐机构的主要任务和职能包括：就打击恐怖主义、分裂主义、极端主义与本组织成员国主管机关及国际组织保持工作联系，加强协调；参与准备打击恐怖主义、分裂主义和极端主义问题的国际法律文件草案，与联合国安理会及其反恐委员会、国际和地区组织共同致力于建立应对全球性挑战与威胁的有效反应机制；收集和分析成员国提供的有关打击恐怖主义、分裂主义和极端主义的信息等。协定还规定，上海合作组织成员国元首会议在必要时可在各方境内设立地区反恐怖机构的分部。上海合作组织的常设机构有两个，一个是在北京成立的秘书处，另一个是地区反恐机构。地区反恐机构的正式启动，表明上海合作组织已经完成了初创时期的机制建设，进入了务实合作的新阶段。

第二节 比较分析

目前各国成立的反恐机构都存在历史短、变动性大等特点，国别的差异也不稳定。但反恐机构又是各国安全机构变动中最活跃的部分，代表着各国安全战略和安全体制潜在的不同发展方向，是特别值得关注和比较的问题。

一、反恐机构与其他安全机构的关系

各国反恐机构大部分是21世纪新成立的国家安全机构，它与原有的国家安全机构在职责、权利、隶属诸方面产生组织关系：

1. 隶属其他安全机构

在原有的国家安全机构中设立反恐部门，是各国最常见的做法。这样做对原有组织架构和安全体制冲击不大。例如俄罗斯在联邦安全总局反恐司内设反恐怖局和打击国际恐怖主义局，后者主要对付外来的国际恐怖威胁。内务部成立打击有组织犯罪与恐怖主义总局，其下成立反刑事恐怖主义中心。在各级内务机构也

成立相应的机构，统一协调内务机构与内卫部队的反刑事恐怖行动，并同安全总局保持密切关系。美国国家情报局设立国家反恐情报中心，中央情报局设反恐中心，财政部成立反恐金融情报司，联邦调查局总部下设一个联合反恐行动队，每个联邦调查局地方分局设有一个联合反恐行动队。澳大利亚在保安系统中组建了名为“后备役反应部队”的反恐部队，在国内的任务是：恐怖袭击后控制人群、守卫重要设施和提供紧急的医疗、防化与运输支持。这些反恐部队部署在悉尼、墨尔本、布里斯班、阿得雷德和帕斯，被允许在执行任务时携带武器。印尼在首都雅加达又组建了一支代号为“特遣部队 88”的反恐特种警察部队。该警察部队成员共 75 名，由警察机动旅、侦探科、炸弹拆卸班、情报科等部门的警察组成。他们将协同雅加达的相关执法部门执行反恐任务。将反恐机构分别从属于警察机构、情报机构或保安机构，可以维持原有的国家安全体制架构。

2. 设立多部门联合机构

如新西兰政府设立由警察、安全机关、情报单位和国防部门联合组成的反恐机构，希望可以应对各种威胁，有效地维护新西兰的国家利益。澳大利亚国家威胁评估中心，位于堪培拉的澳大利亚安全情报局内，共有 40 多名情报专家。他们来自澳大利亚安全情报局、澳大利亚联邦警署、国防情报组织、外交部、安全评估局以及交通部门。这类联合机构通常由国防、警察、情报、保安等机构抽调人员组成，挂靠在一个机构中。

这样的做法对联合各方的力量打击恐怖组织和恐怖行动有利，但只能是一个临时的权宜之举，很难长期并固定化，因为它将影响原来安全机构的基本框架和基本分工。未来是否有可能成立独立于国防、警察、情报、保安机构之外的反恐机构，将视恐怖主义对国家安全的威胁程度而定。一旦反恐机构独立，原来的安全机构格局将会发生重组性变化。

二、反恐机构的权力

各国反恐机构是新的国家权力机构。关于它的权力，在各国反恐法中都有规定。一类反恐机构具有搜集情报的权力，如英国反恐特种部队“侦察监视团”，其任务是渗透到“基地”等恐怖组织内部展开谍报工作。另一类反恐机构具有侦察、拘捕、审讯甚至打击的权力。如美国联邦调查局总部下属联合反恐行动队，每个联邦调查局地方分局下属联合反恐行动队，都是执法机构。还有一类反恐机构具有军事权力，如澳政府后备役反应部队，是专门组建的反恐部队，负责恐怖袭击后控制人群、守卫重要设施和提供紧急的医疗、防化与运输支持，被允许在执行任务时携带武器。

上述权力分别是情报机构、警察机构和国防机构分别享有的权力。当反恐机构分属这些机构时，享有相应权力是没有争议的。但当反恐机构独立时，可能会需要全面的权力。这对打击恐怖主义有利，却对权力的分配和制衡不利。

反恐机构的越权还表现在权力跨国化。跨国执行反恐任务，是国际政治的一个新的重大态势。如霍华德政府准备拨款约1亿澳元组建一支精锐反恐机动警察队伍，这支机动警察队伍将分为

6个小分队，根据情况随时派往东南亚各国帮助澳邻国对付恐怖袭击。它们包括2个反恐地区作战小组，每个小组由10名联邦警官和反恐专家组成，派驻遭恐怖威胁的热点国家，每半年轮换一次；2个反恐侦察小组，每个小组由8名联邦警官和专家组成，帮助相关国家对恐怖组织实施侦察；2个反恐怖犯罪侦察小组，每个小组由9名联邦警官组成，与相关国家的情报机构分享反恐经验与情报。此外，澳大利亚还将组建1个反恐语言专家小组，由精通各国语言的专家组成。其中有些部队将派驻邻国，对恐怖袭击展开先发制人的行动。机动警队中将有一个小分队派驻印尼，另一小分队可能派驻菲律宾。

三、反恐协调机构与各国反恐体制

一些国家和地区组织先后设立了反恐协调机构。如俄罗斯成立国家反恐委员会，任命俄联邦安全总局局长担任该委员会主席。反恐委员会的成员跨越了多个部门，包括俄总统办公厅副主任、俄内务部长、紧急情况部长、外交部长、司法部长、卫生与社会发展部长、经济贸易和发展部长、俄军总参谋长以及国家杜马副主席等。再如印尼政治安全统筹部成立由58人组成的反恐办公室。这是反恐条例公布后的后续措施，目的是与有关机构协调和策划反恐政策、监督反恐工作。反恐办公室的成立对军队、警察和其他相关职能部门起到了协调统筹作用。印尼另一个委员会——反洗钱犯罪委员会也是统筹协调机构。另外，上海合作组织成立地区反恐机构，主要任务和职能包括：就打击恐怖主义、分裂主义、极端主义与本组织成员国主管机关及国际组织保持工作联系，加强协调。

反恐协调机构的职能并不完全相同，权力也有大有小。如俄罗斯 1997 年成立联邦跨部门反恐怖委员会，但该委员会并未发挥应有的作用，形同虚设，协调与指挥脱节、关键时刻政出多门、难以发挥领导作用。根据 2005 年初新版《抵制恐怖主义法》成立的国家反恐委员会则改变了这一状况，成为一个强权机构。当前，在世界各国都没有专管反恐事务的内阁部的情况下，国家反恐协调机构就代表政府意志，它的职能和权力表征一个国家的反恐体制：具有实际指挥、统筹责任和权力的国家反恐协调机构，代表反恐事务专门、集中管理的体制，原有的国防、情报、警察、保安体制调整较大；没有国家反恐协调机构，或协调机构仅局限于协调，而无领导指挥责任的国家，其反恐事务属于分散管理，由有关部门各负其责，维持原有的国家安全体制。未来各国的反恐协调委员会会不会继续强化其责权，甚至成为政府的一个特命全权内阁部，尚难预测。

第九章

启示与思考

古希腊时期就有这样的问题：什么样的城邦是最好的城邦？这样的问题，往往暗含一个假定，就是存在一个放之四海而皆准的普遍模式，好的城邦都应该仿效这种完美的形式。但古希腊思想家也很快意识到，即使存在这种完美的城邦，在现实生活中也是无法推广的，因为其他各城邦还会根据当时的、当地的政治环境来考虑和设想较为可行的、较好的政府形式。在价值取向上，容易得到公认的最好形式，但在具体形态上有着极大的差异。这种差异恰恰反映了政府形式的多样性。一个价值标准下可能有多个好的政府形式，适应不同的时代和地域。因此，重要的已经不是寻求最好的政府形式，而是通过分析各国政府形式的异同，从中找到符合普世价值标准，又适合自己的选择。

第一节　各国国家安全机构差别的形成因素

在一个时期内，基于共同的价值取向，各国的国防、安全机构都基本采取相同的设计，但在具体形态上呈现出许多差别。是哪些因素影响和造就了这些差别？扼其紧要者分析如下：

一、不同安全环境的影响

在20世纪冷战时期，按意识形态划分为东西方两大阵营，同一阵营中国家面临的安全威胁大体相同，其安全机构随之趋同。冷战结束后，民族冲突、宗教冲突、文明冲突，以及依然存在的意识形态冲突，使世界各国安全环境出现多样化、差别化的趋向，各国国防、安全机构也随之出现多变、差异增加的趋势。面临同样安全环境的国家在安全机构设置和运行上具有相同性。当一个国家面临多种安全威胁，可能分别与不同国家有相同国防、安全制度响应。而旧时分别属于两大意识形态阵营的国家，仍然面临着意识形态的冲突，因而仍然保持或残存原有安全机构的相同性

目前，安全环境比较严峻的有以下四类国家，其国防、安全机构的特点各有不同：

政权面临外国势力颠覆的国家。如朝鲜、伊朗等。为抵御外

国政治和军事力量的侵入，这些国家具有庞大的国防机构，军队规模超出正常的军人与人口比；为防止政权颠覆，建立有庞大的对内镇压机构，政治警察和秘密警察机构发达。

战乱不断的国家。如中东、中非、中欧一些国家。由于战乱，刺激了战争机构的发展。同时，由于战乱期间政府很难正常维持运转，警察机构、国内治安防卫机构处于勉强应付的状态，以军代警、以军治安的情况比较普遍。

遭恐怖主义袭击严重的国家。如美国、俄罗斯、英国等。为应付恐怖主义的袭击威胁，这些国家大幅度调整了各自的安全体制，成立了诸如国土安全部、紧急情况部等前所未有的机构。原本因冷战结束而松懈的情报机构得到了加强。

存在领土与资源纠纷的国家。如印度、巴基斯坦。这些国家的特点是国防机构的不断强化。印巴都是既设国家安全委员会，又设国防委员会的国家，以应对不同程度、层级的领土与资源纠纷。

以上处于不同安全环境的国家，都会对自己民族、社会的生存挑战作出不同的反应。安全机构的庞大、齐全、有效与该国面临安全威胁的严重、多样、频发程度等正相关。汤因比在解释文明产生时提出刺激反应理论，正是在安全威胁刺激下，安全机构这种制度成为一种非常显性的反应性文明，并给各国不同制度文明带来明显标志。

各国安全环境是变化的，因此国防与安全机构也会随之变化。第一、第二次世界大战期间，战争机构不断增加，陆军部、海军部、空军部在许多国家成为内阁部，战后，这些机构归并至一个国防部之下，反映了战争结束战争机构的收缩。冷战期间，美国军事和政治对峙，刺激了军备竞赛和相应机构的发展，相互的情报战机构，对内的意识形态控制机构（如克格勃和麦卡锡时期的联邦调查局），都得到恶性的发育。冷战结束后，俄罗斯与西方关系前期缓和、后期紧张引起国防、安全机构由前期松弛到后期强化的反复变化；美国在“9·11”事件后对国家安全机构进行大幅调整。凡此种种，都说明安全环境变化对国防、安全机构变化和差异的动力性作用。安全环境的差别和变化是造成一国安全机构发生变化和形成与别国差别的直接、显性原因。这种变化和差别是应急性变化和差别，并在很大程度上是剧烈变化，造成整个国家机构板块的重组和拼接。

二、国家大小与国际角色不同所产生的影响

凡国家大，人口多，国土面积广，一般而言，其政府机构的规模相应就大，国防和安全机构完备，既有决策咨询、立法监督、执行反馈的各层级机构，也有军事、警察、情报，安保等各科类机构，构成完整的科层组织系统。凡国家小，人口少，国土面积不大的国家，其政府规模相应就小，许多事业不能单独设部、局，只能与其他事业合组一个机构，或由其他机构代行。国防机构和国内安全机构互代，以军代警，或以警代军，情报机构也赋警察机构职权等，是很普遍的现象。这些现象尽管与一个国家法制水平有关，但与国家小有更直接的关系。总之，这是一个一般规律，即国家机构规模与管理范围呈正相关关系。当然，也

存在相同规模国家，行政机构规模差别较大的现象，这主要是政体不同造成的，将在下节分析。

承担哪一种国家角色，对该国的国防、安全机构也有重要影响。根据国家的不同国际角色，可以将世界各国大体区分为有世界性影响力国家、有地区性影响力国家、独立国家和受保护国家四类。

有世界性影响力国家是联合国安理会常任理事国，这一类国家为积极维护自己在国际上的地位和作用，国防和安全机构的规模与职能明显大于、多于其他国家。其中，作为世界警察国家的美国，又是其中最具国际影响的国家，其国防、安全机构之所以庞大和健全，涉外事务机构之所以庞杂，与其国际角色有重要关系。美国近期表示可在世界任何地方逮捕犯罪嫌犯，这是其国防、安全机构权力延伸的一个恶性标志。

有地区性影响力国家，是在地区性事务中起主导、牵制、制衡作用的国家，如亚洲的日本、印度，非洲的南非、埃及，拉丁美洲的巴西，中东的伊朗等。这些国家能够在地区安全事务中发挥作用，靠其国防和安全机构提供制度保证。这些国家的军事、警察、内保、情报机构比较完整。机构规模不及有世界性影响力国家，对外情报机构尤有距离。

独立国家是指那些既不谋求主导地区事务，也不依赖大国的中小国家。它们的国防、安全机构自成体系，而且是各类国家中唯一有适度性国防、安全机构的国家。有世界性和地区性影响力的国家都有超出本国安全需要的国防和安全力量，以作用于世界和地区安全事务；而受保护国家通常将自己的国防托付给宗主国或国际条约组织，国内安全机构的规模和设置也相对较小和较简单。

三、不同政体的影响

近代以来的政治学者提出许多现代国家的政体分类法，其中影响最大的有两种：一种是以国家和社会之间的关系为主要考虑标准，把政体区分为民主政体、威权政体和极权政体；第二种是以政府内部各机构之间的权力关系为依据，把政体区分为议会内阁制、总统制等。此外，按国家中央权力机构与地方权力机构之间关系，又可以分为单体制和联邦制两种国家结构形式。

1. 按国家与社会关系为依据的政体分类

民主政体的主要特征是竞争性的选举制度，立法、行政和司法各权力部门之间的相互制衡，公民社会的独立性，在意识形态领域倡导多元价值存在。在民主政体的国家，实行文官对各类安全机构的管理，对国防和安全机构的法律约束比较严格，各类机构，如军事、警察、情报、警卫等，相互间法律界限清楚，较少相互代行或混淆职责，各守自己的法定权责。社会对安全机构执法的监督比较普遍。由于约束多，这些国家的安全机构在执法时，不仅要考虑执法效果，更要考虑执法手段的合法，常常有投鼠忌器的顾虑，影响到执法效果。在恐怖主义严重威胁的今天，许多民主政体国家都面临加强安全机构权力和可能带来的侵犯公民权利的矛盾。在遭遇严重安全问题时，国家控制安全的权力与民权的冲突可能急剧上升。是以控制安全局势为重，不惜民权的伤害？还是顾及民权，不得以而听任安全问题蔓延、拖延？不同国家都会在这两极之间作出选择。

威权政体的特征是严格管理社会的政治参与活动，而对非政治性社会活动和社会活动空间予以放开。亚非拉国家中企图为本民族奠定发展道路的政治精英多数选择了与西方民主政体不同的威权政体。这一选择具有合理性，是建立在亚非拉自己的文化传统、经济体系、教育和收入水平之上的。威权政体的国内安全机构通常规模较大，职能较广，效率较高。国防机构也常常参与国内治安。整个国防和安全机构在政府中的比重，包括人数比、机构比等都比较重。政权对国防和安全机构的依赖度较高，国防和安全机构负责人在国家政要中地位较高。

极权政体，以法西斯统治为代表，“把整个社会囚禁在国家机器之中，是指对人的非政治生活的无孔不入的政治统治”。[39]盖世太保是这一类政体下国内安全机构和情报机构的典型代表。其特征就是工作高效，组织严密，权力扩大化，侵入到国家和人民正常的政治生活，成为后世警惕国家专政工具越权的历史警示牌。

2. 按国家行政机构权力关系为依据的政体分类

总统制的特征是：总统为国家元首、行政首脑和三军统帅。行政机构和立法机构分立并相互制衡，司法独立和制衡。就应付重大安全问题和紧急情况而言，总统制具有较为强健的基础。由于总统由全民普选产生，比议会之首相更具有代表性，总统凭借个人身份在全民直选中获胜，树立起了个人权威，较易对民众形成号召力。因此，当国家出现紧急情况时，总统能够更直接地向国民呼吁，争取民众的支持，进而采取较为严厉的措施。总统制国家允许总统设立听命于自己的安全机构，而不必受议会限制，例如美国式国家安全委员会。美国总统可以根据自己的意愿决定国家安全委员会和国防部作用的大小。总统安全助理和国防部长的权利一直不确定，随着总统的意愿而变化。由于总统能够有效控制和运用国家安全机构，所以国家安全机构的运行比较高效，受牵制较少。但不利于社会、议会对安全机构权力的控制，容易出现大型的巨鳄机构，危及民权、民生。

议会内阁制，其特征为：国家元首是虚位元首，内阁和议会相结合而又相互制衡，内阁是行政中枢，内阁集体对议会负政治责任。议会内阁制的安全机构受党派、议会的限制较重，其规模、职能和权力都有严格限制。各安全机构分立，也呈现相互制衡的态势，很难出现巨鳄型安全机构。分散的、相互制约的安全机构，容易制约安全机构的有效运行，难以应付急迫性安全问题。

议会内阁制的发展可以分为两期。前期是立法权控制行政权。行政权主要由王室和贵族掌握，而新兴的市民阶级以议会为基础，对抗王室和贵族。斗争的结果是新兴的市民阶级把行政权的范围控制在法律的执行上，内阁只是议会决议的执行机关。随着政党制度的发展，议会内阁制的权力格局发生变化。由于议会多数党的领袖是内阁首相，内阁和议会都成了执政党的天下。当执政党所控制的内阁提出议案交付议会表决时，不通过的概率很小，这样就使内阁反过来对议会占据了主导地位。此时的内阁首相，权力已接近总统，甚至超过总统制的总统。在这一变化之下，总统制和内阁制对安全机构的影响差别会越来越小。

3. 国家结构形式分类

单体制，是指由若干地方行政区域或自治区组成单一主权国家，地方政府由中央政府授权，并服从中央政府领导的国家结构方式。联邦制，是指由若干成员单位（邦、州、加盟共和国等）联合组成统一国家的国家结构形式。两者的国防、安全机构有一定的差别：在警察管理体制上，单体国家实行集权管理，联邦国家通常实行分散管理；在武装力量机构设置上，单体国家没有地方政府所属军事机构，联邦制国家通常保留守备性军事机构；单体制国家安全机构的权力延伸地域广泛，有利于全国统一应对安全危机；联邦制国家的国家所属安全机构直接行使权力的限制较多，协调地方安全机构的职责较重。在军事机构方面，选择参谋委员会还是选择参谋部，与国家结构形式有一定关系。实行中央集权制的国家，倾向于设立长于统一管理的参谋部；而实行分权制、联邦制的国家倾向于设立长于协调关系的参谋委员会。

四、不同文化的影响

世界各国的文化对其政府机构的设置和运作有一定的影响，是形成国家差别的重要原因。美国政治学家威尔逊在《官僚机构》一书中设立一章“国家差别”，其中涉及文化区别对官僚机构差别的影响。[40]例如按文化类型区分，与美国官僚机构的自我主张不同，瑞典和所有斯堪的纳维亚半岛国家是服从意识；与美国官僚机构的灵活性不同，法国、拉美国家是形式化的；与美国官僚机构的个人决策不同，日本是集体决策；与美国的非人治不同，拉美国家机构是人治的；与美国官僚机构非国家主义不同，法国、日本、瑞典、巴西等国的官僚机构是国家主义的。以国家为中心的文化，奉行以行政为中心的体制，其国家安全机构较少受到立法机关和司法相同的制约，具有草拟法规、颁布法规、分配资金、指导政策的权力。国家主义文化与中央集权的安全体制有关系，中央政府安全机构编制大、权力多，代表了国民对国家权力的遵从。非国家主义的文化，其相应的国家安全机构是分权、威信不高、权力有限的，受立法机关和司法系统的干涉多，受公民的起诉也较多，因此安全机构的服务色彩也多一些。引人关注的是，文化差别引起的机构差别，与国家安全机构运行效果没有明显的关系，“使用妥协以求共识方式的欧政行政管理与使用对抗惩罚方式的美国做法所追求的目标上毫无差别，效果上也是殊途同归”。[41]

五、国家间行政机构模式的输出和模仿

一个国家设置政府机构时，对全球或地区性主导国家的模仿是一个普遍的现象。也就是说，主导性国家的影响是国家机构形成的一个重要因素。例如英国议会内阁制成为英联邦国家和其他许多国家的广泛选择。在国家安全机构方面，曾出现两次模仿潮，一次是国防部潮，另一次就是国家安全委员会潮。1919 年德国率先采用国防部这一名称。对此机构世界各国经过一段观望期后，英国于 1947 年，美国于 1949 年，苏联于 1953 年，中国

于1954年先后成立国防部，此后在全世界普及。1947年美国率先设立国家安全委员会，同样经过一段观望期后，各国纷纷效仿，已有三四十个国家设立国家安全委员会（或会议），并有进一步普及的趋势。这一过程中，相互模仿、跟进的历史痕迹清晰可见。很难找出其他理由来解释何以这么多国家在这么短的时期内纷纷建立相同的机构。这些国家甚至是对手、敌国，却不妨碍相互之间的机构趋同。趋同有利于合作，也有利于针锋相对，无论做朋友还是敌手，国家行政机构的近似都是一个有益的选择。

在输出和模仿中，地区性输出和模仿更是普遍。也就是说，地缘因素在国家安全机构的形成中作用明显。地缘政治的一个重要表现，就是在一个地区内，安全机构的设置具有趋同性。例如，南亚地区有着特殊的安全机构形态特征：国防部虚设或仅管民事方面的国防事务，三军分立、参谋长掌握军权，警察机构、情报机构归属或受控于军方，设有内阁部级的政治安全、国内安全机构（印度尼西亚政治和安全事务统筹部，孟加拉国家安全部等）、国家安全委员会和国防委员会分立等。再如，西欧、北欧国家通行国家元首兼任武装力量最高统帅，而非洲、美洲国家则通行国家元首兼任武装力量总司令。最高统帅和总司令不仅名称不同，对军权的实际掌控程度也有很大差别，总司令更有实权。苏丹、布隆迪、多哥、赤道几内亚、冈比亚、塞舌尔等相邻国家的元首不仅是总司令，还兼任国防部长，形成明显的地区性政治景观。

地缘因素有别于以上几小节所述的安全环境因素、政体因素等。两个相邻国家，有着大体相同的安全机构，但它们之间既没有长期相同的安全威胁，也没有相同的政体，仅仅是地理位置相邻。类似于达尔文所说的，不同类的动物生活在相同的环境里，常常呈现相同的形态。鲨鱼属于鱼类，鱼龙属于爬行类，海豚属于哺乳类，种类不同，但长期生活在相同的环境中，故外貌相似，身体都是梭形，都有胸鳍、背鳍和尾鳍。反之，同类动物如果生活在不同的环境里，就有不同的形态。例如狼、蝙蝠和鲸都是哺乳类，由于生活条件不同，形态就不同。狼适于奔跑，蝙蝠适于飞翔，鲸适于游水。由此可知，生物的形态结构与其生活条件和环境有关。在一个地区，不同民族、宗教、信仰、意识形态、政体的国家之所以有相同的安全机构，其原因可归于政治进化论。

第二节　各国国家安全机构变化的几个趋势

一、各国安全机构呈现多部、局倾向

在以英国政府为模板的近代政府机构中，最初的国内安全机构只有内政部。内政部不仅管理社会治安，还管理民生事务，是一个杂务部。警察机构最初归内政部，随着社会治安事务的日渐扩大，警察局（署）逐渐成为内政部所属独立机构和次内阁级机构，在有的国家，警察机构甚至独立成为政府的一个部。情报机构最初也在内政部，也慢慢发展成为内政部的独立机构和次内阁

部级机构，在有的国家，甚至独立成为一个部或总局，直属政府。冷战结束后，在复杂、严峻的安全环境催生下，这种多部门化的趋向有增无减，由内政部派生出更多的机构，如国土安全部、紧急情况部等。

纵观各国国内安全机构，就基本的架构而言，呈现了“一会、多部局”模式。

“一会”是国家安全委员会。它是国家安全事务的最高决策和咨询机构，居于其他安全机构的顶层，负领导、协调责任。国家安全委员会是二战后，特别是冷战后的产物，成为越来越多国家安全体制的重要选择。

“多部局”是在英国模式的国防部、内政部二部制基础上，分立出多个部、局，分别负责社会治安、对内情报、对外情报、紧急情况和防灾事务。美国有国防部、国土安全部、国家情报局、联邦警察、地方自治警察和保安机构；俄罗斯有国防部、内政部、紧急情况部和国家安全总局。

国家安全体制多部、局的趋势是各国对安全威胁多样化的响应。非传统威胁的不断出现，要求政府不断设立新的机构以应对。未来二十年，仍将是传统威胁和非传统威胁交织的时期，迫使各国政府不断充实安全机构。美俄的安全机构多部、局模式会在世界一定范围内延展。

二、各国安全机构呈现大部、局趋向

考察近二十年各国安全机构的变化，主流的趋势是合并、联合、扩大规模。这既合于世界范围内行政机构规模扩大的背景，又是这一大背景中最突出的部分。

第二次世界大战结束后，大国开始演出国防机构合并潮，纷纷将陆、海、空三个军种部纳入一个内阁部，即国防部。此潮流一直延续至今。如美国 1949 年通过《国家安全法》修正案，将陆、海、空三军种部由内阁部降为国防部（由国家军事部改组）下属部。法国 1946 年设置国防部，代替陆军、海军和空军部，1959 年戴高乐政府制定《国防组织法》，至此三军分立、没有统一领导的局面终于结束。英国战后国防部与陆军部、海军部、空军部为四个平行的部，为解决各军种分离的问题，1964 年推行“蒙巴顿改革”，将上述四部合并为统一的国防部。印度长期实行三军分立制度，军队的指挥权在三军参谋长手中，国防部权力较小。2001 年 9 月，国防部成立综合国防参谋部，由三军参谋长组成的参谋长委员会领导，是其执行机构。这是收拢三军权力的重要一步。

除了建立庞大的国防部，20 世纪 90 年代后，出现新的国内安全机构合并潮。1994 年俄罗斯将民防、紧急事务、救灾等部门合并为俄联邦民防事务、紧急情况和消除自然灾害后果部，简称紧急情况部；2004 年将联邦安全局、对外情报局和联邦保卫局合并，成立国家安全总局。美国统合有关国内安全、反恐的各个部门，于 2002 年 11 月成立国土安全部。这些部或总局，都是美俄政府中最庞大的机构之一。俄紧急情况部设有人口与领土保护司、灾难预防司、部队司、国际合作司等部门，同时下辖俄森林灭火机构委员会、俄抗洪救灾委员会、海上和水域突发事件跨机构协调委员会等机构，在全国范围内设立了 9 个区域性中心，负责 89 个州的救灾活动。所属民防军编制为 2.21 万人。美国土安全部将原联邦部门中的 22 个机构包括海岸警卫队、海关总署、边防警察、联邦紧急事务局、秘密勤务局、运输安全署以及移民和归化局等并入，工作人员达 17 万人之多，年预算额为近 400 亿美元，规模仅次于国防部和退伍军人事务部。

各国情报机构也在扩并。为适应反恐需要，法国撤销原反间谍机关“领土监护司”和负责普通国内安全情报工作的“普通情报局”，成立国内情报中央局，在内政部长领导下负责搜集、分析所有涉及国内安全的情报，协调组织有关的应对措施和行动，打破了原来情报机构与行动机构之间的界限和壁垒。除了机构合并，一些国家情报机构采取协调整合的方式而成为一个庞大组织。如印度于 2001 年对情报机构进行改革，改变原研究分析局、情报局、外交部以及三军情报机构都在各自的狭小范围内搜集情报的分散局面，授权国家安全顾问组成情报协调小组，为保障高层决策而提供“综合情报监控”，在三大情报系统中形成“情报团体”的观念。英国、日本也都在整合情报机构方面采取了措施。大国的情报机构在经历了冷战后一度萎缩，随着“9·11”事件重新发展、扩充，并应反恐的需要，向原有的对内情报与对外情报、情报机构与行动机构之间的壁垒挑战，合并合拢的趋势明显。

三、各国安全机构差异扩大

近代国家在行政机构设置和职责划分上的相同点多，英国政府机构模式对全球有很大的影响。在美苏成为世界两极后，情况开始发生变化，美苏都有不同于英国的政府格局，尤其是安全体制格局，并分别影响两个阵营的各个国家。由此形成了传统英国模式、美国模式和苏联模式并存的局面。苏联解体，两极对峙的国际局势结束后，国家安全形势又有新的变化，美俄的安全体制剧烈变动，美国国土安全部与俄罗斯紧急情况部、国家安全总局的设置，加大了两国之间机构设置的差异，也加大了它们与英国模式国家之间的差异。当有国家效法美俄后，世界各国安全机构模式会出现更明显的板块漂移。三大板块的特征如下：

英国模式，由内政部统管国内安全事务，包括警察事务、对内对外情报、反恐以及保安、紧急事务。军、警、情不同机构的权力分割清楚，组织架构稳定。与英国模式不同，美俄都是多部体制，组织架构变动大。美俄之间又有不同。美国安全机构权力分散，警察分属不同政府机构和地方政府，保安力量也归属地方政府，对内对外情报机构分立，新的国土安全部集中了国内重大安全事务的预防和处置权力，但并没有接管警察、情报机构和地方治安机构的权力。俄罗斯安全机构则以集权为主，注重中央政府归口管理，军警情权力区分模糊，国防部、内政部、紧急情况部、国家安全总局中都有军队和准军队、警察或准警察，以方便该部独立行动。

四、各国安全机构变化可能受到的限制

上述各国安全机构多部、局趋势，大部、局趋势和差异化趋

势，在今后一段时间还会继续发展，但随着发展，也会受到越来越多的约束和限制，要求其回归。这些限制和约束包括：

1. 安全机构过多、过大，其权力可能危及原来的政治生态和法律秩序，因而遭到更多的质疑和抵制。例如美国政、军界不断扩大反间谍活动的政策并不尽得人心。许多美国公民认为《爱国者法案》中的部分条款限制了公民的自由，违背了宪法原则，使追求“民主”的美国公民成了“政府襁褓中的婴儿”。2006 年 6 月 15 日，众议院就曾以 238 票对 187 票的结果通过修正案，否决了《爱国者法案》中关于政府有权对恐怖嫌疑分子的“阅读习惯”进行调查的条款。对国防部扩大国内情报侦察活动，设立反情报领域行动署的提案，国会情报委员会成员罗恩·怀登表示，“军方在没有举行任何国会听证的情况下，就要求监视守法美国公民，这将是巨大的变化”。美国著名政治分析人士指出，通过扩大情报部门的权力，渲染他国威胁，试图使美国民众团结在所谓的“国家安全利益”之下。但是，这样做的结果可能适得其反，造成更大的分裂。

2. 各国安全机构的差异加大，将会给国际安全合作带来不便。随着安全威胁国际化，尤其是恐怖主义国际化，各国安全合作的需求在增加，而目前这种差距越来越大的各国安全机构，成为合作的障碍。今后一段时间，各国安全机构名称不一，即便名称相同，职责、权力不一的情况也不可能有大幅度改变，各国仍会坚持自己的制度选择。但合作、交流的不便终究会限制各国之间差异的进一步扩大。

3. 英国模式代表一种限制权力机构的政治理想，警察、军队、情报、反恐、保安等机构规格不应过高，应在文官管理之下，应与民事服务责任相融合等，都是普世价值观的一部分。当安全形势严峻时，当事国可能短期内搁置这一理想，以便充分应对安全威胁，但一段时间后，还会向理想回归。

第三节 我国国家安全机构的历史沿革

一、人民革命军事委员会

1949年9月21～30日，中国人民政治协商会议第一届全体会议制定了具有临时宪法作用的《中国人民政治协商会议共同纲领》（以下简称《共同纲领》），其中规定："中国人民解放军和人民公安部队受中央人民政府人民革命军事委员会统率。"10月1日下午，根据《共同纲领》确定的国家军事制度，中央人民政府委员会第一次会议组成新中国的最高军事领导机构——中央人民政府人民革命军事委员会。中央人民政府人民革命军事委员会的成立，标志着人民解放军军事领导机构正式列入国家的政权系统，原中国共产党中央军事委员会停止工作，但是依然坚持党对军队的领导。新中国成立初期，人民解放军无论是继续向全国大进军、剿灭土匪、解放沿海岛屿，还是抗美援朝、国防建设等，都是在中共中央、人民革命军委的直接领导指挥下进行的。

中央政府人民革命军事委员会由主席毛泽东，副主席朱德、刘少奇、周恩来、彭德怀、程潜，委员22人组成，共28人，其中共产党人21人，民主人士7人。军事委员会日常工作由周恩来主持，由总参谋部、总政治部、总后勤部和总情报部主要负责人组成的联席会议办理。联席会议由聂荣臻主持。中央人民政府人民革命军事委员会统辖和指挥中国人民解放军及其他武装力量。

1951年11月5日，中央人民政府第十三次会议通过决议，增补林彪、高岗为军事委员会副主席。军委副主席彭德怀于1952年7月接替周恩来主持军委日常工作。10月，建立军委例会，由总参谋部、总政治部、总后勤部、总干部部的主要负责人参加。1954年6月19日，根据中央人民政府委员会第32次会议决定，增补刘伯承、贺龙、陈毅、罗荣桓、徐向前、聂荣臻、叶剑英为军委副主席。

1954年9月，新的中共中央军事委员会和中华人民共和国国防委员会产生后，中央人民政府人民革命军事委员会遂告中止。

二、国防委员会

1954年9月，根据第一部《中华人民共和国宪法》的规定，国家设立国防委员会，撤销中国人民解放军总司令的设置，不再设立中央人民政府人民革命军事委员会。中华人民共和国主席统率全国武装力量，担任国防委员会主席。国防委员会由主席1人，副主席、委员若干人组成，职权为代表国家统率全国武装力量。但实际上是一个带有统一战线和咨询性质的机构，不是全国武装力量的领导机关。

第一届国防委员会主席毛泽东，副主席朱德、彭德怀、林彪、刘伯承、贺龙、陈毅、邓小平、罗荣桓、徐向前、聂荣臻、叶剑英、程潜、张治中、傅作义、龙云，委员81人。包括中国共产党和党外的著名将领。在1959年4月和1965年1月召开的第二、第三届全国人民代表大会上，刘少奇当选为国家主席和国防委员会主席。毛泽东不再担任上述两个职务。第二届国防委员会的组成是：主席刘少奇，副主席彭德怀、林彪、刘伯承、贺龙、陈毅、邓小平、罗荣桓、徐向前、聂荣臻、叶剑英、程潜、张治中、傅作义、卫立煌，委员100人。第三届国防委员会的组成是：主席刘少奇，副主席：林彪、刘伯承、贺龙、陈毅、邓小平、徐向前、聂荣臻、叶剑英、罗瑞卿、程潜、张治中、傅作义、蔡廷锴，委员106人。

1975年1月，在第四届全国人民代表大会第一次会议通过的《中华人民共和国宪法》中，不再设立中华人民共和国国防委员会。

三、中共中央军事委员会

1954年9月28日，中共中央政治局《关于成立党的军事委员会的决议》指出：必须同过去一样，在中央政治局和书记处之下成立党的军事委员会，担负整个军事工作的领导。中央政治局、书记处和军事委员会有关军事工作的决定，可用军事委员会（简称军委）的名义下达，其需要公开发布的命令和指示则用国务院或国防部的名义下达。

1958年7月，中共中央军委扩大会议通过的《关于改变组织体制的决议》规定，中央军委是中共中央的军事工作部门，是统一领导全军的统率机关，军委主席是全军统帅。国防部是军委对外的名义。军委决定的事项，凡需经国务院批准，或需用行政名义下达的，由国防部长签署。

“文化大革命”对军队的领导机关造成很大破坏，许多原军事委员会成员因遭到诬陷而离开了军事委员会。这期间，军委的日常工作先后由军委办公会议和军委办事组处理。1967年8月17日，根据“中央文革小组”碰头会议决定，成立军委看守小组。9月24日，中共中央、“中央文革小组”决定将军委看守组改为军委办事组。军委办事组实际取代了军委常委。

1969年4月，中国共产党第九届中央委员会政治局第一次会议通过了中共中央军事委员会领导人名单。中央军委未设常委，军委办事组行使军委常委职权，处理军委日常工作。

1971年10月3日，中共中央决定撤销军委办事组，成立军委办公会议，在中央军委领导下负责军委日常工作。

1973年8月30日，中共十届一中全会批准中央军委提出的新一届中央军委，并组成6人小组，负责处理军委的日常工作，直至1975年2月。为了加强军队建设和对战备工作的领导，中共中央于1975年2月5日发出通知，决定取消军委办公会议，成立中共中央军委常务委员会，在中共中央、毛泽东主席领导下，负责处理军委日常工作。

1977年8月19日，中共十一届一中全会通过了由63人组成的中央军事委员会。1978年12月，中国共产党召开十一届三中全会后，随着党和国家工作重点的转移，军队建设进入了一个新历史时期。11月4日，经中共中央批准，决定在军委常委领导下，建立办公会议，负责处理军委日常工作。

1982年9月，中国共产党第十二次全国代表大会通过新党章规定："党的中央军事委员会组成人员由中央委员会决定。中央军事委员会主席，必须从中央政治局常务委员会委员中产生。"并决定中央军事委员会由主席、副主席、秘书长、副秘书长组成，不设常委；由秘书长、副秘书长组成军委常务会议，负责处理军委日常工作。

中央军事委员会的职权为：统一指挥全国武装力量；决定军事战略和武装力量的作战方针；领导和管理中国人民解放军的建设，制定规划、计划并组织实施；向全国人大或者全国人大常委会提出议案；根据宪法和法律，制定军事法规，发布决定和命令；决定中国人民解放军的体制和编制，规定总部以及军区、军兵种和其他军区级单位的任务和职责；依照法律、军事法规任免、培训、考核和奖惩武装力量成员；批准武装力量的武器装备体制和武器装备发展规划、计划，协同国务院领导管理国防科研生产；会同国务院管理国防经费和国防资产。

中央军事委员会的办事机构是总参谋部、总政治部、总后勤部和总装备部。

四、中华人民共和国中央军事委员会

1982年12月，第五届全国人大五次会议通过的《中华人民共和国宪法》规定，中华人民共和国中央军事委员会领导全国武装力量。中央军事委员会由主席、副主席若干人、委员若干人组成，实行主席负责制。主席由全国人民代表大会选举或罢免，对全国人民代表大会及其常务委员会负责。其他组成人员由全国人民代表大会或全国人民代表大会常务委员会，根据中央军事委员会主席的提名决定或罢免。

在国家的中央军委设立后，中共中央军委同时存在。为避免机构重叠，中共中央决定，国家军委与党的军委是“一个机构，两个牌子”，其组成人员完全相同。党的中央军委和国家中央军委并存，同时向中共中央和全国人大及人大常委会负责。需要党决定的问题，由党中央、中央军委研究作出；需要由国家办理的事情，则通过国家中央军委和其他权力机关来组织实施。这种领导体制，便于运用国家机器来加强军队的建设，也可以使党中央对军事工作的决策、指示具有法律效力，成为国家意志。

五、国防部

1954 年 9 月 28 日，第一届全国人民代表大会第一次会议决定，成立中华人民共和国国防部。国防部隶属于国务院，是国家政府机构中的军事部门，负责掌管国防建设事务。一切需要由政府负责的军事工作，由国务院作出决定，由国防部或以国防部的名义组织实施。国防部在接受国务院领导的同时也接受中央军事委员会的领导。国防部的工作由人民解放军总参谋部、总政治部、总后勤部和国防部办公厅分别办理。

1958年7月，中共中央军委扩大会议通过的《关于改变组织体制的决议》规定，中央军委是中共中央的军事工作部门，是统一领导全军的统率机关。国防部是军委对外的名义。军委决定的事项，凡需经国务院批准，或需用行政名义下达的，由国防部长签署。国防部隶属于国务院，受军委和国务院的双重领导，国防部未设立专门的办事机构，其工作由人民解放军总参谋部、总政治部、总后勤部和国防部办公厅（军委办公厅兼）等分别承担。

国防部的职能在各个时期根据当时的具体情况有所不同。在国防部长由主持军委日常工作的军委副主席兼任时期（1954～1978年），负责军队建设中的日常工作；1978年以后，国防部长不再由主持军委工作的副主席兼任，国防部的职能变为只负责军队建设中的某一方面的工作。国防部虽属国务院建制，但在接受国务院领导的同时也接受中共中央军事委员会的领导。这一体制，既能体现和保证党对军队具有绝对领导权和指挥权，又能通过国家机器，加强军队的全面建设，也便于全国军民必要时迅速转入战时体制。

六、公安部

（一）新中国成立前的人民公安机构

1. 中央特科

为了确保党中央的安全，1927年12月在周恩来主持的中央特委的直接领导下，上海建立了中央特科，这是中国共产党在中央机关设立的最早的保卫组织。它的主要任务是保卫党中央机关和中央领导的安全；搜集情报、掌握敌情；惩办特务、叛徒、内奸；建立秘密交通联络和秘密电台。1933 年党中央迁往苏区，特科工作于 1935 年结束。

2. 国家政治保卫局

1931 年 11 月，以原来的苏区中央局保卫处为基础，组建了国家政治保卫局，这是我国最早的人民政权的公安保卫机关。

3. 陕甘宁边区和各敌后抗日根据地的人民警察

1937 年 7 月，抗日战争全面爆发后，中国共产党建立了抗日民主政权，公安机关也随之建立。1938 年 5 月成立了延安市警察队，全称“陕甘宁边区人民警察”，简称“边警”。这是我国历史上最早的一支比较正规的人民警察队伍。各敌后抗日根据地也相继建立了锄奸保卫机构，如晋察冀边区公安总局、晋绥公安局、冀鲁豫边区政府公安总局等。锄奸保卫机构的普遍建立和卓有成效的工作，对保卫抗日政权、取得抗日战争的胜利起了重要作用。

4. 社会部

1939 年 2 月，中央决定在党的高级组织内成立社会部，下设侦查、治安、情报、干部保卫和中央警卫团等机构。社会部的任务是与敌伪特务、奸细作斗争，保障党的政治、军事任务的完成和组织的巩固，开展对敌情报工作和掌握敌人动向，进行锄奸宣传，培养锄奸骨干，负责军队和尚未建立民主政权的新辟根据地的锄奸保卫工作。

5. 各解放区的公安保卫机关

1946 年 4 月，东北民主联军进驻哈尔滨，成立人民政权，建立哈尔滨市公安局，随后，中共中央东北局和各地人民政权也建立了东北局社会部和各级人民公安机关。1949 年 1 月，东北公安总处改为东北公安部，东北各省设公安厅。1948 年 5 月，华北局社会部和华北人民政府公安部建立。1949 年 7 月，中央决定在华北社会部和华北公安部的基础上组建中央军委公安部。西北解放区、华东解放区的人民政府公安厅（局）也陆续成立。中南和西南地区的人民公安机关也随着解放战争的最终胜利和新中国的成立逐步建立起来。

（二）建国后公安机构沿革

1949 年 3 月，中央社会部随中央进入北平城后，在党的统一安排下，开始了政权暴力工具的机构建设工作。7 月，中央连续召开两次会议，讨论研究了党的保卫组织如何适应政权建设的需要，决定取消中央社会部，分别建立公安部和情报部。

1949 年 7 月 6 日，中共中央革命军事委员会决定，在军事委员会下设公安部，统辖各地公安机关的工作，并任命罗瑞卿为公安部部长。军委公安部是为筹建新的中央人民政府公安部做准备而建立的，是一个过渡性机构。当时军委公安部下属只有侦察、保卫、治安、情报四个处。不久，经中央军委批准，部内机构设置六局一厅，即：政治保卫局（一局）、经济保卫局（二局）、治安行政局（三局）、边防保卫局（四局）、武装保卫局（五局）、人事局（六局）和办公厅，不久又设立了警卫局。

1949 年 10 月 1 日，中华人民共和国诞生，根据《共同纲领》，中国人民政治协商会议第一次全体会议通过的《中华人民共和国中央人民政府组织法》规定，在原中央军委公安部的基础上成立中央人民政府公安部。1949 年 10 月 19 日，中央人民政府委员会第三次会议决定任命罗瑞卿为中央人民政府公安部部长。中央人民政府委员会命令发布后，中央军委公安部即行撤销，改名为中央人民政府公安部，隶属于政务院。1954 年 11 月 10 日，政务院更名为国务院，公安部又更名为中华人民共和国公安部，隶属于国务院。

1952 年 10 月，全国公安工作会议通过《关于建设公安部政治工作的决议》，借鉴人民解放军和人民公安部队的经验，在公安机构建立政治工作部门，中央公安部设立政治部。我国社会主义初期建设阶段，公安部逐步强化公安具体业务领导，先后从政治保卫局中分建了文化保卫局，从治安行政局分出了刑事侦察局和预审局，从经济保卫局中分建了交通保卫局，后来又将经济保卫局划分为基建、工业、财贸三个保卫局，陆续设立了消防局、劳动改造局、人民防空局、武装警察局等部门。

公安部是全国公安系统人民警察的首脑机关，它在党中央和国务院的领导下，负责全国公安工作和公安队伍建设，并对全国各级公安机关实行统一的公安业务领导。各省、自治区设公安厅，直辖市设公安局；各市（地、自治州、盟）设公安局（处）；市辖区设公安分局，接受上级公安机关直接领导；各县（市、旗）设公安局，分别接受同级人民政府和上级公安机关领导。县（市、区、旗）公安局下设公安派出所，由县（市、区、旗）公安机关直接领导和管理。

公安部设有办公厅、警务督察、人事训练、宣传、经济犯罪侦查、治安管理、边防管理、刑事侦查、出入境管理、消防、警卫、公共信息网络安全监察、监所管理、交通管理、法制、外事、装备财务、禁毒、科技、反恐怖、信息通信等局级机构，分别承担有关业务工作。铁道部、交通部、民航总局、国家林业局的公安局和海关总署缉私局列入公安部序列，接受主管部门和公安部双重领导。

各省、区、直辖市人民政府设公安厅（局），各县市人民政府设公安局，各乡镇人民政府、县市街道办事处设派出所。

中国公安机关的职责是：预防、制止和侦查违法犯罪活动；防范、打击恐怖活动；维护社会治安秩序，制止危害社会治安秩序的行为；管理交通、消防、危险物品；管理户口、居民身份证、国籍、出入境事务和外国人在中国境内居留、旅行的有关事务；维护国（边）境地区的治安秩序；警卫国家规定的特定人员、守卫重要场所和设施；管理集会、游行和示威活动；监督管理公共信息网络的安全监察工作；指导和监督国家机关、社会团体、企业事业组织和重点建设工程的治安保卫工作，指导治安保卫委员会等群众性治安保卫组织的治安防范工作。

七、武装警察部队总部

武装警察部队的前身是建国初期的人民公安部队。1949 年 8 月，中央军委公安部成立时，中央军委批准建立人民公安部队，随后《中国人民政治协商会议共同纲领》规定："中华人民共和国建立统一的军队，即人民解放军和人民公安部队"。1950 年 9

月 22 日，中央军委发布《关于成立公安部队领导机构的电令》，任命罗瑞卿为中国人民公安部队司令员兼政委。此后，这支武装部队的体制、名称有过多次变动和调整，发展演变为今天的中国人民武装警察部队。

1982 年 6 月 19 日，中共中央决定将中国人民解放军担负内卫执勤任务的部队，同服义务兵役制的武装、边防、消防警察统一组建为“中国人民武装警察部队”。作为国家武装力量的组成部分，受中共中央、国务院、中央军委统一领导。1983 年 1 月 25 日，国务院任命了武警部队领导人，武警总部机关在北京开始办公。4 月 5 日正式宣布成立。1985 年 1 月 1 日，原属基建工程兵的水电、交通、黄金部队列入武警部队序列，在武警总部设立水电、交通、黄金指挥部。1988 年 2 月 4 日，黑龙江、吉林、内蒙古的武装森林警察也列入武警部队序列，在林业部设立森林警察办公室。

1985 年 8 月，公安部先后发出《关于改善和调整边防体制的通知》和《关于改进和加强消防部队领导管理的几项规定》的通知，分别将全国边防武装警察和消防武装警察从武警总部划出，归各级公安部门领导。

1995 年 3 月，国务院、中央军委再次对武警部队领导管理体制进行了重大调整，实行“两统一分”的体制，即由国务院、中央军委统一领导、统一管理与各级公安机关分级指挥相结合的体制。这一调整，使中央军委进一步加强了对武警部队的领导。1996 年 12 月，根据武警部队编制人数较多、地理位置特殊、任务较重等特点，中央军委决定将武警部队总部由副大军区级升格为正大军区级，并于1995～1999年先后将全国各省、自治区、直辖市总队升格为副军级。1999年，原武警北京市第一总队（1993年升格为副军级）和第二总队合并，重新组建武警北京市总队（正军级，下辖第1、第2师及若干直属支队）。

为了进一步加强武警部队建设，1996年10月，中央军委先后将解放军陆军部队的14个步兵师转隶武警部队序列，直属武警总部领导管理，作为武警内卫部队的机动部队。1999年初，又将原列入在武警部队序列，隶属于国家有关部委领导的水电、黄金、交通、森林部队，明确交由武警总部领导。1999年7月组建武警总部森林指挥部。

武警部队经过近些年的调整扩充，已成为一支多警种、遍布全国各地、具有相当规模的武装力量：

内卫部队是武警部队主要组成部分，受武警总部的直接领导管理。包括各省、自治区、直辖市武警总队、机动师和总部直属单位。其主要任务：一是承担固定目标执勤和城市武装巡逻任务，保障国家重要目标的安全；二是处置各种突发事件，维护国家安全与社会稳定；三是支援国家经济建设和执行抢险救灾任务。

建设专业部队受国务院有关业务部门和武警总部双重领导，既担负经济建设任务，又负有维护国家安全和社会稳定的任务。属于这一类的警种有：黄金部队、水电部队、交通部队、森林部队。黄金部队主要担负黄金地质勘察、黄金生产任务，武警总部设黄金指挥部，下辖有黄金第一总队等部队。水电部队主要承担国家能源重点建设项目，包括大中型水利、水电工程以及其他建设任务，武警总部设水电指挥部，下辖有水电第一、第二、第三总队等部队。交通部队主要担负公路、港口及城建等施工任务，武警总部设交通指挥部，下辖有交通第一、第二总队等部队。森林部队主要担负东北、内蒙古、云南森林的防火灭火任务以及维护林区治安、保护森林资源的任务，武警总部设森林指挥部，下辖有内蒙古、辽宁、吉林、黑龙江、云南森林总队等部队。

公安专业部队是列入武警序列由公安部门管理的部队，包括边防部队、消防部队、警卫部队。其中，边防部队主要担负边境检查、边境治安管理和部分地段的边界巡逻、打击偷渡以及海上缉私。边防部队由公安部边防管理局管理，在北京、天津、河北、山西、内蒙古、辽宁、吉林、黑龙江、上海、江苏、浙江、福建、山东、河南、湖北、广东、广西、海南、四川、云南、西藏、甘肃、新疆等省、自治区和直辖市设有公安边防总队（公安边防局）。消防部队主要担负防火灭火任务、在非暴力意外事件中救援平民。消防部队由公安部消防局管理，各省、自治区和直辖市设有公安消防总队（公安消防局）。警卫部队主要担负党和国家领导人、省市主要领导及重要来访外宾警卫任务。警卫部队由公安部警卫局管理，各省、自治区和直辖市公安厅（局）设有警卫处。

八、国家安全部

国家安全部成立于 1983 年 7 月，是维护国家安全利益的国务院职能部门。它由原中央调查部、公安部国外局两个主要单位，以及统战部、国防科工委等部分单位合并而成，下辖各省的国家安全厅和各市的国家安全局。其主要职责是：掌管反间谍等隐蔽战线的工作，防范、制止和依法打击危害国家安全和利益的违法犯罪活动，保卫国家安全，维护社会政治稳定，保障社会主义建设，宣传、教育中国公民忠于祖国，保守国家秘密，维护国家安全和利益。国家安全机关在国家安全工作中依法行使侦查、拘留、预审和执行逮捕以及法律规定的其他职权。我国在各省（直辖市、自治区）以及地方政府各级都设国家安全机关，受地方政府和国家安全部双重领导。

国家安全部机构设置：

1. 领导机构是国家安全部领导成员组成的决策核心机关，是统筹全局的指挥中心。它的任务是制定国家安全机关的工作目标、规划和实施的具体方针、对国家安全机关进行统一领导、指挥和协调。

2. 辅助机构指国家安全部所设的办公厅、人事局、综合计划局、行政管理局等机构，分担机关内部的文秘、人事、财务、后勤管理等工作。这类机构关键是起着“辅助”的作用，对国家安全业务的完成起着重要的保障作用。

3. 业务机构即国家安全机关业务的主管部门。在国家安全部和各地方厅局设若干的对外情报、反间谍情报、反间谍侦察和技术侦察等主管局、处。它是领导机构的参谋部门和业务主管部门。

4. 监督机构即国家安全机关的行政监督机构是指国家安全部的监察局和地方局的监察机构。对财政经济活动的监督，国家安全部相应设立了审计局。

第四节 对我国国家安全机构改革的思考

一、关于成立国家安全委员会

现代国家的安全是综合安全，常常发生需要国防、外交、公安、情报等机构共同负责和应对的安全问题。如“法轮功”事件、“非典”肆虐、98 年大洪水、亚洲金融危机、中国驻南使馆被炸、中美撞机事件等，都具有现代社会综合性安全问题的性质，单靠某一机构很难有效应对。如何统一领导和协调国防、外交、公安、安全、紧急情况应急等机构，建立大安全观和大安全体制，是我国面临的一个现实的、重大的课题。我国目前的安全体制中，最重要的决策机构是中央军事委员会，但中央军委成员中没有政府相关部门负责人，影响了其对安全事务的决策。此外，中央政法委、中央维护稳定工作领导小组、国家反恐怖工作协调小组、国务院抗震救灾指挥部、国家防汛抗旱指挥部、国家处置劫机事件领导小组、全国突发公共卫生事件应急指挥部等，都是归口领导机构，有利于单一的安全威胁的快速决策反应，但面对复合性的安全威胁的处置就显得决策权力不够充分。以单个安全领域或威胁因素来确立决策机构，客观上形成了条块分割，各自为政，对建立统一的国家安全体制不利。

为适应新时期国家安全的需要，发挥综合国力在保障国家安全方面的作用，提高对各种危机事件的快速反应能力，我国应考虑建立高度集中统一的最高安全决策机构。这一机构组建的原则主要包括以下几点：

1. 适应综合安全的需要，发挥国家各领域的综合安全效能。国家安全决策机构在职能上要由注重军事安全向政治、外交、公共安全等全领域转变，谋求安全功能的整体性。因此在组织结构上就必须综合、完整、统一，具有统筹全局，内外兼顾，驾驭各领域安全的综合效能。

2. 适应我国国体政体。我国是一个共产党领导下的社会主义大国，在社会制度和国防领导体制上有其特殊性。因此构建国家最高安全决策机构，必须充分考虑国体、政体的特点，确保党在国家安全问题上的绝对领导地位。要考虑国家安全委员会与现行中央军事委员会、中央政法委员会等机构的关系，避免机构重叠、职责重复。要考虑国家安全委员会与军队的关系，继续坚持党对军队的绝对领导。要设计国家安全委员会与国务院的关系，与现行军事机构、公安机构、安全机构的领导关系。在充分论证的基础上完成我国政治体制的重大改革。

3. 适应国际安全合作的需要。世界各国面临的安全环境具有一定的相同性，在战略伙伴或战略对手之间，都存在安全合作的需求。许多国家相继成立国家安全委员会，为更有效的国际安全合作提供了组织便利。

国家安全委员会的职责是：制定、调整和监督国家安全战略的实施，保障国家经济、社会、军事、政治、信息、生态等领域的安全；领导和指导该委员会所属机构的工作；提出我国国家安全工作方针、政策和策略，确定国家安全工作的任务和目标；评估国家安全面临的内外威胁，组织和协调内政、外交和军事通盘结合的各种政策建议；制定危机防范的目标、原则和选择危机应急行动方针和措施；全权处理涉及国家安全的重大突发事件；促进政府各部门与军事系统就国家安全事务方面更加有效的合作等。该机构是国家安全战略的制定者，同时也扮演维护国家安全活动的核心决策者和指挥者。

二、关于实行国防部实体化

在现代国家，国防建设和军队建设是不可分割的两个部分，国防工业和国防科技、国防基础设施建设和民事方面的其他国防事务在国防中的地位不断上升。一个国家国防的强大不仅在于军队强大，某种程度上主要靠国防综合实力的强大，靠国防潜力的深厚。因此，当今各国，尤其是大国的国防呈现大国防的概念和局面，建立大部门国防体制，统筹兼顾军队和国防两方面的建设事务。在我国现行体制下，中央军事委员会和国务院分管军队建设与国防建设，中间虽有国防部做联络，但国防部一直是名义机构。这一体制对建立强大国防存在不利之处。

改变国防部只是一个名义机构的现行体制，将国防部设为主管国防和军队建设的实体性机构。作为实体，国防部应有自己的下属部门和机构，同时建立起国防部对四总部的领导关系。应明确国防部是中央军委的工作机关，是全国国防事业和全军的领导机关。四总部是国防部的下属二级部。除了四总部，国防部还应有其他管理国防事业的直属机关。可将现属于国务院其他部门的与国防事务直接相关的机构归口国防部管理，同时将由四总部管理的、与国务院各部门关系密切、可以改由文官管理的部分机构划归国防部，便于政府管理。国防部直属机关应该都是文职机构，是国务院的所属机构，是实行公务员制度的机构，而非现役军官组成的机构。

改变国防部长期以来只涉及军队建设的现行体制，将国防部设为既管国防，又管军队的大部门。世界各国的国防部，有全权国防部、民权国防部。前者负有管理国防和军队的全部责任，并具有对军队的指挥权，后者仅负责民事方面的国防事务。从大部门建设角度出发，我国应建立全权国防部。国防部的职责范围包括：军队及其他武装力量的建设，军事力量的运用，向军队和其他武装力量提供保障，战争准备和动员，国防预算，兵役管理，保障军人地位，国防科学工业发展，军事技术政策，国际军事合作，军事组织财产经济运转与管理问题，军人犯罪与军事法庭，军事检察院事务，宇宙空间、领空和领海监控问题，为国防目的的航空运输及通讯保障问题等。此外，还有参与和合作管理的事项：国家安全问题，有关紧急状态问题，有关设立军事禁区问题，有关戒严问题，参与救灾，紧急情况处置，有关军控裁军防扩散问题，军人退伍保障，国防教育等。

实行国防部实体制和大部门体制，应以坚持党对军队的绝对领导为基础。党对军队的绝对领导，关键是党的中央军委主席对军队的绝对指挥权。中央军事委员会实行主席制，建立起中央军委主席通过国防部长指挥全军的指挥体制和军委主席直接指挥各军兵种、战区的特别指挥体制。对军队的指挥权可以排除政府的参与，俄法等既有总统、又有总理的国家都是如此，以保证最高统帅对军队的指挥。至于对国防和军队建设的行政管理，应要求政府参与，建立起政府通过国防部管理国防和军队建设的体制。军队的指挥和行政管理是两个事务，可以分开处理，大国都是如此。没有政府的参与，类似国防工业科技和国防设施管理、退役军人管理等事务无法完成，即便军队内部建设，长期实行自我建设，也会遇到很多问题。实行国防部实体制，可以增加政府对国防和军队事务的管理职能，调动政府部门关注国防和军队建设的积极性，有利于国家的国防现代化。

三、关于设立国家紧急事务管理机构

长期以来，我国的灾害管理体制实行各种安全分别管理的模式。各涉灾部门自成系统、各自为战。按照现在我们国家的分工安排，各种突发事件、重大自然灾难、人为灾难的预防和救援分别隶属于不同的部门，比如，抗旱救灾归水利部门管辖，防疫归卫生部门管辖，矿难归安全生产局管辖，交通方面，则分得更细，铁路事故归铁道部，公路事故归交通部管辖，水运方面则归水上安全部门，空难归航空总局……如此众多的部门，协调起来看似各有所归，其实是各自为政，互不隶属。各部门、各行业、各领域分管自己的安全问题，制定各自的安全法和应对突发事件预案。政府各部门之间缺乏应急联动。

由于突发事件立法和管理体制分散，缺少统一的国家级突发事件管理机构，没有建立起处理不同危机事件间的协调机制，相互之间的职权授予没有法制化的详尽规定，整体上没有形成有章可循的制度框架。导致政府对单项危机事件的快速反应能力比较强，而对需要各种资源协同运作的复合型危机事件的快速反应能力较弱，严重影响全面处理紧急事务的效率。当重大突发事件发生时，由于没有一个大部门来全权管理，只能从各方面抽调力量，成立临时指挥部，召集各个部门的领导，群策群力，共同应对危机。应该承认，这种方式在目前还是有效的。但这也存在弱点：（1）临时指挥部的人员都从各个部门临时抽调，彼此间的熟悉和默契需耗费一定的时间，这对于分秒必争的应急管理来说，是很难适应的。（2）临时指挥部在法律上没有应有的保障，在现行的行政机构中没有自己的位置，所以也就没有相对确定的权限。实际开展工作时主要依靠组织者个人能力和领导的重视程度，带有很大的随意性和人为性，缺乏制度和法律上的保障，不适应新的历史条件对于应急管理的需求。（3）临时指挥部的主要职责在于对危机的现时处理，以平息某一次危机为最高目标。所以也不可能事先准备出系统成熟的应急管理计划，也不可能从国家安全的高度上设计和制定出中、长期的反危机战略和应急计划。真正科学的危机管理应该是一个包括事先预测、事中处理和事后总结教育的全过程。如果仅仅临时处理危机，对于从根本上遏止危机、避免类似危机的发生并没有长远的成效。

改变目前危机管理体制分散的局面有两个出路，一是建立常设性危机管理综合性协调机构。这个机构在常态下的职能，包括资金使用、危机管理战略规划、政策管理、资源管理、具体危机的项目管理、立法、培训教育等。危机响应时该机构派出指挥部，现场指挥、协调、控制各救援力量，控制危机的规模，妥善处理危机的局面。二是设立国家紧急事务机构，将原来分散在各部的各单一灾种管理应急力量整合为一体，统一处理各种灾害、危机、紧急事务（不包括战争和政治性紧急事务）。

第一个出路，即成立常设性危机管理综合性协调机构，比较容易实现，对现有的政府架构冲击小，但对改变各自为政的局面可能功效有限。第二条出路可以从根本上改变政出多门、力量分散的局面，适应了各种灾害、危机和紧急事务共有的响应处理需要、程序、过程，能够节省资源，提高效率，避免重复建设。但对目前的政府格局、部门权益冲击较大，政府部门重组需要一定的时机和成本。此外，集中的紧急事务机构与分散的紧急事务机构相比，在适应不同灾种特殊性、专业性方面有明显不足。

四、关于设立统一的海洋安全机构

当前我国海上利益不断拓展，面临的周边海洋环境依然严峻，特别是围绕海域岛屿的归属乃至油气资源的矛盾非常突出。在海洋管理上，总体管理水平较低，涉及海洋开发与管理的部门多而分散。国土资源部、交通部、公安部、农业部、地质部、海关总署、海洋局等部门，以及海监、港监、渔政、交通、公安、边防、武警的海上执法力量和海事执法部门等，各自为阵，难以形成合力，给维护和管理国家海洋权益的行动带来极大的不利。其中隶属国家海洋局的中国海监总队，其主要职能是对中国的管辖海域实施巡航监视，查处侵犯违法使用海域、破坏海上设施、扰乱海上秩序等行为。近年来，在中国专属经济区、大陆架及争议海域监视国外非法科考、外军抵近侦察等涉外维权执法，成为海监部门的重要职责之一。中国交通部下属的海事局主要负责国家水上安全监督和防止船舶污染、船舶及海上设施检验、海上安全救生等职能。隶属公安部边防管理局管辖的公安边防海警部队，主要任务是维护中国管辖海域的治安秩序，是中国海上执法机构中最准军事化的力量。总体来说，中国的海上执法力量尚处于起步阶段，远远不能满足管理“海洋国土”的需求，不能从容应对大面积海域维权执法的复杂情况，也不具备迅速处理海上大规模突发事件的应急能力。

从长远看，建立海上综合执法力量，并加强与海军的协调配合，是有效维护国家海洋权益不受侵犯、真正实现中国由“海洋大国”向“海洋强国”转变的必由之路。如美国，其太平洋、大西洋、阿拉斯加、夏威夷等所有管辖海域的海洋权益维护，以及海上执法实施等，全由美国海岸警卫队一家负责，避免了分散管理的混乱局面。海洋管理动用正规海军或仅依靠民事机构，都不是好的选择。而类似美国海岸警卫队的准军事组织机构，既能达到管理的目的，又能避免直接导致军事冲突，减少不必要的外交政治麻烦。

可以考虑设立统一的海洋安全机构，整合国土资源部、交通部、公安部、农业部、地质部、海关总署、海洋局等部门，以及海监、港监、渔政、交通、公安、边防、武警的海上执法力量和海市执法部门等，实行兼海洋开发、维护和管理国家海洋权益、海上执法、海难救助等多位一体的大部门体制，改变目前分散管理的局面，更好地应对全球海洋争夺局面。海洋安全机构兼有准军事和警务责任，以便更有效、合理地维护领海安全。

五、关于设立国家情报协调机构

现代政府机构类型中有一类是协调机构，对统筹兼顾各部门中相同或相近的业务有不可替代的作用。尤其是在国家安全领域，随着安全问题的多样化和复杂化，涉及安全问题的部门越来越多，在不可能将这些相关部门重组为大部门的情况下，成立协调机构是一条出路。我国安全领域已经面临大小安全机构遍布各个领域，却缺少协调系统机构的困境。例如在情报领域，多个部门设有情报机构，之间缺乏直接沟通的桥梁，既容易出现情报搜集对象、手段的重复、浪费甚至“撞车”的现象，也可能在国家安全情报工作中出现“空白点”。情报机构的不协调是各大国的通病，例如美国，为解决这一问题，先后设立中央情报局、国家情报局，目的就是协调全国十几家情报机构的工作。英、法、德、日都有专门的情报协调机构，我国目前尚无类似机构。

因此，可以考虑在国家安全委员会之下，设立国家情报委员会，作为全国各情报机构的最高协调机构，对国家安全委员会负责。该机构的任务是编制、审核和协调国家对外情报组织机构；进行国家各机构间的情报交流汇总；综合规划国家安全情报建设及对国家安全的总体情势作出战略性、全局性的评估及预测，与外国政府在情报事务上进行交涉与合作等。

在我国现行的多部门情报体制基础上，建立保障国家安全所需要的、统一的、完整的情报协调体制，是国家安全情报领导体制发展的必然趋势。可以对国家安全的情报工作进行统一规划，统一组织，统一建设，统一部署，实现情报工作的整体优化。可以对来自各种渠道的庞杂的情报资料，进行科学的综合分析研究，作出准确的判断，及时有效地提供给决策者使用。国家情报委员会应由各情报机构的主要领导参加，定期开会和集体办公，努力克服部门利益，建立有效、可持续发展的情报共享机制，使各情报部门在统一协调下得到更好的发展。国家情报委员会下可设立专家委员会和情报研究机构。

六、关于国内安全事务实行大部制

随着国内安全威胁多元、传统威胁和非传统威胁交织局面的发展，全社会对政府响应各种威胁，成立相应安全机构提出了强烈的呼吁和急切的建议。如以上各节所述：设立国家紧急事务管理机构；设立国家情报综合协调机构；设立海洋安全综合管理机构等。诸多的安全事务机构，包括现有的公安部、国家安全部，与拟议中的新的安全机构，如何处理相互间的关系是国内安全机构改革的关键点。可能的选择有两个：一是各安全机构并行，互不隶属，分工负责，类似美国、俄罗斯式的安全体制"多部制"；二是将各类主要的安全事务纳入一个机构管辖，实行大部制，犹如英国的安全体制"一部制"。

党的十七大提出了国家机构实行大部制的构想。胡锦涛总书记在十七大报告中提出："加大机构整合力度，探索实行职能有机统一的大部门体制，健全部门间的协调配合机制。"实行大部门体制，是指把政府相同或者比较相近的职能加以整合，归入一个部门为主管理，其他有关部门协调配合；或者把职能相同或者比较相近的机构归并成一个较大的部门，以利于明确责权、协调配合和行政问责。十七大精神为我们展示了实行国内安全事务大部制的前景和可能。

国内安全事务实行大部制，可以考虑将警察、情报、救灾、突发事件处置、反恐、安全保卫等纳入一个政府部，分设国家警察总署、对外情报总局、国内安全总局、紧急事务总局、公安部队、海洋警卫总局等。这一制度设计具有以下好处：一是有利于政府整个大部制构想的实现，减少独立部、局的数量。二是有利于国内安全事务的统筹管理。归口管理比多部门分头负责更为有利，因为各类安全事务虽有不同的专业性质，但共性的事务更多，例如社会治安、人员疏散安置、防范犯罪分子和集团、各种生活物资调集和运输等，而这些共同性的事务往往是各业务部门无力完成的。三是有利于服务型政府形象的确立。建立服务型政府也是十七大的目标之一。一个政府中独立的执法部、局过多，国务院核心成员中执法部、局长占比例过高，很难给社会以服务型政府的印象，相反管制型政府色彩更重。为了有利于大部制和服务型政府的实现，还可以考虑将公安部业务中属于服务型的事务转交民政部或司法部，这样一可以减小拟议中的大安全机构的业务量和机构规模，二可以将一定的管制型业务转化为服务型业务，增加服务型政府的色彩和功能。

七、关于国家安全机构法制化

1. 实现国家安全机构设置的法定化

政府机构的组织和政府职能的设定，应当有法律、法规的依据，做到行政主体合法、适格，实现机构、职权、责任、编制的法定化。国家安全机构组织法是规定国家安全机构性质、地位、任务、职责权限、活动原则、职位设置、内部机构设置、人员配备以及机构成立、变更和撤销程序的法律规范的总和，是国家安全机构得以成立并据以活动的法律依据。我国现行的组织法有全国人民代表大会组织法、国务院组织法以及《国务院行政机构设置和编制管理条例》等。这为完善国家安全机构的法定化奠定了一定基础。但这些组织法中，有些内容尚待充实；有些需要细化；有的内容尚有空缺。近期需要制定下述组织法或相关法规条款：

（1）制定国家主席、国务院及总理、中央军事委员会及主席对各个国家安全机构的权力关系。在宪法中明确全国武装力量的最高统帅。以法律形式明确中华人民共和国中央军事委员会与中国共产党中央军事委员会的关系，尤其是两个委员会任期不一致带来的法律问题。在党章“党的中央组织”一章中增加党中央设立各专门委员会和领导小组的规定，包括成员组成、职责，与中央委员会的关系，与受其领导的各部门机构的关系等。

（2）制定军事机构组织法。国防部及各总部组成人员，各机构相互关系等，都需要在理清职能、机构改革的基础上加快立法，实现军事机构组织、职能的法定化。

（3）制定情报机构组织法，依法建立情报机构，依法保障情报获取。情报机构是具有情报调查、询问、跟踪、监视等权力的机构，必须取得法律的允许。情报机构组织法应明确国家情报工作机构的地位、职责和权力，明确法律授权范围，规范情报机构的行为，使情报机构的工作有法可依，加快我国情报工作步入法制化轨道。

（4）完善警察机构法。我国公安部、安全部内都有具备警务权的机构，即具有侦察、拘留、逮捕、审讯、起诉等权力的机构。警务权必须得到法律的允许。警察机构组织法应明确各警察机构的职责和权力，明确法律授权范围，规范警察机构的行为。不具备警务权的机构，不能冠以警察名称。鉴于武装警察部队中有许多部队不具备警务权，建议将武装警察部队改称公安部队。公安部和国家安全部的组织法也要区分内部机构的性质，严格区分警察机构与非警察机构。

2. 实现国家安全机构工作程序的法定化

国家安全机构的工作程序，是关于国家安全机构行使权力的运行方式、步骤、顺序、形式之规则。一套完整和系统的规则、制度与程序，可以使行政更加合理。程序法定化的目的就是把有利于维护国家安全利益的领导工作程序用法律固定下来，从而使其权力运行遵守严密、合理的操作规程，这既可以限制权力恣意，又可以防止消极推诿和无作为。我国这几年在程序方面的立法也取得了较大进展，如全国人大议事规则、全国人大常委会议事规则等都属于程序法的范畴。但仍需进一步加强，要把国家安全事宜的重大决策机制、各机构系统的运行机制及其协调机制都用法律、法规或章程的形式加以固定，从而使权力运行和社会秩序的维系有相应的制度规范与程序控制，提高国家安全事务管理的规范化、制度化、科学化和民主化程度。

突发事件应急法制建设是我国当前安全领域重大的建设任务。在各项应急法和应急预案中，应有各安全机构工作程序的规定，是机构工作程序法定化的重要途径。我国应急法制建设的重点是：尽快完善各层次、各领域的应急法律规范，包括宪法中的紧急条款、统一的突发事件应对法、单行的部门应急法、部门应急法的实施细则及针对应急法制某一独立环节的专门立法等，形成以宪法为统领，以突发事件应对法为核心，以各领域各行业各环节的应急法律、法规为补充的突发事件应对的法律规范体系，确保国家突发事件应对领导管理机构有法可依、依法行事。

注 释

①［美］金纳德．国防部长．解放军出版社，1989 年中译本，第 199 页．

②［美］哈里·杜鲁门．杜鲁门回忆录（第二卷）．三联书店，1974 年中译本，第 65 页．

③［美］麦克斯·J·斯基德摩，马歇尔·卡特·特里普．美国政府简介．中国经济出版社，1998 年中译本，第 258 页．

④［美］大卫·罗斯柯夫·运营世界：国家安全委员会和美国力量建筑师内情．公共事务出版社（Public Affairs），2005 年 5 月版。转引自华尔街电讯网 Washington. wswire. com /htmlnews/2005/10/12.

⑤［英］约翰·格林伍德等．英国行政管理．汪淑钧译，商务印书馆，1961 年中译本，第 74 页．

⑥［美］金纳德．国防部长．解放军出版社，1989 年中译本，第 208—211 页．

⑦［美］大卫·罗斯柯夫．运营世界：国家安全委员会和美国力量建筑师内情．公共事务出版社（Public Affairs），2005 年 5 月版。转引自华尔街电讯网 Washington. wswire. com /htmlnews/2005/10/12.

⑧［美］拉塞尔·韦格利．美国陆军史．解放军出版社，1989 年中译本，第 516 页．

⑨［美］哈里·杜鲁门．杜鲁门回忆录（第二卷）．三联书店，1974 年中译本，第 69 页．

⑩［美］大卫·罗斯柯夫．运营世界：国家安全委员会和美国力量建筑师内情．公共事务出版社（Public Affairs），2005 年 5 月版。转引自华尔街电讯网 Washington. wswire. com /htmlnews/2005/10/12.

⑪T·H·威廉斯．美国战争史．路易斯安那州立大学，1981 年英

文版，第30页。转引自陈海宏．美国军事理论的崛起．内蒙古大学出版社，1995年版，第39页．

⑫阿伦·米利特，彼得·马斯洛斯金．美国军事史．军事科学出版社，1989年中译本，第525页．

⑬阿伦·米利特，彼得·马斯洛斯金．美国军事史．军事科学出版社，1989年中译本，第483页．

⑭［德］瓦尔特·戈利茨．德军总参谋部．海南出版社、三环出版社，2004年中译本，第4页．

⑮见《各国国家机构手册》，中国对外翻译出版公司，1993年版．

⑯［德］瓦尔特·戈利茨．德军总参谋部．海南出版社、三环出版社，2004年中译本，第5页．

⑰赫尔穆特·冯·毛奇．论战争准则．转引自［德］瓦尔特·戈利茨．德军总参谋部．海南出版社、三环出版社，2004年中译本，扉页．

⑱W·米利斯．美国军事思想．纽约：1966年英文版，第259页，转引自陈海宏．美国军事理论的崛起．内蒙古大学出版社，1995年版，第176页．

⑲拉·韦格利．美国陆军史．解放军出版社，1986年中译本，第397页．

⑳见《各国国家机构手册》，中国对外翻译出版公司，1993年版．

㉑［德］瓦尔特·戈利茨．德军总参谋部．海南出版社、三环出版，2004年中译本，第77页．

㉒［德］瓦尔特·戈利茨．德军总参谋部．海南出版社、三环出版社，2004年中译本，第47页．

㉓见《各国国家机构手册》，中国对外翻译出版公司，1993年版．

㉔［德］瓦尔特·戈利茨．德军总参谋部．海南出版社、三环出版

社，2004年中译本，第2页.

㉕拉·韦格利.美国陆军史.解放军出版社，1986年中译本，第476页.

㉖阿伦·米利特，彼得·马斯洛斯金.美国军事史.军事科学出版社，1989年中译本，第525页.

㉗［美］哈里·杜鲁门.杜鲁门回忆录（第二卷）.三联书店，1974年中译本，第58页.

㉘王大伟.欧美警察科学原理.中国人民公安大学出版社，2007年版，第79～84页.

㉙王大伟.欧美警察科学原理.中国人民公安大学出版社，2007年版，第43页.

㉚［德］丁克尔·弗里德尔.民主法制国家的警察：德国的经验与问题.载《公安学刊》2007年第3期.

㉛参见俄罗斯《俄罗斯报》，1996年1月17日.

㉜［日］读卖新闻社编.总理大臣.1972年6月改定版，第166页.

㉝［美］哈里·杜鲁门.杜鲁门回忆录（第二卷）.三联书店，1974年中译本，第66页.

㉞［美］哈里·杜鲁门.杜鲁门回忆录（第二卷）.三联书店，1974年中译本，第66页.

㉟［美］哈里·杜鲁门.杜鲁门回忆录（第二卷）.三联书店，1974年中译本，第65页.

㊱［美］哈里·杜鲁门.杜鲁门回忆录（第二卷）.三联书店，1974年中译本，第68页.

㊲［美］哈里·杜鲁门.杜鲁门回忆录（第二卷）.三联书店，1974年中译本，第66页.

㊳［美］哈里·杜鲁门．杜鲁门回忆录（第二卷）．三联书店，1974年中译本，第67页．

㊴［意大利］萨托利．民主新论．北京：东方出版社，1998年版，第223页．

㊵［美］詹姆斯·Q·威尔逊．官僚机构：政府机构的作为及其原因．北京三联书店，2006年版，第406～421页．

㊶［美］詹姆斯·Q·威尔逊．官僚机构：政府机构的作为及其原因．北京三联书店，2006年版，第400页．

图书在版编目（CIP）数据

各国国家安全机构比较研究/朱建新，王晓东著．—北京：时事出版社，2009.3

ISBN 978-7-80232-210-3

Ⅰ.各…　Ⅱ.①朱…②王…　Ⅲ.国家安全机关－对比研究－世界　Ⅳ.D523.3

中国版本图书馆 CIP 数据核字（2009）第 017222 号

出版发行：时事出版社
地　　址：北京市海淀区万寿寺甲 2 号
邮　　编：100081
发行热线：（010）88547590　88547591
读者服务部：（010）88547595
传　　真：（010）68418647
电子邮箱：shishichubanshe@sina.com
网　　址：www.shshishe.com
印　　刷：北京昌平百善印刷厂

开本：787×1092　1/16　印张：24　字数：258 千字
2009 年 4 月第 1 版　2009 年 4 月第 1 次印刷
定价：48.00 元
（如有印装质量问题，请与本社发行部联系调换）